书香中国 全民阅读推广丛书（第二辑）

朱永新 徐 雁◎主编

分时阅读

读 物 愉 悦 性 情

蔡思明 江少莉 陈 欣 章笑笑◎编著

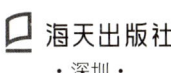 海天出版社

·深圳·

图书在版编目（CIP）数据

分时阅读：读物愉悦性情 / 蔡思明等编著. —深圳：海天出版社，2020.1

（书香中国·全民阅读推广丛书 / 朱永新，徐雁主编. 第二辑）

ISBN 978-7-5507-2773-1

Ⅰ.①分… Ⅱ.①蔡… Ⅲ.①读书活动—研究—中国 Ⅳ.①G252.17

中国版本图书馆CIP数据核字(2019)第209352号

分时阅读：读物愉悦性情
FENSHI YUEDU: DUWU YUYUE XINGQING

出 品 人	聂雄前
出 版 策 划	于志斌
项目负责人	孙 艳
责 任 编 辑	孙 艳
责 任 技 编	梁立新
封 面 设 计	知行格致

出 版 发 行	海天出版社
地 　 址	深圳市彩田南路海天综合大厦（518033）
网 　 址	www.htph.com.cn
订 购 电 话	0755-83460293（邮购、团购）
设 计 制 作	深圳市龙墨文化传播有限公司（电话：0755-83461000）
印 　 刷	深圳市希望印务有限公司
开 　 本	787mm×1092mm　1/16
印 　 张	16.75
字 　 数	250千
版 　 次	2020年1月第1版
印 　 次	2020年1月第1次
定 　 价	75.00元

我心目中理想的"书香社会"

◎ 朱永新

人们都在说"倡导全民阅读，建设书香社会"。那么，所谓"书香社会"到底应该是什么模样呢？阿根廷国家图书馆前馆长、著名文学家博尔赫斯说过："如果有天堂，天堂应该是图书馆的模样！"既然天堂的模样就是图书馆的模样，那么也该是"书香社会"的模样了。不过，"天堂"终究是一个抽象概念，实在地说，我心目中的"书香社会"，一定是一个全民阅读的社会，它至少该有以下四个方面的特征：第一，人人溢书香；第二，处处有书香；第三，时时闻书香；第四，好书飘书香。用这四个标准，大致可以来评估一个地方、一个社区乃至一个社会，究竟是不是"书香社会"。

一、人人溢书香

全民阅读，从书香家庭到书香社区，从书香学校到书香机关，从书香企业到书香乡村……它应该是全方位，涉及所有人群的。从群体来说，重点有三个方面，即领导、教师与儿童。所以，领导带头读、亲子共读与师生共读，在全民阅读中具有特别重要的作用。

第一，书卷气也是领导力。作为领导人来说，阅读是非常重要的，它是领导能力的重要构成部分。衡量一个领导，最重要的就是他的思维能力和决策能力，是他的视野与胸怀。这些能力从哪里来？最重要的是从阅读中来。

当然，领导干部带头读书不仅仅是为了胜任工作。陶行知先生说，人生为一大事来。我把这"大事"理解为"看风景"。人类有两种风景：自然的风景和精神的风景。"行万里路"，是为了看自然的风景；"读万卷书"，是为了看精神的风景。自然的风景是有限的，精神的风景却是没有边际的，这才是无限风光的顶峰。如果静心想想就能发现，在温饱的基础上，人们所追求的一切幸福，归根结底都是为了精神上的幸福。领导干部读书，可以帮助他们拥有宁静的心态、从容的心情、理智的头脑、开放的胸怀，拥有这些无限的精神财富，也就拥有了更为丰富和幸福的人生。

领导干部读书，不仅仅是为了胜任工作，也是为了让自己的人生丰富多彩。领导干部阅读不仅能够有助于科学决策，本身也能率先垂范，引领风尚。领导干部读书有一个特别的作用——对社会有示范作用，上有所行，下有所效。领导干部在讲话里引用什么书，他正在读什么，会从相当程度上影响到一个部门甚至一个城市的阅读风气。从"学习型政党"到"学习型社会"，正体现了这样的示范与推动。

第二，教师要读书。要有教育智慧，没有教育的情怀是成为不了好老师的，而这些都需要通过阅读来获得。在你教室里发生的故事，在其他教室里早就发生过了。人类数千年积累的文明智慧，就在伟大的书里，这些伟大的书就在图书馆里。教师要读书，这是"书香社会"建设中的关键人群，关键人群抓好了，整个社会的推动力就会很强。

教师读书不仅是寻求教育思想的营养，教育智慧的源头，也是情感与意志的冲击与交流。从过去的教育家的著作中，教师可以学习的东西很多。有心的教师会认真阅读教育的重要文献，认真学习不同时代教育家的人生理想与人格力量。读书会让我们的教师更加善于思考，远离浮躁，从而让我们的教师更加有教育的智慧，让我们的教育更加美丽。

在当今社会，教师阅读能够让教育行为更科学，更能够带动孩子阅读。孩子怎么读书？就像群众看领导一样，孩子看老师。有一个爱读书的老师，才会有一群爱读书的孩子，才能帮助孩子真正养成阅读的兴趣和习惯。阅读不仅仅是语文老师的事情，也是所有学科老师的事情。科学、人文、艺术等学科，如果没有爱阅读的教师，永远培养不出爱阅读的学生。阅读正是让教师们站在大师的肩膀上前行的有效途径。

第三，青少年阅读直接影响着未来的"书香社会"建设。一个人一生阅读的种子，可能是在青少年时期才能真正扎根。我曾经讲过两句话："童年的秘密我们远远没有发现，童书的价值我们远远没有认识。"我到过全国很多图书馆，到图书馆以后，首先关注的就是少儿图书馆。不管哪个图书馆，它都必须高度重视青少年的阅读，尤其是儿童阅读。

人在 14 岁以前的阅读体验，对孩子的成长也是至关重要的。人生以后的历程，只不过是前面 14 年所阅读的东西的展开。事实上，孩子长大以后，是用 14 岁以前所阅读的东西、所体验的东西、所经历的东西，用从书本当中获得的基本价值观，用感恩、慈善、友爱等这些最伟大的观念和知识在建设未来。

儿童阅读到底具有什么样的价值？惠特曼说过，有一个孩子每天向前走去，他最初看见并且感受到了什么，他就会成为什么，他的所见所感成了他生命的一部分。这说明早期的阅读对一个人的影响是刻骨铭心的。格林在《童年的消逝》一书中也说过，或许只有童年读的书，才会对人生产生深刻的影响。孩提时，所有的书都是"预言书"，告诉我们有关未来的种种。

从人生前 14 年所读的书中，我们获得激励与启示。人生前 14 年阅读的书，将会对人生产生重要的影响，所以应该让阅读的种子在青少年时期扎根，在青少年时期产生精神的饥饿感，养成阅读的兴趣与习惯。

二、处处有书香

"书香社会"应该是阅读非常便利的社会。政府应该为全民提供良好的阅读条件，在社区、学校、城市、乡村建设合格的图书馆。公共图书馆具备优质的服务体系，人们随时随地可以读书、借书，良好的阅读条件与阅读设施，可以为人们阅读提供最大的便捷。

一个城市的中心图书馆，就是所在城市的"精神会客厅"。对于一个城市来说，公共图书馆是保存、保护和弘扬地方文化，为当地读者提供方便快捷的公共文化服务的场所。一个城市有没有文化品位，这个温馨的"精神会客厅"很重要。

随着社会的发展，不仅要有社区图书馆，还要有民间的阅读空间，生活在社区中的居民要如何才能便捷地获得书，图书馆又该如何跟社区联动、互动？这些都是值得思考的问题。社区图书馆是人们的"精神驿站"，如果能够与藏书丰富的市级图书馆有效合作，流动方便，会更加有利于"书香社会"形成。

实体书店是一个城市的精神风景线。一个城市、一个区域有没有书店，这是建设"书香社会"最基本的条件。今后我们要评估"书香城市"，衡量是不是"书香社区"，首先要看这个地方有没有好的书店，买书是否方便。一个城市有没有文化，有没有品位，在于这座城市有没有一些上档次的、够水准的书店。实体书店在一定程度上也是"精神家园"之一，爱书的人可以在这里聚集。无论时代怎么变，我都希望实体书店能保留自己的人文特色，成为所在城市的风景线。

家庭是社会的细胞，阅读习惯和阅读风气必须从家庭开始传承。我们在推广"书香校园"建设的过程中发现，要建设"书香校园"，"书香家庭"的营造非常关键。有爱读书的父亲，有爱读书的母亲，常常就会有爱读书的孩子。这样的孩子上学以后，他对阅读的兴趣，他的阅读习惯与阅读能力已经初步形成了，这就为学校推广阅读打下了坚实的基础。

韩国在 20 世纪 50 年代，曾经发起"以书柜代替酒柜"的运动。韩国在经济起飞之后，许多富裕的家庭都拥有了酒柜，但没有书柜，于是有了这个口号。我一直梦想着，有一天中国所有的家庭至少有一个书柜，让"书香门第"成为中国永远的传统。什么叫"书香门第"？中国古代的书都是如传家宝一般，代代相传。父亲喜欢什么样的书，传递给孩子，父子间就有了共同语言，所以家庭阅读很重要。

我们的"新教育学校"要求所有孩子都要为自己建一个图书架，在不断阅读的过程中慢慢增加一些书。拥有更多书籍的孩子，就如拥有了一个小图书馆。孩子如果有了永远属于自己的书，等他老的时候还会如数家珍，娓娓道来，作为传家宝一般传授给他的孩子。

"留守儿童"在没有人陪伴的时候，好书应该是陪伴他们最好的朋友。如果有一批温馨的童书伴随他们成长，那孩子们便能获得一点精神的慰藉。书虽然代替不了妈妈，但是书可以成为他的好伙伴。

学生的精神世界如何，在很大程度上与他们的阅读生活有关。学校图书馆就是青少年的精神食堂，食堂的环境和饭菜的质量，直接影响着学生们的成长。我希望有关部门能够建立科学的中国中小学图书馆基本配置，这是保障我们国家青少年健康成长的基本精神营养。希望有关专家和部门携起手来一起做这件事，为书香飘逸校园尽一份力。

尽管现在很多单位的图书馆（阅览室）已经取消了，但我还是主张每个单位要有图书馆（阅览室），它们可以在工作之余成为员工们的"精神加油站"。

现在各地为客房提供书籍的宾馆越来越多，其关键在于如何选书。宾馆客房里要设置小书架，要有一二十本好书和新书。如果有一个城市用心去做好这件事，那么，这个城市南来北往的宾馆，完全可以成为流动的"精神驿站"。

"农家书屋"，应该建设成为乡村的"精神驿站"。我建议应该把"农家书屋"与乡村小学相结合，把书屋建到村小里。让村小的孩子有书读，多读书，读好书。

三、时时闻书香

作为阅读的主体，我们每个人应利用一切可能的时间读书。要想找到读书的时间，首先在思想上，必须真正把阅读当作最重要的事情。我自己的体会是，一天再忙也要挤出 20 分钟读下书，即使是儿童图书。

自来水是压出来的，时间是挤出来的。时间抓起来就是黄金，抓不起来就是流水。要想有时间读书，学会利用零碎时间也非常重要。欧阳修有所谓"三上"读书之说，是很重要的经验之谈。其"马背上"，相当于如今的在坐车旅途中阅读；"枕头上"，也就是睡前阅读；至于"厕座上"，是利用在卫生间如厕的时间阅读。

媒体在阅读推广中具有不可替代的重要作用，应该尽可能把黄金时间留给阅读。现在的媒体是 24 小时不间断的，过去人们在灯光下阅读的时间被电视等媒体占用了。希望电视台把更多的"黄金时段"用来推荐好的诗篇，好的散文，好的书籍。国际上很多著名的媒体机构，报纸、杂志、电视、电台都是把"黄金时段"留给读书的，也因而形成了一批"独立书评人"，通过他们与大众进行对话，让更多的好书为人们所熟悉，也因此熏陶出一批真正爱书的人。

节假日是读书的大好时段。既要看好山丽水，更要读好书佳作。我们生活在两个世界，一个是物质世界，有好山丽水；一个是精神世界，有好书佳作。人生有两道风景，好书佳作的风景，绝不亚于好山丽水的风景。"行万里路"，是为了看好山丽水；"读万卷书"，是为了看好书佳作。两者相辅相成，都可以给我们的心灵以滋养。

自 2003 年起，我一直在各种场合呼吁要设立"国家阅读节"，在全社会营造良好的阅读氛围，唤醒国民的阅读意识，让阅读变成我们中国人的一种日常生活方式，共同把阅读进行到底。

四、好书飘书香

"书香社会"，是一个品质阅读的社会。

如今出版物鱼龙混杂，图书浩如烟海，好书难以追寻，因此"读什么"的问题，已经上升到比阅读本身更重要的位置。正是基于这一现状，我们专门成立了"新阅读研究所"，为幼儿、小学生、初中生、高中生、大学生、父母、教师、企业家、领导人与公务员等不同的人群分别选择阅读书目。

近年来，我们一直在做对应幼儿、小学生、初中生、高中生、大学生、教师、父母、企业家、领导干部的基础阅读书目，有的还正式出版了"导赏手册"。每种书目保持 100 本的基础，我相信这是最好的书目。因为我们会很用心为大家去选，庞大的专家团队会对每本书进行认真研究。

毋庸讳言，当前的"书香社会"建设还存在一些问题：一是人们的思想认识和觉悟还没有到位，没能形成"共识"和"合力"；二是各级政府公共财政投入的资金支持不到位；三是各地围绕"书香社会"组织的一些活动还流于形式。因此，我们应该从如下几个方面来解决：中央和地方政府要大力推动，社会各界要积极参与，还应该成立全民阅读推广的专业机构，如中国阅读学会等，已有的中国图书馆学会阅读推广委员会等组织要积极引领，还要发挥民间阅读组织的作用。

总之，"书香社会"的形成是一个系统工程，需要全社会的共同推动。由"书香家庭"和"书香校园"奠定社会的基础，由图书馆系统作为"书香社会"的枢纽，由媒体积极推广优良读物，发挥好领导干部、教师、家长的关键性作用，共同在儿童和青少年阅读上下功夫，就一定能够逐步推进整个社会的书香构建。

"书香中国·全民阅读推广丛书"（第一辑），是由现任国务院参事室参事王京生先生与中国阅读学研究会名誉会长、南京大学博士生导师徐雁教授共同主编的，于 2017 年 4 月在海天出版社出版。具体包括四种，即《书香社会：全民阅读导论》（周燕妮、聂凌睿、马德静编著）、《书香传家：家庭阅读指南》（万宇、周晓舟、李海燕、曹娟编著）、《书香满园：校园阅读推广》（钱军、蔡思明、张思瑶编著）、《书香在线：数字阅读导航》（陈亮、连朝曦、张婷编著）。

为此，我很乐意与徐雁教授联名主编"书香中国·全民阅读推广丛书"的第二辑。本辑共有六种：《分级阅读：读物提升幸福》（尹士亮、李海燕、王成玥、蒋小峰著）、《分众阅读：读物给养头脑》（万宇、王奕著）、《分类阅读：读物优化气质》（周燕妮、唐曦、石莹、王碧蓉编著）、《分时阅读：读物愉悦性情》（蔡思明、江少莉、陈欣、章笑笑编著）、《分地阅读：读物联通文脉》（凌冬梅、郑闯辉、朱琳、林肖锦编著）、《分校阅读：读物增益才华》（徐雁、张思瑶、张麒麟、冯展君编著）。每一部书稿，都在 20 万字左右。

"书香中国·全民阅读推广丛书"（第二辑）的编著者以"分级""分众""分类""分时""分地"及"分校"的理念，从不同的视角、不同的层面，共同关切着读物对于读者的心智影响，从而在不同程度上深化了全民阅读的基本理念，细化了全民阅读推广的具体方法。书中还通过总结各级各类图书馆的阅读推广经验，具体解析各有特色的阅读推广案例，充实和丰富了阅读文化学的内涵，相信在问世之后，会受到广大图书馆读者和全民阅读界人士的欢迎。

我期待着海天出版社坚持多年的包括"书香中国·全民阅读推广丛书"在内的书香品牌，能够可持续地组稿编辑、出版发行下去，为促进"全民阅读"，建设"学习型社会"，源源不断地提供优良的读物和精粹的精神食粮。

我们期待着"书香中国·全民阅读推广丛书"（第二辑），能够对"促进全民阅读，建设学习型社会"的进程有所贡献，更期待着读者们的批评和教正。

（作者系全国政协常务委员兼副秘书长、中国民主促进会中央委员会副主席）

"晴耕雨读"："刚日读经"与"柔日读史"

◎ 徐雁

天有阴晴，月有圆缺，本是大自然的客观运行法则，但对于信奉"天人合一"的中国读书人来说，它还密切关乎人的情感、人的思想和人的行为。华夏传统社会的两翼，物质基础是农耕文明，精神主体是儒家文化。因而"乐躬耕于陇中兮，吾爱吾庐；聊寄傲于琴书兮，以待天时"的诸葛亮，"众鸟欣有托，吾亦爱吾庐。既耕亦已种，时还读我书"的陶渊明，两位智者因先后构建了中国的耕读文化传统，而成为传统读书人的人文偶像。

一

所谓"晴耕雨读"，无非是说天晴之日，要抓住时机下地耕耘劳作；雨天到来，则须抓紧时间在家开卷读书。这其中所传达于世人的，首先是一种惜时读书的方略。一年三百六十五日，没有一天是可以被浪费的。人应该发挥自己作为人的主观能动性，根据环境条件变换来选择最有价值的行动方式。因为一个人虽然不能改变客观上的天气变化，但完全可以理性地抉择自己的行为。

"晴耕雨读"更是一种中产之家可持续进取的战略。所谓"耕为本务，读可荣身""耕读传家久，诗书继世长""梅竹培风水，耕读教子孙""读可荣身耕得粟，勤能致富俭恒丰""一等人忠臣孝子，两件事读书耕田""世间好事忠和孝，天下良图读与耕"云云，都强调了勤劳家业，打好坚实物质基础，与勤奋读书，谋求更高社会地位，缺一不可，甚至前者只是手段，而后者才是目的。十余年前，我在一篇题为《"耕读传家"的故事》的札记中说："在以农耕文明为基础的封建社会里，'耕读传家'既是小康农家，也是众多仕宦之家的精神追求"，"我相信，对耕读文化的传统，尤其是对'耕读传家'的人文理念，对'半为农者半为儒'的理想乡居生活图景，进行具体而微的、洋溢着温情敬意的研究，将为中国文化史的研究提供若干实证，并为汉族农耕文化、士人隐逸精神、江南区域文化、乡村教育思想和如今现代化背景下的精神家园建设诸问题的研究提供启迪……"

"读书身健方为福，种树花开总是缘。"晴日耕作田亩，雨天开卷诗书，是中国传统读书人一种道法自然、因时制宜的生活智慧，追求的是"耕读传家"的文化传承和"琴书悦心"的精神享受。

中国儒家，在经历了秦始皇"焚书坑儒"，汉武帝"独尊儒术"的大落大起之后，开始一枝独秀，获得了至高至尊的精神地位。西晋文臣荀勖所编《中经簿》把"六略"改为"四部"，即甲部著录经书（相当于儒家"六艺"），乙部著录子书（包括诸子、兵书、数术、方技），丙部著录史书，丁部著录诗赋等，由此，经、史、子、集四库之书，便是中国读书人所要博览的"群书"。但想要以读荣身，则必以参试科举，金榜题名为旨归，于是儒家经典和国史著作乃成为最基础的读物，遂有"刚日读经，柔日读史"之说。

李彦章（1794—1836），字兰卿。福建侯官（今福州闽侯）人。清嘉庆年间进士。为京师"宣南诗社"成员。娴诗，工书，精鉴藏，擅楹对，联作以名胜题咏为主。有《榕园楹贴》传世。其在广西思恩知府任上，有惠政。所题实学斋集句联云："刚日读经，柔日读史；十年树木，百年树人"，历来脍炙人口。温州市图书馆大堂现悬挂有此副对联，分外吸引人的注意力。联语署"止弇孙锵鸣"，下署"漱兰黄体芳"。《温州读书报》曾经登载过沈洪保先生对这副对联的解读文章。

南怀瑾先生（1918—2012）在讲论《易经》中也曾引用此联并议论发挥道：

"动静有常"，讲物理世界一切的活动，不规律里边有它自然的规律，而且不能违反。像太阳如果不是从东方上来，如果倒回来一转，我们就受不了啦，地球马上就要毁灭。"动静有常"，动就是代表物理世界的常态。

"刚柔断矣"，"刚"、"柔"也是两个代号，代表宇宙的进化，已经到了物质的世界，但是物理世界还没有成形。譬如太阳、地球、月亮，这个是物质。物质世界在《易经》不叫作阴阳，而是刚柔。"刚柔断矣"，不是折断了，是确定的意思。物质世界有刚有柔，譬如土地、岩石是刚强的，水是柔的，一刚一柔确定了的，这就是断矣。所以"动静"是讲物理世界，动静有常是讲物理世界的法则；"刚柔"是讲物质世界的法则。原理都差不多，因此你学了《易经》，便了解了物理世界与物质世界的法则。

大约二十多年前，在一个朋友家里吃饭。他客厅里挂了副对子说："刚日读经，柔日读史。"大家看了都说这个字写得好呀！我说字写得是好，大家不好意思问什么叫"刚日"，什么叫"柔日"？

刚就是阳，阳日谓之刚；阴日谓之柔。譬如我们今年甲子年，甲是木，子是水，那么我们今年是刚年呀还是柔年？是阳年还是阴年？简单地说是阳年。我们拿天干地支来研究，本来是阳中有阴，阴中有阳的。为什么说是阳年呢？因为今年是子年，子为鼠，老鼠有五个爪子，五是单数代表阳，所以说甲子年还是阳年，阳年就是刚年。碰到日子是子，是单数的，便是刚日，所以"刚日读经，柔日读史"，就是这个意思……

文学里边有哲学，今天我们这个思想，看到什么事情，社会呀，政治呀，各方面很不满意，我们感到很不平的时候，赶快读读书。读读《易经》呀、"四书五经"呀！心气就和平起来了。柔日读史，当心情很无聊，很沉闷，很想睡觉的时候，就可以看看历史，启发我们奋斗的勇气。所以说"刚日读经，柔日读史"，这是关于刚柔的道理。

1934年5月5日，时任燕京大学教授的邓之诚先生（1887—1960）为其门人沈鸿齐、宋毓贞成婚致送的贺联云："鼓琴以和，鼓瑟以乐；读经则刚，读史则柔。"原来经典读物可以移人性情也。

难怪早在 1653 年，英国文艺复兴时期散文家、哲学家，实验科学的创始人弗朗西斯·培根（Francis Bacon, 1561—1626）在《论读书》一文中就说过"知识能塑造人的性格"这样的哲言。他认为"读史使人明智，读诗使人聪慧，演算使人精密，哲理使人深刻，伦理学使人高尚，逻辑修辞使人善辩……"。

二

《分时阅读：读物愉悦性情》，是我策划选题，并与朱永新先生一起领衔主编的"书香中国·全民阅读丛书"之一。由蔡思明、江少莉、陈欣、章笑笑等联合编著。

全书分为三篇，上篇曰"晨昏诵读勤"，由蔡思明女史负责组稿，主要叙述的是古今中外读书人物分时读书的故事，还讨论了不同文体读物与读者阅读时段的选择，不同读者在不同生活状态中的读物选择等；中篇曰"四时读书乐"，由江少莉、章笑笑女史负责组稿，侧重讨论春、夏、秋、冬四季及农历二十四个节气主题读物资源及其不同阅读方式，以及《诗经》《红楼梦》等中国古典名著中的分时阅读智慧；下篇曰"人生大阅读"，由陈欣女史负责组稿，侧重讨论在人生不同的时段，选择最合适读物的方略。最后附录有南京邮电大学图书馆"四时读书"阅读推广案例、宁波图书馆"天一音乐馆四季音乐会"等若干分时阅读精选案例。

《分时阅读：读物愉悦性情》，将是一部有一定新知含量，可读性比较强的开卷有益之书。

2018年4月7日夜初稿于金陵雁斋山居

（作者系南京大学教授，博士生导师，兼中国图书馆学会阅读推广委员会副主任）

晨昏诵读勤

古今名人的分时阅读观

在大量有关阅读情况的调查中，每当问到受访者为何读书少或几乎不读书时，常听到的答案是："没有时间"。当"碎片时间"以及随之而来的"碎片阅读"充满我们的生活时，不论是课业繁忙的学生还是被工作追赶的成人，都想问一句：如何合理安排阅读的时间？不知不觉中，人们开始希望能够像合理安排膳食一样合理安排自己的阅读，这两件事都不容易，膳食不均衡或许会让人发胖或是营养不良，而阅读时间安排不合理会让人进步缓慢，但好在你还在读，或者有阅读的欲望。

乍一听分时阅读，或许会有些疑惑。阅读也需要根据不同的时间来安排吗？早晨阅读会比晚上阅读好吗？春天万物生长，阅读效率会比万籁俱寂的冬天高吗？或者恰恰相反，正因为古时冬天无法耕作，大家不妨闷在屋子里读书，所以阅读效果反而比春天更好吗？那些真正刻苦读书的人，哪里分什么春秋冬夏，清晨深夜或是农闲农忙？《庄子·骈拇》中，"臧与谷，二人相与牧羊而俱亡其羊。问臧奚事，则挟策读书；问谷奚事，则博塞以游。二人者，事业不同，其于亡羊均也。"后人用"挟策""读书亡羊""挟策亡羊"等说法来表示勤奋上进、专心致志地读书。家仆的儿子①尚且如此刻苦读书，不分工作与空闲，汉代倪宽和朱买臣"带经而锄"和"负薪读书"便更不算什么新鲜事了。而汉魏之际的学者董遇由于生活年代多战乱和饥荒，被迫在山间打猎为生，尽管如此，他也不忘读书，并且研究出了"三余"的方法，即"冬者岁之余、夜者日之余、阴雨者时之余"②，抓紧时间读书。不仅如此，自古以来我国的士子文人对于生活都有一种简单的期

---

① 男仆娶婢女所生的儿子称"臧"。

② 徐雁.全民阅读推广手册 [M].深圳：海天出版社，2011.

待——"晴耕雨读"，将物质资料的获取与精神食粮的收获融为一体，营造出一种宁静、理想的生活情致。

如果说劳作的时候都可以挤出时间来读书，夜晚就更是读书的好时光了，在照明技术并不发达的古代，凿壁偷光、囊萤映雪、红袖添香夜读书，虽滋味不同，但都有一个共同的事项，便是读书。或许令人惊讶，眼镜的历史非常悠久，早在1268年，罗吉尔·培根（Roger Bacon，约1214—约1292）就已经记录了用于光学目的的透镜，而此时在中国，用于阅读的凸透镜就已经出现了，放大镜和眼镜的出现，最初就是由于阅读时光照不够导致的视力减退。

以上所有的这些似乎都在告诉人们，勤学苦读不拘具体的时间，而是一旦有时间，便要抓紧时间阅读和学习。理虽如此，殊不知，"虽有智慧，不如乘势；虽有镃基，不如待时"[①]。在合适的时间把握时机，做合适的事情，读合适的书，"事半古之人，功必倍之，惟此时为然"[②]。

"分时"的思想并非新鲜事物，而是融入在中华文化之中。在食物方面，一直有"不时不食"的说法，意思是在选择食物时，要应时令、按季节，在每个合适的时段吃对应的食物。而阅读的分时，只要留心观察身边，便能发现不少有关的推荐，如适合夏季消暑降温的书单推荐、睡前书单推荐、旅行书单推荐，等等。

分时的思想不仅仅蕴含在饮食和阅读之中，中国人相信万事万物都要根据时节，根据天地之间运行的规律来进行，才能道法自然。《庄子·知北游》中认为圣人应探求万物生长的道理，顺应自然规律，正所谓："天地有大美而不言，四时有明法而不议，万物有成理而不说。"分时阅读，便是人们从千百年来的阅读传统中继承和创新出的符合日常生活和人生发展的阅读理念。从微观上说，分时阅读关注和建议的是人们在一天之中、一年之中不同阶段的读书选择；从宏观上说，分时阅读则关切一个读书种子如何发芽、茁壮成长、成才的正确引导，从而为社会、为国家培养一个个有阅读情意的人。

---

①② 语出《孟子·公孙丑上》。

日升月落，春秋冬夏：分时阅读的微观

其实，不一定要阅读完一本书再去换另一本，完全可以同时读多本书。因为，我们无法每一天都保有不变的心情，而且，即使在一天之内也不见得会对一本书具有同样的热情……制订最适合自己的阅读计划，才是关键。

> 当一天的工作完毕，心情轻松，又不想再从事激烈的心智活动时，我就读历史、散文、评论与传记。晚间我看小说。此外，我手边总有一本诗集，预备在有读诗的心情时读之。在床头我放了一本可以随时取看，也能在任何段落停止，心情一点不受影响的书，可惜的是，这种书实在不多。①

毛姆（William Somerset Maugham，1874—1965）当年为《星期六晚邮报》的读者们所写的这段读书建议，非常恰切地回答了人们应如何分配自己的读书时间的问题，并且对每一种读物所起到的作用都进行了详细的描述，是分时阅读微观层面的绝佳注脚。毛姆写这些的意义，当然不是为了让每一个看到文章的人都照章办事，而是提供了一个视角、一种方式，告诉人们能够也应该按照自己实际的生活情况和个人需要来安排自己的阅读时间和阅读的种类。

阅读一事，虽有语言之异，但其根骨古今中外皆同。

西汉经学家、目录学家刘向（约前77—前6），自幼聪敏好学，对经术、天文尤感兴趣，他曾"专积思于经术，昼诵书传，夜观星宿，或不寐达旦"②。白天读书，晚上就看着天上的星宿，将所学的理论知识与夜晚的观察实践相结合，起到巩固所学的效果。

唐代著名书法家颜真卿（708—784）《劝学》道："三更灯火五更鸡，正是男

---

① 毛姆.书与你［M］.广州：花城出版社，1981.
② 王余光，徐雁.中国阅读大辞典［M］.南京：南京大学出版社，2016.

儿读书时。黑发不知勤学早，白首方悔读书迟。"不仅催人奋进，更是暗含着早起读书，一片安静，有助于集中精神，少俗事纷扰之意。

老一辈无产阶级革命家谢觉哉有一次被青年问到如何处理读书无计划的问题，他回答说："你可以试试，晨思夜读，重新学习。"谢觉哉解释说早晨是一天的开始，要多思考，正所谓"一日之计在于晨"，"计"就是指思，要结合自己的工作特点来思考。而"夜读"则是由于白天工作繁忙，就得利用晚上的时间来阅读，日复一日、年复一年，必有成效。如此一来，白天思索、晚上阅读，就能有效结合。①

南京大学教授、博士生导师董健提出读书的"因时制宜法"，认为读书应珍惜时间，见缝插针。精神最好的时候，应读重点精读之书；购物排队，可以读外语书；出差旅途，则可浏览武侠小说、现代派诗歌一类的文艺图书。

苏联地理学家奥勃鲁契夫自称有一种把生命延长两倍的妙法，即把每个工作日分割成三天："第一天"——从早晨到下午两点，此时干最重要的工作；"第二天"——下午两点到傍晚六点，此时干比较轻松的工作，如写书评、做笔记之类；"第三天"——傍晚六点到午夜十二点，用来参加会议或看书。这样分配工作时间，既顾及了精力的变化规律，也使整块的时间变成了自成一体的三段时间，从而在转变活动方式和内容的过程中提高了效率，也节约了时间。②

对月把玩，抚今追昔：分时阅读的宏观

清人张潮（1650—约1709）在其文集《幽梦影》中有这样的描述：

> 少年读书，如隙中窥月；中年读书，如庭中望月；老年读书，如台上玩月；皆以阅历之浅深，为所得之浅深耳。

---

①② 王余光，徐雁.中国阅读大辞典［M］.南京：南京大学出版社，2016.

虽说不同年龄由于阅历深浅导致读书所得不尽相同，却也在一定意义上支持了分时阅读的宏观意义，即某些书更适合在年少的时候读，而另一些更适合年龄大一些或是更有生活阅历的时候（通常呈正相关）来读，丘吉尔就认为"太年轻时不宜读巨著"，这也是为什么有人说"少不读水浒，老不读三国"的部分原因。

著名文学家陆游（1125—1210）少时即立下志向，用祖父陆佃"映月读书"的精神勉励自己，阅读了大量古人诗作，青年时又从"上世遗文"至"先秦古书"都读了个遍，再后又读完了六经、《左传》和《离骚》等历史名著，为自己的写作、做人都打下了坚实的基础。①

元代教育家、学者程端礼（1271—1345），15岁即能记诵六经。从史蒙卿游，治朱子之学，学者及门甚众。他认为，读书应该按照内容的深浅难易，循序渐进，由易到难，由浅入深。元代曾将程端礼所作《程氏家塾读书分年日程》颁行给各学校。明初士人读书，亦大抵奉此为准绳。此书对中国封建社会后期的教育颇有影响。书中首先采录了朱熹的《白鹿洞书院教条》，作为全书的序言，认为这是士子读书治学的纲领。其次按照朱熹读书之法，规定程序，并加以解说，最后详细开列了一个按不同年龄段读书的计划：8岁以前，要读《性理学训》，并以朱熹《童蒙须知》贴在墙壁，每天饭后记说一段；8岁以后，依次读《小学》《大学》《论语》《孟子》《中庸》正文，《易》《尚书》《诗经》《仪礼》《礼记》《周礼》《春秋》以及"春秋三传"（《左氏传》《公羊传》《穀梁传》）正文；15岁以后，读朱熹《四书集注》，并抄读各经注解。同时，依次看《资治通鉴》、韩愈文、《楚辞》，进而学写文章，以应科举考试。书末，有程氏自撰讲义一篇，进一步阐明朱熹读书法的精义。

在人生的不同阶段读不同的书，不仅是为了在书中寻找知己，更应期待从先人的智慧中获取丰富的滋养，导引自己人生的道路，以站巨人之肩的姿态，极目远眺，跳脱出眼前的一亩三分浅薄之地，而寻求山高水长的人生发展，正如南京大学信息管理学院徐雁教授所说：

---

① 王余光，徐雁 . 中国阅读大辞典［M］. 南京：南京大学出版社，2016.

　　一个人理想的读书台阶是，在童年、少年时代应多读古今文学佳作，为自己的精神世界植入感悟力和想象力的智慧芯片。到了青壮年时期，则需要多读中外人物传记，传记阅读具有励志的作用，具有了解历史的作用，给人以无限启迪。看他们书中人如何应对历史风云、时代风雨和社会风浪，看他们在自己这个年龄段，都做过哪些有益无益的事，他们的人生曾经遇到过怎样的困难乃至灾厄，后来又都是怎样在困厄中成长的，在阅读过程中找到名人之所以能够站在高处、笑到最后的原因，找出自己和他们之间的差距，发现自己的努力方向和目标。这也就要求大家在读书的同时，设身处地地体会职业、事业的不易，脚踏实地地为人、处世和做事，把自己的一技之长做实、做好、做强大。①

（张思瑶）

① 邵生余.让阅读开启我们的美好人生 [EB/OL] .（2017-04-23）[2018-08-03].
　　http://xh.xhby.net/mp3/pc/c/201704/23/c312469.html

晨读晚诵的历史传统与发展

诵读的由来

"诵读"是阅读的一种形式，指的是将文本读出声来，并经过反复多次的阅读，来达到理解、记忆文本的目的。诵读的传统由来已久，《周礼·春官》有"（大司乐）以乐语教国子：兴、道、讽、诵、言、语"的记载。大司乐，是周代负责音乐教育和执行礼乐的机构，讽、诵等是学习乐语的方式。汉代经学家郑玄解释说："倍文曰讽，以声节之曰诵。""倍文"，即"背文"，即不大声念读或默读以记忆诗文作品；"以声节之"，指有节奏、有感情地大声朗诵。

春秋战国时期，《论语·子路》云："诵诗三百，授之以政，不达；使于四方，不能专对；虽多，亦奚以为？"《墨子·公孟》云："诵诗三百，弦诗三百，歌诗三百，舞诗三百。"《国语·楚语上》："临事有瞽史之导，宴居有师工之诵。"汉代《玉台新咏·古诗为焦仲卿妻作》中有"十五弹箜篌，十六诵诗书"之说。

可见，在周朝时，"诵"便已是一种较为流行的阅读方式。古代语言讲究音律，诵读有助于对诗文情感的理解，在反复诵读中，还能快速达到记忆的目的。曾国藩在给长子的家书中就写道，"李杜韩苏之诗、韩欧曾王之文，非高声朗读则不能得其雄伟之概，非密咏恬吟则不能探其深远之韵"。钱基博先生在给黄仲苏先生《朗诵法》所写的序文中说，"大抵学古文者，必要放声疾读，又缓读，只久之自悟；若但能默看，即终身作外行也"。足以见得，在古代诗文著作的学习中，诵读是非常重要的一种方式。

黄仲苏先生在《朗诵法》中将朗诵的风格分为四种：诵读、吟读、咏读和讲读。其中对于诵读进行如下解释：

诵，就字义言，则谓读之而有音节者，宜用于读散文。散文本无规定之格律，篇之大小，章之长短，句之繁简，字之多寡，初无准则可循；至于平仄之协调，声韵之应和，尤为自由，不守绳墨。凡是种种皆一任作者之措置，读者但取原文，审察其旨趣，体会其情感思想，揣度其神韵气味，依据文法，识别句读，分辨音节，而平铺直叙，琅琅诵之，则腔调自见矣。如四书、诸子、左传、四史，以及专家文集中之议论说辨序跋传记表奏书札等等皆属于诵读之类也。[1]

诗文通过诵读，能展现出别样的韵味和美感。金人王朋寿在《类林杂说》中记录了一个汉代的传说："相如作《子虚赋》，后乡人杨得意为汉武帝省监，夜诵《子虚赋》，帝闻之叹美，曰'恨不得见此人'。"可见，诵读展现出来的不仅有诗文美，还有诵者的声音之美，两者结合更容易打动人。

20世纪30年代初，夏丏尊、叶圣陶两位先生在《文心》中讲道："读，原是很重要的，从前的人读书，大都不习文法，不重解释，只知在读上用死功夫。他们朝夕诵读，读到后来，文字也自然通顺了，文义也自然了解了……"[2]由此可见，诵读有助于对文本的理解和记忆。因而，民间还有言，"熟读唐诗三百首，不会作诗也会吟"。

但诵读也需要一定的技巧，要求朗读者根据文本，酝酿情感，配合语速和音调，在传送文本的同时还要传达出文章的思想感情。朱自清先生谈道："虽然该用说话的调子，可究竟不是说话。诵读赶不上说话的流畅，多少要比说话做作一些。诵读第一要口齿清楚，吐字分明。唱曲子讲究咬字，诵读也得字字清朗，尽管抑扬顿挫，清朗总得清朗的。"[3]

① 黄仲苏.朗诵法［M］.上海：开明书店，1936.

② 夏丏尊，叶圣陶.文心［M］.北京：生活·读书·新知三联书店，1999.

③ 朱自清.经典常谈［M］.北京：北京联合出版公司，2013.

晨读晚诵的传统

《礼记·文王世子》云："凡学，世子及学士，必时……春诵夏弦，大师诏之。"意思是贵族子弟需由太师指导，在不同季节采用不同的诗文阅读方式。春季时诵读，夏季则用弦乐器伴奏配合吟诵。北齐魏收《魏书·崔光传》云："家贫好学，昼耕夜诵，佣书以养父母。"指的是白天耕种，夜晚读书。"昼耕夜诵"也成为一个成语流传下来，比喻读书十分勤奋。

古人提倡"晨诵晚读"，一方面是因为在农耕时期，白天的时间主要用作开展农事活动，能够专门读书的时间不多，清晨和晚上是古人能够自由读书的最佳时机。晨诵晚读好，即使阅读条件有限，古人也想尽办法克服困难刻苦读书，"囊萤映雪""映月读书""悬梁刺股""凿壁偷光"等皆是流传下来的发奋读书故事。除了清晨和晚上，古人也非常懂得利用碎片时间，很多勤奋的学子会在劳动的间隙读书。例如唐代李密"牛角挂书"，把《汉书》一卷挂在牛角上，边走边读；汉代经学家倪宽"带经而锄"，在下地耕作时总带着经书，逢休息时便抓紧读书；《后汉书》中记载的古人高凤，在自家庭院里一边看守晾晒的麦子，一边读书，因过于专注书本，天下雨把麦子冲走了都不知道，"高凤流麦"流传开来。

另一方面，晨昏这两个时段是一个人进行独立思考的最佳时机。"一日之计在于晨"，清晨是人精力最旺盛的时候，经过一晚上的充足睡眠，大脑供氧充足，但思维可能还未完全苏醒。高声诵读，可以起到活跃思维的作用，有助于接下来的工作。当代学者、出版学家聂震宁先生就特别喜欢清晨读书，他说："我个人的读书时间主要在清晨。清晨读书，实在妙处多多。在新的一天开始的时候，晨曦初露，空气清新，周遭静谧，身心轻捷，头脑清醒，读几页好书，感受一份高尚的情感，认识一点生活的道理，享受一段淳朴的语言，与古人、哲人、贤达之人在书中相遇，为书中一个小小的幽默发一点微笑，为一个新的惊奇发现轻轻慨叹，为一个新的领悟而得意，人生中宠辱暂忘……实在是一个好日子的开始。"[1]

---

[1] 聂震宁.舍不得读完的书［M］.北京：商务印书馆，2015.

晚上读书则是另一番境界，古人有"红袖添香夜读书"的美好趣味。唐代颜真卿诗曰"三更灯火五更鸡，正是男儿读书时"，鼓励男儿利用夜间时间勤奋读书。南宋诗人陆游常常深夜读书至"二鼓"时分，在《秋夜读书每以二鼓尽为节》一诗中，感叹"白发无情侵老境，青灯有味似儿时"，秋夜在昏黄灯光下读书，让他回忆起了儿时的读书光景。

众多学者的作品都是在晚上孕育而生的，例如茅盾先生的文集《夜读偶记》，所收录的文章均是其在晚上读书时所写下的感想。阿英先生亦有杂文集《夜航集》，其在《夜航小引》中解释该文集如此命名的原因之一是"夜航船，是昼伏夜行的，而我的写作生活，也差不多一样，都是夜阑人静，万籁俱寂的时候"①。何其芳先生有诗集《夜歌》，同样地，集子中的大部分作品都诞生于晚上，"一九四○年，我又写起诗来了，而在晚上或清晨有所感触，即挥笔写成。这个集子的大部分诗都是在这种情形下写的"②。

当代丰富多彩的诵读活动

诵读作为一种阅读形式，在当代得到了广泛的传承和发展，全国各地各级各类单位针对不同群体开展了丰富多彩的诵读活动。

（一）"中华诵"经典诵读行动

"中华诵"经典诵读行动是由教育部牵头组织的一项全国性的阅读推广活动。据活动官方网站介绍：2007 年，教育部语言文字应用管理司启动"中华诵"，即中华经典诵读系列活动。活动一经推出，就得到了中央领导和有关部门及社会各界的大力支持与积极响应。2008 年，中共中央宣传部、教育部、人力资源和社会保障部、中央文明办、民政部、文化部、国家广电总局、国家语委、解放军总

---

① 阿英.夜航集［M］.北京：中国文联出版社，1998.
② 何其芳.一个平常的故事［M］.天津：百花文艺出版社，1982.

政治部、共青团中央等共同启动了"中华诵——雅言传承文明，经典浸润人生"系列活动。至 2010 年，"中华诵"已形成了传统节日晚会、经典诵读大赛、中小学生夏令营、经典诵读进校园、大中小学生规范汉字书写大赛和古辞新韵创作大赛等六大系列。

"中华诵"以群众参与性诵读大赛与主题晚会相结合的活动方式，利用语言文字与文化互为载体的特点，通过诵读展示和传播优美语言所承载的中华优秀文化。在弘扬经典文化的同时，"中华诵"经典诵读活动激发了人民群众对民族精神和优秀传统文化的理解。该行动已被列入教育部、国家语委的"十二五"规划，并上升为国家战略。

活动主办方还对众多名人进行了专访，请他们谈论对于诵读的相关经验和建议。如当代诗词大家叶嘉莹先生在访谈中就谈道，"中国的语言，它有一种节奏，特别是诗歌的语言，它有平仄、格律、韵字，而声音能够感动人、打动人的心灵，你如果透过这种声音，是可以跟生命结合起来的，所以我觉得要从小养成吟诵的习惯，这样才能与古典文化真正接轨"[①]。

（二）中国图书馆学会组织的各类诵读活动

中国图书馆学会及其下属分支委员机构，以全国各地各类型图书馆为依托，举办了诸多诵读活动，以下仅选取其中分别针对少年儿童、大学生以及普通群众的三个活动，予以简要介绍。

1. "跟随名家诵诗文"全国少年儿童诵读大赛

2017 年 4 月，中国图书馆学会阅读推广委员会儿童与青少年阅读推广专业委员会联合中国少年儿童新闻出版总社面向全国图书馆 5—14 岁孩子发起"跟随名家诵诗文"全国少年儿童诵读大赛，旨在让中华优秀传统文化根植于孩子们的心中，提升孩子们的诵读能力，进而推动传统文化的传承与发展。

[①] 叶嘉莹：从小养成吟诵习惯才能与古典文化接轨 [EB/OL].（2011-02-17）[2018-07-13].http://www.zhonghuasong.cn/news/1374/2011/0217/1946883_1.html

活动分为低年级组和高年级组，以《中华古诗文经典读本》作为活动指导用书。该书覆盖小学六个年级必背古诗文75首，延展诗文141首，共计216首。主办方还提供由海霞、曹灿、虹云、雅坤、陆洋等中央电视台、中央人民广播电台、中国传媒大学等诵读名家专业诵读音频，少年儿童们可通过观摩名家们的诵读，提高自己的诵读水平，感受古诗文的魅力。

2. 全国大学生中华经典美文诵读大赛

2018年2月，中国图书馆学会阅读推广委员会大学生阅读推广专业委员会启动"全国大学生中华经典美文诵读大赛"。该活动面向全国各高校在校大学生，主题为"诵读中华经典，弘扬优秀文化"，要求诵读题材以中华经典美文为主，体裁不限，内容要兼具思想性、文化性、艺术性，弘扬中华优秀传统文化。

朗诵作品统一采用视频录制方式，经过四个月的征集，共收到全国300余所高校选送的近900个作品。参赛题材丰富多样，既有思索修身治国的诸子散文、表现家国情怀与浪漫爱情的古典诗词，也有令人无限感怀的现代诗歌、散文，展现了当代大学生的风采，再现了中华经典美文的精彩，演绎了中华优秀传统文化的传承。

经过专家网络评审以及现场评审，评选出一等奖25个、二等奖55个、三等奖80个。该活动是首次面向全国大学生的经典诵读活动，在各高校掀起了诵读经典的浪潮，在校园内普及了一批经典作品，如李白《将进酒》、杜牧《阿房宫赋》、朱自清《匆匆》、郭沫若《凤凰涅槃》等。

3. 2015年西南四城市"风·雅·颂——国学经典诵读"活动

在中国图书馆学会的组织下，昆明、重庆、成都、贵阳自2015年始，连续四年开展西南四城市"风·雅·颂——国学经典诵读"活动。该活动由各城市组织开展诵读活动初赛，每个城市推选5个优秀节目参加最终决赛。活动要求参赛选手为群众性（业余）选手，充分凸显了活动所倡导的"全民阅读"理念。

（三）全国各地"朗读亭"的设立

2017年，中央电视台推出了大型文化情感类节目《朗读者》，邀请各行各业有故事的名人，分享他们的个人成长、情感体验、背景故事，结合名篇经典，用平实的情感读出文字背后的价值，节目旨在实现文化感染人、鼓舞人、教育人的传导作用，展现有血有肉的真实人物情感。节目播出后，受到观众的广泛好评，在各种综艺节目中，《朗读者》如一股清流，用文字滋润着国民的内心，呼唤经典的回归。

受到网友和观众热情的启发，节目组在线下设立"朗读亭"，朗读亭高约 3 米、占地约 2.5 平方米，外观古朴雅致。亭内有完整的录音设备，隔音效果良好，朗读者只要对着麦克风，就可在亭内不受干扰地放声朗读。

而此后，众多厂商都设计了功能和外观类似的"朗读亭"，很多公共图书馆和高校图书馆都购置了这一新型设备，供读者随时进行朗诵。

（蔡思明）

碎片时间的阅读

碎片时间和碎片化阅读

"碎片时间"的理念，是在信息时代下，随着互联网、手机等新媒体的发展而出现的，主要指在既定工作和生活之间无计划多出来的时间，比如等公交或地铁的间隙、飞机晚点造成的等待时间、提前完成了某项工作而多出来的时间等。因为这些时间在计划之外，时间不长且比较零散，所以称之为"碎片时间"。

古人也有碎片时间，并且善于利用碎片时间进行阅读。《魏略·儒宗传·董遇》中记载了三国时期的读书人董遇，他对《老子》很有研究，有人慕名来向他请教，他不肯教，却说"读书百遍，其义自见"。求教的人又苦于没有时间，他继而提出应该善于利用业余时间，特别是"三余"时间，即"冬者岁之余，夜者日之余，阴雨者时之余也"。他认为冬天是一年中的空余时间，晚上是一天中的多余时间，阴雨天则是随时多余的时间。董遇的"三余"是基于农耕社会所提出的，"三余"皆是农忙之余的时间。

同样地，北宋文学家欧阳修（1007—1072）提出了"三上"读书法。在《归田录》卷二中，欧阳修赞扬钱思公的勤奋，"钱思公虽生长富贵，而少所嗜好。在西洛时，尝语僚属，言平生惟好读书，坐则读经史，卧则读小说，上厕阅小辞，盖未尝顷刻释卷也。"钱思公生平喜好读书，坐着的时候就读经史，躺在床上时选择读诸子百家及后来的各种杂记，上厕所的时候就读词典、小令。而后其感叹道："余平生所作文章，多在三上，乃马上、枕上、厕上也。盖惟此尤可以属思尔。"他认为马上、枕上、厕上有助于静思，因而其平日所写的文章，大多数是在这三种情况下完成的。由此，"三上"读书法流传于世。

美国《连线》杂志主编克里斯·安德森（Chris Anderson）提出了"长尾

理论"，他认为过去人们只能关注重要的人或重要的事，如果用正态分布曲线来描绘这些人或事，人们只能关注曲线的"头部"，而将处于曲线"尾部"、需要更多的精力和成本才能关注到的大多数人或事忽略。而他意识到，那些处于"尾部"的人和事，恰好是巨大的市场。在经济学上，长尾理论认为只要产品的存储和流通的渠道足够大，需求不旺或销量不佳的产品所共同占据的市场份额可以和那些少数热销产品所占据的市场份额相匹敌甚至更大，即众多小市场汇聚可产生匹敌主流的市场能量。

碎片时间也同样如此。人们往往比较重视那些每天有计划或安排的时间，而对零散的时间未做规划。例如，上班族们在工作日里，每天花在上下班途中的时间其实很多。公安部道路交通安全研究中心通过对高德地图公司提供的 2015 年全国 36 大城市的交通运行数据分析，发现 2015 年全国 36 大城市平均通勤时间为 39.1 分钟，平均通勤时间最长的上海为 57.6 分钟，最短的拉萨为 26.8 分钟。平均通勤时间最长的上海和最短的拉萨相差近半个小时。[①]还有调查显示，44%的大学生认为学习日中个人产生的碎片时间长度为 1—2 小时，68% 以上的大学生认为休息日产生的碎片时间长度多于 3 小时。[②]

可见，无论是上班族还是大学生群体，每天的碎片时间都不容小觑。单纯就花费在上下班途中的时间而言，平均通勤时间最短的拉萨，每天也有将近半小时。而一个大学生每周的碎片时间为 11—16 小时。按照长尾理论来看，如果能将这些时间加以利用，这段时间内所创造的价值完全可以与主要工作学习时间内所产生的价值相提并论。

阅读是非常好的填补碎片时间的方式之一，由此产生了"碎片化阅读"。"'碎片化阅读'的特点即阅读模式不完整、断断续续。"[③]碎片化阅读越来越普遍，一

---

① 公安部道路交通安全研究中心.中国大城市道路交通发展研究报告之三[R].北京：中国建筑工业出版社，2017.

② 刘敬云.大学生碎片时间及管理研究[D].石家庄：河北师范大学，2017.

③ 上官云.数字阅读风潮之下，如何让阅读"深起来"？[EB/OL].（2016-03-15）[2018-06-17].http://culture.people.com.cn/n1/2016/0315/c22219-28198892.html

度引发了人们对于传统阅读和数字阅读的讨论。上海社会科学院信息研究所王世伟教授在《论数字阅读》一文中认为："数字阅读体现了信息技术的最新发展，是网络社会在文献阅读领域的新的发展形态，具有前沿性、渗透性和实践性的特点。"[1]他还认为数字阅读具有显性和潜在两方面的功能，"数字阅读的显性功能主要体现在缩小数字鸿沟、提升信息素养、助推书香社会等。数字阅读还具有一些潜在的功能。如数字阅读有助于人们思维方式的转变，使人变得更聪明"[2]。因而，他认为数字阅读和纸本阅读将共存，均是我们应该追求的阅读境界和阅读情趣。

中国新闻出版研究院已经连续开展了 16 次全国国民阅读调查。2017 年第十四次全国国民阅读调查成果显示，数字化阅读接触率连续八年上升。[3]2018 年第十五次全国国民阅读调查报告显示，数字化阅读方式（网络在线阅读、手机阅读、电子阅读器阅读、Pad 阅读等）的接触率为 73.0%，较 2016 年的 68.2% 上升了 4.8 个百分点。[4]可见，数字阅读已经成为我国国民的主流阅读方式之一，在年轻一代中表现尤其突出。

华东师范大学传播学院出版调研团队 2018 年发布的《新时代上海大学生阅读指数报告（2018）》显示，六成上海大学生每月纸质书阅读不超过一本，"手机阅读"在所有阅读方式中占据绝对优势地位，领先排名第二的"传统纸质阅读"近 20 个百分点。[5]

①② 王世伟.论数字阅读［J］.图书馆杂志，2015，34（04）.

③ 王坤宁，李婧璇.第十四次全国国民阅读调查成果发布：数字化阅读接触率连续八年上升［EB/OL］.（2018-04-19）［2018-06-17］.http://www.gapp.gov.cn/ztzzd/rdztl/2017worldbook/contents/10307/327521.shtml

④ 孙山，杜园春.第十五次全国国民阅读调查：成年人接触报刊图书时长不及手机一半［EB/OL］.（2018-04-24）［2018-06-17］.http://media.people.com.cn/n1/2018/0424/c14677-29944888.html

⑤ 陈君.阅读指数报告：六成上海大学生每月纸质书阅读不超过一本［EB/OL］.（2018-05-15）［2018-06-18］.http://www.sal.edu.cn/view/new.aspx?id=12729

数字阅读的潮流势不可当，碎片化阅读更加不容忽视。韬奋基金会理事长聂震宁曾一度谴责碎片化阅读，认为其影响了深阅读。然而其后，他又转变了这种观点，呼吁"善待碎片化阅读"，"倘若有些人读了一些短小碎片后，发现了一本好书，引起了兴趣，闲暇下来再去深读整本书，更是相得益彰的事情。再有，移动互联网阅读在中国如此普及，也许这就是最适宜的中国式阅读"①。

时代的发展是不可阻挡的，信息化时代让碎片时间如此显著，也提供了碎片化阅读的多种可能性。我们既要充分利用信息化所带来的便利，也要合理支配时间，开展高效率的学习、工作和生活。习近平总书记在 2013 年中央党校建校 80 周年庆祝大会暨 2013 年春季学期开学典礼上就表示，"哪怕一天挤出半小时，即使读几页书，只要坚持下去，必定会积少成多、积沙成塔，积跬步以至千里"。总之，阅读是一辈子的功课，只有日积月累，才能有所获。

碎片时间的合理安排

"时间管理"是新媒体时代的一个热门话题，众多专家、学者乃至普通网友提出了诸多时间管理的方法。较有代表性的有以下几种：

（一）番茄工作法

番茄工作法是由意大利罗马 XPLabs SRL 公司首席执行官弗朗西斯科·西里洛（Francesco Cirillo）于 1992 年创立的一种时间管理方法。其主要内容如下：选择一个待完成的任务，将番茄时间设为 25 分钟，专注工作，中途不允许做任何与该任务无关的事，直到番茄时钟响起，然后短暂休息一会儿（5 分钟左右），每 4 个番茄时段多休息一会儿（25 分钟左右）。

这种方法其实是通过提高专注度来提升工作效率，其将时间划分为一个一个模块，优化时间安排。而在每一个番茄时段间，有时长不等的休息时间来缓解工

---

① 聂震宁. 舍不得读完的书 [M]. 北京：商务印书馆，2015.

作时间的疲劳、舒缓紧张情绪。

需要留意的是，番茄工作法的前提是将某段不间断的时间作为工作时间，其中包含休息时间。而人在一天之中的不间断工作时间有限，在番茄工作时间以外，完全存在碎片时间。甚至在番茄工作时间之内，也有碎片时间存在的可能性。充分利用这些碎片时间，是可以改善某些状况的。例如，在每一个大休息时间内，如果能够较长时间地坚持做5—10分钟的眼保健操、肩颈舒缓运动等，眼部和肩部的不适一定能得到较好的改善。

（二）帕累托原则

帕累托原则是由19世纪意大利经济学家帕累托（Pareto）提出的，其核心内容是生活中80%的结果几乎源于20%的活动，也称为"二八定律"。比如，20%的客户带来了80%的业绩，创造了80%的利润；世界上80%的财富被20%的人所掌握着，其余80%的人只分享了20%的财富。

帕累托原则也被视为重要的时间管理方法，即80%的开创性成果是在20%的时间内完成的。该原则提醒人们要善于利用20%的黄金时间。据此，一天24小时中，黄金时间是4.8小时，人们要分出事情的轻重缓急，在黄金时间内永远先去做最重要的事情。

只是，除去黄金时间和平均8小时的睡眠时间，一天还有11.2小时。这11.2小时中，零散的碎片时间占据绝大多数。从短期来看，可能这些时间里未能创造显著的价值，但从长效来看，如果加以合理利用，日积月累，完全可以达到"长尾理论"的效果。

其实，很多人认为长尾理论是对帕累托原则的彻底叛逆。长尾理论恰好是强调那些不被重视的领域所产生的价值。帕累托原则和长尾理论是否相互驳斥，还应该置于具体领域来分析。

就时间管理而言，长尾理论突出了那些不被重视的碎片时间，帕累托原则强调的则是效率最高的少量时间。其实，完全可以将两者结合起来进行时间管理，一方面高度重视每天精力最旺盛的黄金时间，另一方面合理安排碎片时间。

（三）ABC时间管理法

ABC 时间管理法由美国管理学家莱金（Lakein）提出，其基本内容是"通过将事务进行重要程度的划分，按照从重到轻的顺序分为 A、B、C 三个等级，并按照这个顺序来依次完成各项任务"[1]。该方法的前提是，需要对即将完成的事件进行清楚的认识和清晰的定位，划分出优先等级。

之后，美国管理学家科维（Covey）提出了"四象限"法。"他把工作按照重要和紧急两个不同的程度进行了划分，基本上可以划分为四个'象限'：既紧急又重要；重要但不紧急；紧急但不重要；既不紧急也不重要。"[2]如下图所示，只需将需要完成的工作写入相应的象限内，然后依次完成即可。

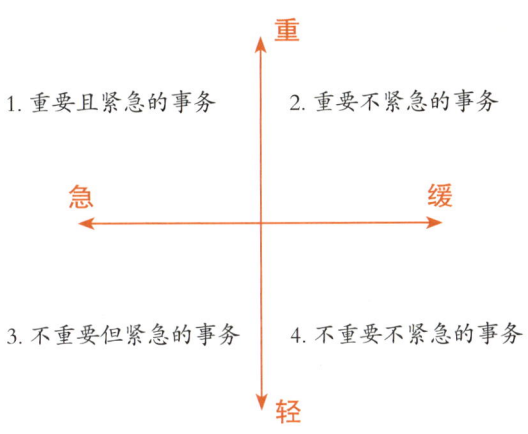

图1-1　"四象限"时间管理法

类似的管理方法还有"六点优先工作制法"，该方法是由美国效率大师艾维·李（Ivy Lee）提出，具体做法是"分别从'1'到'6'标出 6 件最重要的事情……每天一开始，全力以赴做好标号为'1'的事情，直到它被完成或者被

---

① 夏洪胜，张世贤.时间管理［M］.北京：经济管理出版社，2014.

② 张议元.管理学［M］.北京：清华大学出版社，2012.

完全准备好，然后再全力以赴做标号为'2'的事，依此类推"①。

以上几种方法，其实都是划分事情的优先等级，在精力最旺盛、效率最高的时间去优先完成最重要的事情。只是，在确保重要事情优先完成的同时，合理利用碎片时间，也是时间管理中非常重要的一部分。

因为碎片时间的长短不一，可以按照时间长短进行分类，根据个人情况，列下相应时间段内可以完成的事情。如下表所示：

表 1-1　碎片时间管理表

时间长度	事情清单
小于5分钟	√　做眼保健操 √　活动颈肩 √　冲一杯咖啡/泡一杯茶
5-15分钟	√　回复信息、电话、邮件 √　读1-2篇新媒体推文 √　读一两首诗或一两篇散文 √　整理发票和报销单 √　整理桌面
15-30分钟	√　快速阅读一本书 √　处理社交平台的信息 √　整理购物清单 √　整理后续需要完成的事情清单 √　与家人、朋友进行视频电话
30分钟以上	√　继续精读一本书 √　写读书笔记 √　完成一套单词背诵或者英语听力的课程 √　完成一套运动训练/练习硬笔书法

---

① 张议元.管理学［M］.北京：清华大学出版社，2012.

碎片化阅读的平台

碎片化阅读产生于信息时代，当然也离不开良好平台和资源的支撑。充分了解各类平台的优缺点，可有效且合理地制订适合自己的碎片化阅读计划。目前主流的碎片化阅读平台有以下三类。

（一）电子书阅读器

百度百科对"电子书阅读器"的定义是"一种采用 LCD、电子纸为显示屏幕的新式数字阅读器，可以阅读网上绝大部分格式的电子书比如 PDF、CHM、TXT 等，提供类似纸张阅读感受的电子阅读产品"。上海图书馆赵亮认为，"电子书阅读器是以模拟书的形态与阅读方式为特征的电子器件"[①]。

最具代表性的电子书阅读器为美国亚马逊公司推出的 Kindle 系列，第一代 Kindle 于 2007 年 11 月 19 日发布，"在 5 个半小时内被抢购一空之后，许多业界人士开始感叹'我们终于来到了一个转折点'"[②]。近 6 年之后，Kindle 在 2013 年 6 月 7 日下午 4 时正式在中国上市。入门版的 Kindle，屏幕尺寸为 6 英寸，屏幕分辨率为 167ppi，重 161 克，存储空间为 4G，可存储上千本电子书；之后亚马逊又相继推出了 Kindle Paperwhite 和 Kindle Oasis，相较入门版，这两款的屏幕分辨率更高、存储空间更大，还多了阅读灯等一些辅助功能，阅读体验大大提升。

与手机屏幕相比，Kindle 的电子墨水屏不受反光干扰，大大缓解了阅读屏幕时所带来的视觉疲劳。Kindle 的续航时间长、小巧轻便，非常适合随身携带，而且单手就可以操作，可随时随地填补和打发碎片时间。Kindle 还可以对内容随时

---

① 朱强，孙卫，赵亮等.以开放的心态迎接新的信息技术——2009 年信息技术在图书馆的应用［J］.中国图书馆学报，2010（03）.

② 匡文波，龚捍真，蒲俊.电子书阅读器 Amazon Kindle 的发展及其影响［J］.图书馆理论与实践，2011（02）.

进行标注，并显示该书的热门标注段落，供读者参考。更为重要的是，Kindle 完全为阅读而设计，无社交和娱乐的干扰，可以专注阅读。

除了 Kindle 以外，还有汉王、掌阅（iReader）、索尼（SONY）、京东阅读（JDRead）、博阅等各品牌的电子书阅读器，各家的优缺点在此不一一赘述。但其共同的特点都在于为读者提供更为纯粹的数字阅读环境和资源，能够极好地满足碎片化阅读的需求。

2017 年 2 月 6 日，易观发布了《电子书阅读器市场专题分析 2017》的专题分析。该报告根据中国新闻出版研究院历年的《全民阅读调查报告》分析出 2000—2008 年电子书阅读器接触率上升 1%，2008—2016 年电子书阅读器接触率上升 6%，并且预测 2016—2024 年的电子书阅读器接触率至少上升 11.2%，将突破 20%。[1]电子书阅读器所带来的舒适阅读体验，非常适合碎片化环境下随时随地阅读，且不易受无关信息的干扰，是首选阅读平台。

（二）移动阅读App

移动阅读 App（Application 的缩写，应用程序），是指以手机、平板电脑等移动设备为载体的阅读类 App，其随着智能设备的兴起而蓬勃发展。易观发布的《中国移动阅读市场年度综合分析 2017》对移动阅读的用户进行了分析，其监测显示，"2016 年，中国移动阅读用户每天在午餐时段和晚上睡前时段最活跃，选择在此阶段看电子书的人最多。此外，每天白天时段从上午 10 点至晚上 10 点，活跃用户占比均稳定在 4.7%—5.1% 之间，与去年阅读高峰期仅存在于晚 8 点至晚 10 点相比，阅读时段更加分散，读书不再只是用户机械性地要求自己在某个规定时间段去阅读，越来越多的用户将读书生活化、碎片化"。[2]

---

[1] 易观 . 电子书阅读器市场专题分析 2017 [EB/OL] .（2017–12–08）[2018–06–17] . https://www.analysys.cn/analysis/trade/detail/1001073/

[2] 易观 . 中国移动阅读市场年度综合分析 2017 [EB/OL].（2017–07–05）[2018–06–17] . https://www.analysys.cn/analysis/trade/detail/1000817/

　　可见，移动阅读带来的便利性，让一部分原先远离纸质阅读的人重新拾起了阅读，并且意识到了阅读的重要性。移动阅读 App 之所以如此流行，得益于移动智能设备的发展。以手机为例，相比传统手机主要以通信功能为主，目前的智能手机集通信、娱乐、导航、办公等功能为一体，是人们日常生活的随身必备品之一。于用户而言，只需在移动设备中安装阅读类 App，即可随时随地进行阅读，而无须额外再购置设备。

　　《中国移动阅读市场年度综合分析 2017》显示，2016—2017 年中国主流移动阅读应用移动搜索指数排名前八的是：书旗小说、QQ 阅读、掌阅 iReader、咪咕阅读、熊猫看书、网易云阅读、塔读文学以及天翼阅读。各平台所拥有的阅读资源各有偏好，且界面、功能设置不一样，用户可根据自己的喜好去选择。

（三）移动音频App

　　移动音频 App 主要指利用"听"的方式来获取内容，就阅读而言，可理解为"听书"。我国传统的评书、评弹、评话等，都属于听书的范畴。在智能移动设备兴起之前，电台、CD、磁带等是人们通过"听"来获取知识的主要途径。我国在 20 世纪八九十年代便有专门的"有声读物"出版。"20 世纪 80 年代就由少年儿童出版社生产过《上下五千年》《十万个为什么》等音像制品，但这不是独立的'听书'，而是随书附赠的。真正的有声读物产业从 20 世纪 90 年代中期开始起步。1994 年高等教育出版社音像中心出版了《世界名著半小时》及其续集，共 20 盒音带。"[1]

　　传统有声读物主要针对两类人群，"一种是在文本阅读条件有限的情况下收听有声读物的人群，如有车一族、运动者、家庭主妇、老年人等；另一种是缺乏文本阅读能力的人群，如低幼儿童、盲人、有阅读障碍人群"。[2]

　　在移动互联网时期，各类移动音频平台层出不穷，有声资源蓬勃发展。而"听书"的对象不再仅限于以上两类人群，而是面向全民。用户只要在移动设备

---

[1][2]　郭楠.我国有声读物市场研究［J］.编辑之友，2009（02）.

中安装听书类 App，便可随时随地收听喜欢的内容。比如，上班族们在上下班途中、饭后休息的时候、运动的时候等，都可以借助耳机等设备，在不干扰他人的情况下，收听网络资源。

易观《中国移动音频市场年度综合分析 2018》分析显示，中国移动音频市场主要由移动电台＋有声阅读＋音频直播三部分构成，其中"有声阅读在知识付费的风潮与国民阅读的政策激励下，发展势头强劲，即将成为继知识付费后的新一轮内容之战"，而各大平台"为了迎合用户的碎片化需求，移动音频在不同场景、不同渠道做布局，开放多个入口，深入探索用户在不同场景下的使用习惯，并在硬件和内容上持续优化"。如居家、路途、学习娱乐、休闲活动等不同场景下，各平台有相应的个性化服务和设置。而随着用户的碎片化需求越来越大，易观预测在未来移动音频将朝着"深耕场景消费，抢占用户碎片时间"的方向发展。如考拉 FM、喜马拉雅 FM、懒人听书等平台纷纷布局车载场景，与相关硬件厂商、汽车品牌达成战略合作协议，力图在行车环境下，彻底解放双手和手机，完成智能播放。[1]

近年来，知识付费兴起并且逐渐被网友所接受，越来越多的人愿意为知识去付费，于是产生了以提供知识服务为主的各类 App，其中也有部分用移动音频的方式提供阅读服务。如由"罗辑思维"团队出品的"得到"App，号称"提倡碎片化学习方式，让用户短时间内获得有效的知识"。其所提供的内容包括"每天听本书"，每天半小时，以音频的形式，让用户快速了解一本书。当然，这是一种快速扩展视野的途径，但阅读没有捷径，真正要成为自己的知识，还需自己亲自去阅读。这类产品可以作为"向导"，在碎片时间里获取尽量多且优质的信息，最终通过自己的阅读，形成自己的思考。

[1] 易观.中国移动音频市场年度综合分析 2018[EB/OL].（2017–04–25）[2018–06–17]. https://www.analysys.cn/analysis/trade/detail/1001295/

碎片化阅读的读物选择

除了优良的碎片化阅读平台，读物选择也非常重要。结合碎片化阅读的几个特点：零散、时长不等、非固定，读物的选择相对应地应该要具有可读性强、风格轻松、篇章灵活等特点。以下类别的读物，既可在各类数字阅读平台上购置或下载，也可选择开木小巧的纸质读本随身携带。

（一）诗集类

无论是古体诗还是现代诗，诗歌短小精悍、朗朗上口，具有一定的节奏和韵律，充分体现了文字之美和语言之雅。一首诗所饱含的情感有很多，不同的人能读出不同的味道，不同时候读也能读出不同的心情。因此，随身携带一本诗集，可在碎片化时间里反复去阅读。

如北岛选编的《给孩子的诗》（中信出版社2014年7月版），就是一部很适合随身携带、随时翻开的诗集。该书选取了57位不同国别的诗人，总共101首不同风格的新诗。所收录的均是十分经典且通俗、易于诵读的作品，不仅适合孩子们，也非常适合一般读者作为诗歌入门的读物。

又如创办于2013年的"为你读诗"平台，邀请社会各界的知名人士，每晚10点为读者读一首诗，其不仅有专门的App，还通过微信、网络FM、广播电台、公交巴士等同步推出，覆盖超过1000万用户。其致力于推动文学、音乐、美术、哲学等经典人文艺术作品进入大众视野和日常生活，希冀为包括青少年在内的中国大众提供兼有"知识、审美和情感"的诗意生活内容与服务。[①]

（二）散文类

《中国文学文献学》中关于"散文"的解释是："散文是与诗歌、小说、戏剧

---

① 为你读诗.我们的宗旨[EB/OL].[2018-06-18].http://www.thepoemforyou.com/womendezongzhi/

并称的一类文学样式。它的主要特点是通过某些片段生活事件的描述，表达作者的思想感情，并揭示其社会意义，篇幅一般不长，形式自由，不一定具有完整的故事、情节，语言不受韵律的拘束，可以抒情，可以叙事，可以写景，可以说理，或者几者兼有。"[1]

由以上可知，散文的文体非常灵活，且篇幅可长可短。"形散神不散"被认为是一篇好的散文所应具备的，可通过简短的文字，揭示一番大道理，引发人的无穷思考。例如，史铁生的《我与地坛》、汪曾祺的《人间草木》等都是非常优秀的散文读本。优秀的散文，可以带给人非常愉悦的阅读体验，令人或赏心悦目，或怡然自得，或豁然开朗。准备几种喜欢的散文读本，根据碎片时间的长短，选择适合的篇章进行阅读。

（三）短篇小说类

小说以情节取胜，可读性强，受到读者的广泛喜爱。可选择一部短篇小说集，如裘帕·拉希莉的短篇小说集《解说疾病的人》，收录九篇小说，她的小说以情感描述细腻取胜，阅读犹如观影一般，每个人物的眼神、表情、动作等，都活灵活现。人物的喜怒哀乐，很容易牵动读者的情感起伏。每篇小说的阅读时间在 10—20 分钟，适合在稍长一些的碎片时间里阅读。

当然，除了以上三种类型的读物，读者可根据个人兴趣和爱好自由选择。不过值得一提的是，为了营造碎片时间内轻松愉快的阅读体验，不宜选择那些苦涩艰深的读本，以免产生负面情绪，失去阅读的乐趣。

（蔡思明）

---

[1] 张君炎.中国文学文献学［M］.上海：上海大学文学院，1982.

工作日和节假日的阅读

工作日，又称为劳动日，指的是以日为单位，劳动者需要工作的日子；节假日，指的是劳动者按规定放假的日子。对于职工而言，工作日和节假日的界定以国家和单位的相关规章制度为准，各工种、工作岗位视工作性质而不同；对于学生而言，工作日则是指学校规定的需要上课或开展集体活动的时间，节假日一般指周末、国家法定假日以及寒暑假。

我们作为社会生活中的一分子，工作日有着既定的工作或学习任务，可自由支配的时间不多，因而节假日尤其珍贵。在两种时间场景里，个人的情绪、心情有很大的差异性，对此所表现的阅读偏好也会不一样。掌握合适的阅读方法，选择合适的阅读文本，可以让阅读成为生活和工作的一剂良好的调味品。

工作日的阅读

（一）工作日的阅读时间支配

要在工作日内养成良好的阅读习惯，可以根据自己的生活作息方式，按照场景进行时间的支配。例如，每天乘坐公交或地铁的上班族们，可选择适合公交或地铁时间的阅读资源，如一些故事情节引人入胜的小说，或锁定喜爱的读书频道；开车族们，则可借助移动音频 App，在途中收听喜欢的读书节目；准备若干种睡前读物，在入睡前阅读。

在特定的场景内阅读，有益于保持阅读的连贯性，日积月累，进行整理后可形成自己的私人书单，诸如"那些陪伴我度过公交／地铁时间的书籍""那些伴我入睡的书籍"等。

其实，在工作日内，可供自由支配的更多是碎片时间。对于碎片化阅读的安排，在本书"碎片时间的阅读"一文中有着详细且具体的描述，具体可参阅前文。

（二）工作日的阅读方法

工作日原本就有比较繁重的工作或学习任务，能自由支配的时间有限，这期间应该让阅读成为放松身心的一种途径，不太适合阅读比较精深的著作，可以选择可读性强、让自己能放松的读物，并且以轻松的方式去阅读。浏览式阅读法比较适合工作日的阅读。

浏览式阅读法指的是以了解其大意为主，进行快速地阅读。这种阅读方法通常是较为轻松、消遣性的。"浏览式阅读有三个步骤：（1）推敲篇名；（2）浏览序、目录、提要、题解、要点、索引；（3）浏览正文"[1]，"浏览的目的是为了确定接下来的阅读策略，是全读，还是选读，或者不读，为下一步的精读做准备，如果发觉其中有值得深读的东西，再做进一步阅读。根据具体阅读方法的不同，'浏览'可分泛读、略读、跳读和速读4种"[2]。

"泛读"指的是一般地、泛泛地阅读；"略读"指的是快速浏览甚至省略某些部分以掌握书籍的基本大意；"跳读"指的是不按照书籍的章节顺序，而根据需要进行跳跃式阅读；"速读"指的是快速阅读。以上几种方式均是针对"精读"而言，不对书籍内容做深入了解，可在短时间内掌握一些必要的信息。

三国时期的政治家诸葛亮（181—234）有"观其大略"的读书方法，即提纲挈领地领会书中的精神实质和要点。东晋陶渊明（约365—427）"好读书，不求甚解，每有会意，便欣然忘食"。其实，"观其大略"和"不求甚解"倒不是提倡对书籍走马观花式地阅览，只是在特定的场景下对待特定书籍的一种阅读方法，以求事半功倍。

深圳大学教授胡经之主张博览和精读相结合的阅读方法，对于浏览，他有自己的见解，"我爱看最新的书，一拿到手，先浏览一遍，先掌握理论构架，然后

---

① 王余光，徐雁.中国读书大辞典［M］.南京：南京大学出版社，1993.

② 徐雁，陈亮.全民阅读参考读本［M］.深圳：海天出版社，2011.

重点细读我感到有价值的地方。浏览的好处是可以很快了解这一学科已达到什么水平。多年来，我已经养成这种习惯。书一到马上浏览，有时被挤掉了，也要找出比较完整的时间把好几本积压的放在一起浏览。这种浏览能防止知识老化，可以经常考虑一些学科上的难题。而且，博览本身就能得到一种乐趣"[①]。

可见，浏览式的阅读，经过日积月累，同样可以获得知识的增益。因而，在工作日的空闲时间里，可以不必带着特定的目的，只需选择自己喜爱的读物，随性浏览，但得慢慢养成做标注的习惯。如果是纸本阅读，可随身携带小型便笺纸，在书页中做夹注；如果是数字阅读，可直接在相关平台上进行标注。零散的标注在经过系统整理后，可以形成自己的思想体系。这类阅读方法，可参考后文"关于阅读方法的十种书目"中提及的《高倍速阅读法》《快速阅读术》《超级阅读术》等书目。

节假日的阅读

读书的目的有很多，工作日的阅读可以是为了消遣、休闲娱乐等。节假日有完整且可以自由支配的时间，这期间可以挑战一下自己，选择那些内容略精深的书籍，认真研读，去努力提升自己某方面的技能或素养。以下介绍的三种阅读方法，均属于深阅读型的，需要耗费较多时间，可以在节假日合理运用。

（一）节假日的阅读方法

1. 精研式阅读法

"精研式阅读法"是针对前文的"浏览式阅读法"而言。"精研式阅读法是对读物逐字细读并反复揣摩研究的阅读方法，是对浏览筛选之后的读物所进行的深层次阅读……精研式阅读法要求按顺序看清每一个字和每一行字，防止错认和漏

---

① 胡经之.博览精读结合宏观微观兼顾［M］// 黄岳洲.名人论读书.北京：语文出版社，1990.

认；了解每一个词的含义，以及它在语境中的具体意思；了解每一句话的准确含义，以及句子与句子之间的紧密联系……精研式阅读大致包含朗读、熟读、诵读、精读 4 种。"①

朗读，指的是大声地将文本读出声来；熟读，指的是通过反复阅读，以达到对文本熟悉、理解、掌握的程度；诵读，指的是带有一定语调地将文本读出声来；精读，指的是进行精深细致地阅读。以上四种阅读方法所追求的是挖掘和掌握文本深层次的含义，在理解的基础之上能够有个人的感受或体验。

南宋学者朱熹（1130—1200）在《朱子全书》中系统总结了一套读书的方法，其中他认为读书须"熟读精思"，"若读得熟又思得精，自然心与理一，永远不忘。"（《训学斋规》卷 4）清朝学者阮元（1764—1849）曾表示："世人每矜一目十行之才，余哂之。夫必十目一行，始是真能读书也。"近代学者陈垣读书非常认真，常常能发现一些别人不能觉察的问题，他说："世界上的书多得很，不能都求甚解，但是要在某一专业上有所成就，也一定要有'必求甚解'的书。"②该阅读方法，可参考后文"关于阅读方法的十种书目"中的《如何阅读一本书》《如何阅读一本小说》等书目。

2. 笔记式阅读法

读书时要善于做笔记，并且要探索一套自己喜欢的做笔记方式。比如，有人喜欢电子笔记，书写快、易修改，建有专门的电子文档，随读随记；有人钟爱传统的手书式笔记，配合书法、随笔画等艺术形式，形成风格独特的个人读书笔记。

唐宋八大家之一的韩愈就提倡读书的时候一定要做笔记。"记事者必提其要，纂言者必钩其玄"，便是著名的"提要钩玄"读书法。他认为阅读时，要善于提炼文章的主旨，通过写提要来弄清文章的来龙去脉。

陈垣先生也说过："读书的时候，要做到脑勤、手勤、笔勤，多想、多翻、

---

① 徐雁，陈亮. 全民阅读参考读本［M］. 深圳：海天出版社，2011.

② 陈垣. 谈谈我的一些读书经验［M］//《博览群书》杂志. 读书的艺术：如何阅读和阅读什么. 北京：九州出版社，2004.

多写，遇见有心得或查到什么资料时，就写下来，多动笔可以免得忘记，时间长了，就可以积累不少东西，有时把平时零碎心得和感想联系起来，就逐渐形成对某一问题的较系统的看法。收集的资料，到用的时候，就可以左右逢源，非常方便。"①

钱锺书先生也有读书时做笔记的习惯，"他做笔记的习惯是在牛津大学图书馆（Bodleian——他译为饱蠹楼）读书时养成的。因为饱蠹楼的图书向例不外借。到那里去读书，只准携带笔记本和铅笔，书上不准留下任何痕迹，只能边读边记……做笔记很费时间。锺书做一遍笔记的时间，约莫是读这本书的一倍。他说，一本书，第二遍再读，总会发现读第一遍时会有很多疏忽。最精彩的句子，要读几遍之后才发现"②。后文"关于阅读方法的十种书目"中提到的《如何有效阅读一本书：超实用笔记读书法》倡导的便是笔记法。

3. 拓展式阅读法

拓展式阅读法是指阅读一本书时，以该书为导引，去阅读更多和该书相关的内容。"即围绕一个目标，选择一本书，然后由这本书拓展到多本书，再拓展到一类书，再拓展到其他类别，不断地拓展深度和范围。"③

民国时期教育家夏丏尊在 1935 年给中学生讲解《阅读什么》④时便专门谈到过拓展式阅读法，他以阅读陶渊明的《桃花源记》为例，如果有不明白的词，可以参考《辞源》等工具书；如果想知道晋代文学的情形，可以翻阅《中国文学史》；如果对文中所表达的乌托邦思想感兴趣，可以参考阅读英国社会思想家马列斯的《理想乡消息》；如果对文章的体裁记叙文有疑惑，则可翻看《记叙文作法》；如果想知道作者陶潜的生平经历，可以阅读《晋书·陶潜传》或《陶集》。

---

① 陈垣.谈谈我的一些读书经验 [M] //《博览群书》杂志.读书的艺术：如何阅读和阅读什么.北京：九州出版社，2004.

② 杨绛.钱锺书是怎样做读书笔记的 [M] // 钱锺书.钱锺书手稿集.北京：商务印书馆，2011.

③ 徐雁，陈亮.全民阅读参考读本 [M].深圳：海天出版社，2011.

④ 夏丏尊，叶圣陶.阅读与写作 [M].长沙：岳麓书社，2012.

历史学家周予同采用"十字架"纵横结合法读书，即了解某一方面的知识，可以先纵向了解该知识的发展历程，再从横向参阅与该知识有关的同类著述，纵横结合，在全面了解的基础上，形成自己对该知识的认知。

阅读计划的制订

为合理利用时间，最大化地提高阅读效率，应养成制订阅读计划的习惯。计划分短期和长期，阅读计划则可以有周计划、月计划、季计划和年计划等不同周期的。

元代教育家程端礼（1271—1345）著有《程氏家塾读书分年日程》，这是一套详细的中国古代家塾读经学文的教学计划。其规定：8 岁入学之前，读《性理学训》；8 岁入学之后，读朱熹的《小学》，次读《大学》《论语》《孟子》《中庸》《孝经》，再读《易》《尚书》《诗经》《仪礼》《礼记》《周礼》及《春秋》《左传》《公羊传》《穀梁传》；15 岁后再"以朱子法读四书注"，并抄读以上经书。

南京大学徐雁平教授认为，"对于一般读书人而言，《读书分年日程》是循序渐进的读书指南，更重要的是它成为读书人自我评判的准则，使读书人能自律自持，力求日有所得，而不至于荒废懈怠，从而有利于良好心性的养成。"[1]

可见，一套好的阅读计划，可以合理有序地安排阅读任务，有利于养成阅读习惯。同时，计划的制订，还可以起到督促作用，提高自律性。一般而言，阅读计划的制订，须包含阅读书目的选定、阅读时间的安排以及阅读成果的总结。

1. 阅读书目的选定

制订阅读计划首先须选定阅读书目。阅读书目的选择应该根据时间的安排类型多样化。如前所介绍的，轻松易读的书籍可放在工作日；艰涩难读的则可留待节假日。此外，要综合考虑自己的阅读速度以及时间安排，选择数量适中的书目，

---

[1] 徐雁平. 古人的读书指南：《读书分年日程》重视晚间温习[N]. 北京日报，2016-03-14.

不可过多，避免过多的心理压力和计划完不成的挫败感，要营造轻松阅读的总体氛围；亦不可过少，应提高阅读质量和效率。

2. 阅读时间的安排

阅读书目选定之后，就要根据自己的作息合理安排时间。阅读是一项对自主性要求较大的活动，在时间分配上，要略微宽裕一些，不宜安排过于紧张，且应备留一些思考的时间。

3. 阅读成果的总结

阅读成果的总结是指一本书读完之后，应选择合适的方式进行总结，如摘抄、撰写读书笔记或书评、和他人分享阅读感受等。这是非常重要的形成自己思维体系的过程，是阅读计划中不可缺少的一项。同样地，总结也分为短期和长期的：短期的，可以对每本书进行一个小总结；长期的，可以定期将一段时间内所阅读过的书目进行总结。

以下为笔者按照上述模式所做的一份月计划：

表 1-2　2018 年 7 月读书计划

序号	阅读书目	阅读方式	阅读时间分配	预计完成时间	阅读总结
1	《中国哲学简史》冯友兰著	纸质书	☐ 7月1日上午，约2小时 ☐ 7月8日上午，约2小时 ☐ 7月15日下午，约1小时	5小时	☐ 形式：读书笔记 ☐ 时间：与阅读同时
2	《旅行的艺术》[英]阿兰·德波顿著	纸质书	☐ 7月7日下午，约2小时 ☐ 7月14日下午，约2小时	4小时	☐ 形式：书评 ☐ 时间：7月14日晚
3	《四十自述》胡适著	Kindle	☐ 7月2日-6日、9日每晚睡前，约半小时	3小时	☐ 形式：书评 ☐ 时间：7月15日上午

（续表）

序号	阅读书目	阅读方式	阅读时间分配	预计完成时间	阅读总结
4	《望春风》格非著	纸质书	☐ 7月21日上午，约2小时 ☐ 7月22日下午，约2小时 ☐ 7月28日上午，约1小时	5小时	☐ 形式：书评 ☐ 时间：7月28日晚上
5	《一个叫欧维的男人决定去死》[瑞典]弗雷德里克·巴克曼著	Kindle	☐ 7月10日-13日、16日-17日每晚睡前，约半小时	3小时	☐ 形式：电影+书评 ☐ 时间：7月21日晚上观看电影、7月22日上午完成影评/书评
6	《皮囊》蔡崇达著	微信读书	☐ 地铁/公交途中	3小时	☐ 形式：阅读分享 ☐ 对象：网友 ☐ 时间：随时
7	《你今天真好看》[美]莉兹·克里莫著	微信读书	☐ 工作日间隙	1小时	☐ 形式：阅读分享 ☐ 对象：网友 ☐ 时间：随时

关于阅读方法的十种书目

除了合理安排时间，适当的阅读方法也非常重要，可以让阅读产生事半功倍的效果。以下推荐十种关于阅读方法的书，这些书之书传授各种阅读方法，目的在于提高阅读效率，最大化地发挥书籍的功效。不同书籍适合不同的阅读方法，读者应灵活使用。

1.《如何阅读一本书》，[美] 莫提默·J.艾德勒、查尔斯·范多伦著，郝明义、朱衣译，商务印书馆，2004年1月版

本书是讲述阅读方法的经典之作，初版于1940年，1972年大幅增订改写为新版。该书提出了阅读的四个层次：基础阅读、检视阅读、分析阅读和主题阅读，可视作阅读进阶的过程。同时，该书还对不同类型的读物，如实用型的书、文学书、历史书、哲学书、社会科学书等，提出了相应的阅读方法。对阅读感到迷茫的人，初探阅读的人，可以通过这本书，掌握进入一本书的门径。

2. 《如何有效阅读一本书：超实用笔记读书法》，[日] 奥野宣之著，张晶晶译，江西人民出版社，2016 年 6 月版

本书所传授的是非常实用的笔记式读书法。作者奥野宣之是传媒业出身，其深谙信息整理之术，在阅读中，也形成了一套自己的笔记读书法。该书从选书、购书、读书、记录到检索以备重读，对每个步骤都进行了说明，提供了一整套科学、高效的读书方法。他倡导有目的性地购书，让读书从一开始就充满主动性；用笔记管理读书生活，养成随时记录心得体会的习惯；学会摘抄，让原书精髓与自身思维的火花交相辉映；完善整理归档工作，以备反复多次地重读，凸显其价值。他还从自身经验出发，介绍了 19 个让读书体验更充实、有效的小窍门以及写读书笔记的 26 款实用文具。

3. 《实用性阅读指南：把读到的知识转化成能力》，[日] 大岩俊之著，陈怡萍译，江西人民出版社，2017 年 11 月版

本书的目的在于提高阅读效率，将所阅读的内容应用到实践中，实实在在提升人们的工作能力和生活水平。作者利用"思维导图""二八法则""艾宾浩斯曲线"等著名定律，讲述如何高效率地掌握一本书的精髓。他强调做笔记的重要性，以此进行信息"输入"和"输出"的交互，强化记忆。书中还整理记录了大量作者亲身实践的读书案例和思维导图，如"读书 + 创业""读书 + 资格考试""读书 + 提升工作技能"等，用直观的方式教读者带着目的去读书，在实践中发挥更大的作用。

4. 《高倍速阅读法》，[美] 保罗·R. 席列著，佳永馨璃译，中信出版集团，2017 年 9 月版

本书提倡的是影像阅读法，认为阅读可以像拍照一样，瞬间轻松摄入书本所有的精华，便等同于掌握了高效的资讯处理术。该书通过利用人类左脑的分析和理论思考能力、右脑的理解和创造能力，鼓励人们抱着明确的目的去阅读，并将

阅读拆分成为五个步骤：准备、预习、影像翻阅、复习、激活，以此突破大脑强大的潜意识，唤醒记忆力和理解力。这种方法比较适合阅读专业性、实用性、工具性的图书。

5.《快速阅读术》，[日] 印南敦史著，王宇新译，中信出版集团，2017 年 4 月版

很多人可能都有类似的经历，书越屯越多，却始终读不动，或读过的书，很快就忘记了……本书作者同样遇到过这些困惑，他在书中阐述了原因，并提出了养成阅读习惯的三个步骤，第一步是"每天在同一时间"读书；第二步是首选"可以快速阅读"的书；第三步便是：今天阅读的书籍要与昨天的不同。对于避免阅读失败，他也提出了四个步骤：第一步是"一行采集"，仅摘取最具魅力的片段；第二步是"一行精华"，采撷最精彩的一行；第三步是"一行评论"，要求读者回味最重要的段落；第四步是"自我评定读书足迹"。该书所阐述的方法，适合碎片化时间的阅读，可以在短时间内阅览尽可能多的书籍。

6.《超级阅读术》，[日] 斋藤孝著，赵仲明译，北京联合出版公司，2016 年 4 月版

本书目的是引导读者建立良好的阅读习惯以及掌握合适的阅读方法。书中的多个篇章专门针对职场人士，上班族们可以结合自己的工作，从中找到平衡阅读和工作的方法，开展高效阅读。

7.《深阅读：信息爆炸时代我们如何读书》，[日] 斋藤孝著，程亮译，江西人民出版社，2016 年 9 月版

作者在本书中谈到"让自己的思想成形并继续向下深入，只能在一个人独处的时间和空间内进行"，而他认为独处时保持精神平衡的最佳方法，则是阅读。本书重申信息时代阅读经典的重要性，提出持续读书的五个习惯以及十倍增强读书力的技法。

8.《如何阅读一本小说》，[美] 托马斯·福斯特著，梁笑译，南海出版公司，2015 年 4 月版

很多人都是因为某篇（部）精彩的小说而关注文学、爱上文学的。然而，很

多读者在小说的阅读中，过分关注情节的走向，而忽视了文本的其他魅力。本书是美国密歇根大学文学教授托马斯·福斯特先生所著，他在书中以超过两百部小说作品为范例，包括久经考验的大师作品和脍炙人口的畅销作品，教授读者如何去分析、理解、阅读一本小说。本书也是美国多所大学文学课推荐阅读书籍。

9.《阅读与写作》，叶圣陶、夏丏尊著，岳麓书社，2012 年 1 月版

本书所收录的篇目，主要是叶圣陶和夏丏尊两位教育家在 1935—1936 年间，应当时教育部的邀请所做的中等教育播音演讲，所谈内容主要围绕阅读和写作。另有几篇非讲演稿，内容皆是围绕此。虽然是针对中学生所谈论的阅读与写作之道，但是诸多方法，对于成年人的阅读同样适用。

10.《什么是杰作：拒绝平庸的文学阅读指南》，[法]夏尔·丹齐格著，揭小勇译，广西师范大学出版社，2015 年 10 月版

本书是作者继《为什么读书》之后又一部关于文学与阅读的作品，介乎文学批评与热心读者自传式的表白之间，试图识别一个众人皆知，但此前甚少被定义和深入分析的概念：杰作。

什么是"杰作"？"杰作"是从何时开始用于文学？文学杰作有评判的标准吗？怎样确认一本书是否为杰作？杰作是不朽的吗？人们今天是否还需要杰作？……本书试图回答诸如以上林林总总的问题，其目的是消除杰作的神圣光环，让读者理解什么才是真正的文学杰作。

（蔡思明）

旅行中的阅读

旅行与阅读的结合

从小到大，我们无数次在书籍中读到介绍世界各地风景名胜的文字，常常有一种"可望而不可即"的遗憾感。当我们成长到有能力去完成小时候向往的那一次旅行时，见到眼前的风景，却又有一种"不过如此"的贫乏感。

为什么存在这样的落差呢？也许是缺乏发现力和现场感受力，也许是缺乏对其地其物其人文历史背景的了解，难以领略其在历史时空中的特殊经历，无法移情换景地产生共鸣感，理性的文本阅读和感性的现场认知未能统一，落差便不可避免。

南京大学信息管理学院徐雁教授提倡"大阅读"理念，他所谓的"大阅读"是指：

> 阅读，包含读"有字书"和"无字书"两个概念，正如叶圣陶先生所说"万物皆书卷"，要善于从"无字句处读书"，善于把自己的人生，同自然山川、社会事物的知识与书本知识加以贯通、加以融合。因为书本所记录的，只是人类知识的一部分，而且往往是过去的知识；只有"观无字书，识有字理"，"读万卷书，行万里路"，才能让人生的见解和见识，随着年龄与学识，与时代俱进步，成为知识经济时代的强者。[1]

就此而言，"有字书"便是通常所谓的文本阅读；"无字书"则是文本以外的

---

① 徐雁.雁斋书事录［M］.南京：南京师范大学出版社，2008.

阅读，泛指一切能够增长知识和见闻的行为，诸如游访天地山川河流、人文古迹、风景名胜，或拜访贤长者，通过眼见、耳听、心动等多方位感观的结合，以开阔眼界、增长见识。

多年以来，徐雁教授逐渐将其"大阅读"理念扩展为四种具体的方法："读万卷书，行万里路"法；"读人物传记，得人生启迪"法；"看名著影视，悟文艺之道"法；"读乡土人文，得文化之根基"法。可以看到，以上四种阅读方法都需要读者跳脱到书籍以外，亲身去感受和体会。

夏丏尊和叶圣陶在《文心》一书中，用轻松的故事，将阅读和写作融入生活中。其中有一篇《还想读不用文字写的书》，大家为乐华的前途操心着，乐华说，"书本自然不想放弃。有空闲的时候，我预备跑图书馆。可是我还想读不用文字写的书，我要在社会的图书馆里做一番认识、体验的功夫"。"不用文字写的书"，便是将生活的种种喻指为书籍，社会则可比作图书馆，实则是两位先生向读者灌输读"无字书"的道理。

台湾作家詹宏志有一本关于旅行的文集——《旅行与读书》。旅行和读书，在詹宏志的笔下，是完美且缺一不可的结合。梁文道在给《旅行与读书》的序言中写道："把世界看成阅读的借口，于是旅行往往因读书而起，同时又成了读得更多的理由。将全世界看成一本书，与世界因为我的阅读而存在，遂成了一体两面的事。"（《旅行与读书》，中信出版集团，2016 年 8 月版）

旅行与读书，是"有字书"和"无字理"融会贯通的最佳方式，这两者所带来的精神世界的丰盈将远远大于身体的放松和愉悦。明朝书画家董其昌说"读万卷书，行万里路"，他原意是针对画法而言，提倡书画创作应该善于在大自然的山水间获取灵感。后来，画理演变为一种重要的阅读方法，叶圣陶先生说"天地阅览室，万物皆书卷"，周恩来先生也认为"与肝胆人共事，从

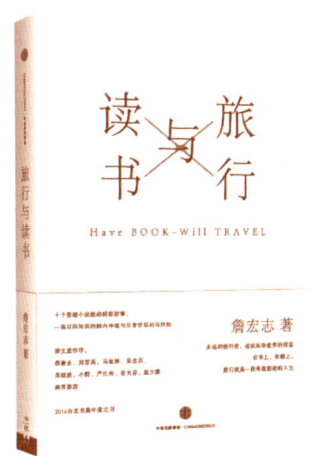

无字句处读书"。

明代地理学家、旅行家和文学家徐霞客（1587—1641）历经30年的游历和考察，撰写成60万字的地理名著——《徐霞客游记》，被后人称为"千古奇人"，是践行旅行和读书相结合的典范。

徐霞客少年时便立志游览天下，他20岁正式出游，每到一地，必留下珍贵的考察记录。然而，他的出游目的并不是单纯地游山玩水，而是为了探索自然山川的奥秘，他在山脉、水道、地质和地貌等方面做出了大量的调查和研究。其所留下的《徐霞客游记》，以日记体为主，不仅仅是宝贵的地理文献，还是笔法精湛的文学游记。

再如，意大利旅行家马可·波罗（Marco Polo，约1254—1324）在中国游历17年，他留下了一部描绘中国历史、文化和艺术的游记——《马可·波罗游记》，记述了他在中国各地的见闻，展现了元大都的经济文化民情风俗，以及西安、开封、南京、镇江、扬州、苏州、杭州、福州、泉州等各大城市和商埠的繁荣景况。《马可·波罗游记》是第一部向欧洲人介绍中国物质文明和精神文明的读物，对新航路的开辟产生了巨大的影响。同时，西方地理学家还根据书中的描述，绘制了早期的"世界地图"。

徐霞客和马可·波罗在他们的游历中，以开阔的眼界，每到一地，都探究各地的历史人文，结合他们的丰富阅历，为后人留下了宝贵的文献资料。借鉴他们的旅行方式，我们可以在每一次旅行开始前合理规划，力争通过阅读在旅行中最大化地增广见闻。

如何通过阅读从旅行中增广见闻

（一）旅行前的阅读

旅行之前，可以围绕旅行地阅读以下类型的读物：（1）关于旅行地的历史人文读物；（2）当地学者、作家撰写的关于家乡的读物；（3）旅行指南。前两类可以帮助我们快速了解当地的历史渊源和风俗文化，以便发掘旅游地的人文特色；"旅行指南"则能帮助旅客快速解决在当地的吃穿住行等事宜，避免少走弯路，节省时间和精力，提高旅途中的生活质量。

例如，我们要计划一次为期一周左右在四川成都的旅行，可以择选以下几种书籍作为旅行前的读物。清末民初成都人傅崇矩先生所著《成都通览》（成都时代出版社，2006 年 4 月版），分门别类地记录了成都的风土民情，是记录清末成都社会万象的一部百科全书。作者自叙："予以籍于成都而说成都，较切于客于成都而说成都也。予以家于成都而说成都，较实于游于成都而说成都也。予以耳目所及者而说成都，较真于传闻所记者而说成都也。予以事物实录而说成都，非以笔墨空谈而说成都也。予以调查近事而说成都，不以考据古典而说成都也。"[①]从这部书中，我们可以详实地看到清末成都社会方方面面的景象。

如若要对当代成都的社会人文有所了解，还可以读一读当代作家所写的关于成都的著作。成都著名作家流沙河先生，1931 年出生于成都，在成都生活了七八十年，年少时经历过日寇侵略和动乱年代，他熟悉成都的街巷市陌，从自己的亲身经历和体验出发，著成《老成都·芙蓉秋梦》（重庆大学出版社，2014 年11 月版）一书。还有生于重庆、长于成都的当代作家冉云飞，他的著作《每个人的故乡都在沦陷》（鹭江出版社，2015 年版）是其对巴蜀文化的历史性研究，在这书里，可以看到过去的巴蜀，亦可看到现在的川渝。其中关于重庆和成都这对难兄难弟在历史长河里互掐也相互温存的解读，非常有趣。如果读了他的文章，接连着游览成都、重庆两地，感受两地同源却又各有特色的文化，一定相当有趣。

---

① 傅崇矩. 成都通览［M］. 成都：成都时代出版社，2006.

在阅读以上这类人文性较强的读物时，不宜采用速成的泛读法，可以选读和精读相结合。按照自己感兴趣的程度，优先选择喜欢的篇章进行阅读。例如，如果对成都的美食感兴趣，可以先阅读《成都通览》中的"成都之席桌菜品""成都之南馆""成都之著名食品店""成都之食品及菜谱""成都之家常便菜"等篇目。在阅读的时候，带着一些思考，对引起共鸣的段落、文字进行标注或摘录，甚至可以循着这条线索，进行更多的拓展阅读。等到实际旅游时，吃到书中描述过的那道菜、走过书中提到的那条街巷、看到那栋特别的建筑，比对阅读的心得和参观的感受，自然而然就留下自己的独特足迹了。

如果没有来得及在旅行前进行充足的人文阅读，至少应该选择一本最新的"旅游指南"进行快速阅读。"旅游指南"类的读物，会对当地吃、穿、住、用、行、玩有着详细的介绍，会推荐特色住宿和美食，对旅行线路和交通方式进行建议，为旅客提供不少便利。然而，这类读物版本泛滥，很多"旅游指南"甚至未经过实际调研和考察，存在诸多过时或不准确的信息，如若以此作为指南，难免给旅行造成很多不便。因此，在选择这类读物时，要经过比对后，选择优秀、可靠的版本。

相对于网络信息而言，纸质读物的时效性较差。读者还可借助相关旅游类应用或网站，搜集网友分享的旅行攻略或游记，以获取最新的旅游信息。"纸上得来终觉浅，绝知此事要躬行"，文本的阅读所带来的体验难免和实际旅途中的所见所闻所感有所差距。詹宏志在《旅行与读书》中就记载了几次经历，错误指南害他误入迷途，吃尽苦头。遇到这种事情，也许很多读者便对阅读失去信心，甚至不再信任书籍了。但是詹宏志却认为，愈是如此，愈是应该多读书，以储备充足的对抗"灾难"的力量，去化解下一次旅途中的无知和无力。这是一种真正大无畏的阅读观，因为他从书本中的所获所得，完全可以战胜旅途中所受的挫折，旅行和读书的结合所获得的生活经验和见闻感知，已经远远超越文本的力量了。

（二）旅行中的发现

有了旅行前充分的阅读积淀，我们在旅行途中还要带着发掘智慧的眼光，去探索旅行途中独具特色的亮点。阿兰·德波顿（Alain de Botton）说："一个人从旅行中得到多少不在于他去过多少美丽的地方，而在于他在一个地方发现了多少美丽的故事。"阅读可以教会我们的，正是如何在旅行途中发现美丽的故事。

在詹宏志的《旅行与读书》中，令人印象最深刻的是《爆炸后的天堂》一文。那是一趟前往巴厘岛的旅行，在出行前几天，巴厘岛突发恐怖爆炸事件，度假天堂沦为地狱……在犹豫不决中，詹宏志和朋友还是按照原本的行程前往巴厘岛。恐怖事件之后的巴厘岛，一改往日的繁华热闹，冷冷清清，虽然他们的行程一样不落地进行着，表面上看，因为游客稀少，他们似乎享受到了更好的接待和更舒适的旅游体验。然而，他们的内心感受并不好，反而更为难受。

> 那是一趟令我难以忘怀，却又说不出滋味的旅行。地点是美丽的，场所更是难以言喻的精致，而我们参与的活动，包括烹饪课程，还有专为我们演出的巴厘舞蹈都是既精彩也亲密，可是灾难的后患却又如影随形，我们时时要感受到一种受灾者的深沉悲哀、无奈和无力感。

他们一路上接触着各类因家乡灾难而难过的巴厘岛居民，尽管眼前的美景还是依旧，尽管他们完全可以选择性地忽略爆炸事件，可是大环境下的不安宁，却是任何一位良知尚存的人都能感受到的。

"受灾者的深沉悲哀、无奈和无力感"，作为读者，也是完全可以体会到的。并不是每一趟旅行都是开心美好的，一颗善于发现故事的心，会更加彰显旅途的意义。

在到达旅行地之前，你胸有成竹地以为已经凭借各种文献读懂那个地方了，殊不知，也许这次旅行才是你阅读的起点。

（三）旅行后的书写

正如詹宏志所说，"关于旅行地的阅读，我们是从旅行结束后才真正开始的"。那么，如何对旅行进行延伸阅读呢？最佳方式是寻找一段安静的时间，将旅行中的所感所得，用文字书写下来。旅行前的阅读和旅途中的发现，都是大量信息的输入，而书写则是信息的输出。只有不断地进行信息输入和输出，才能融会贯通。

如前文所介绍的徐霞客和马可·波罗，他们的旅行事迹之所以流传至今，至关重要的原因是，他们的著作——《徐霞客游记》和《马可·波罗游记》传世。

游记是文人、学者非常重视的一种文体，除了以上两部游记之外，还有众多经典的游记著作为读者推崇。例如，东方出版社策划的"四海之内——从东方到西方"丛书，是近代学者在国外访学、游览等的记录，包括季羡林《留德十年》、朱自清《欧游杂记·伦敦杂记》、萧乾《海外行踪》、费孝通《初访美国·访美掠影·重访英伦》、徐志摩《巴黎的鳞爪》、储安平《英国采风录》、梁启超《欧游心影录·新大陆游记》、刘海粟《欧游随笔》、瞿秋白《饿乡纪程·赤都心史》等九册。

经典的外国人游记也不少。切·格瓦拉的《摩托日记：拉丁美洲游记》，是其在 1951 年和朋友阿尔贝托·格拉纳多两度靠骑摩托车和在公路上拦车，在南美洲五国漫游的旅程，以及他的观察与思考。美国著名作家华盛顿·欧文根据其游历欧洲诸国及美国等地的所见所闻，撰写了《阿尔罕伯拉》《英伦见闻录》《庄园见闻录》《欧美见闻录》等系列游记。

阅读与写作有着密不可分的关系，叶圣陶说："读与写的关系密切。善读必易于达到善写，善写亦有裨于善读。二者皆运用思考之事，皆有关学科知识与生活经验之事，故而相通。"[①]写作的过程，其实也是思考的过程，旅行之后的写作，目的在于将旅行前期的阅读与旅行中的发现进行整理，梳理旅途中的惊喜和发现，

---

① 叶圣陶.教育演讲［M］.北京：教育科学出版社，2014.

总结过程中所遇到的挫折和不足，以便为下次的旅途积累经验和储备能量。

在互联网时代，我们可以选择自己喜爱的互联网社群，在其中分享自己的旅游行记，一方面作为记录自己旅行轨迹的空间平台，另一方面也是为有相似旅行计划的网友提供相关信息。旅行后的书写预示着这一段旅程的结束，但也是新的一段阅读旅程的开始。如，游玩过成都的都江堰和青城山景区后，会持续关注并阅读历代学者、文人留下的关于这两地的文字。今后若有机会再来，持续的阅读所积累下来的关于两地的人文历史知识，远超过导游的泛泛讲解，旅行中的发现也会不大相同。

在书里找到旅行的意义

有时候，旅行的理由非常简单，想要度过突然降临的假期，想要暂时摆脱眼前疲惫的生活，想要遇见一段向往的生活……无论何种理由，阅读永远都是旅途中的加分项。有这样一些书籍，作者用他们的脚步诠释了旅行的不同意义。

1.《旅行的艺术》，[英]阿兰·德波顿著，南治国、彭俊豪、何世原译，上海译文出版社，2009年4月版

阿兰·德波顿，英伦才子型作家，生于1969年，毕业于剑桥大学，现住伦敦。著有多部小说和散文作品，作品被译成二十几种文字。《旅行的艺术》是一部随笔集，该书分为出发、动机、风景、艺术和回归五个章节，通过对不同地点的旅行，揭示旅行的深层意义。他认为，旅行以及对旅行的研究可以加深人们对幸福的体验，而这种幸福，就是古希腊哲学家所说的"由理性支配的积极生活所带来的幸福"。

余秋雨认为："《旅行的艺术》展示了一种有关生命和环境厮磨的精神层面，因此也让我们看到了旅行的至高等级。"[①]该书译者南治国认为："德波顿倾听的

---

① 余秋雨.《旅行的艺术》推荐序[M] // 阿兰·德波顿.旅行的艺术.上海：上海译文出版社，2009.

是旅程中旅行者内心的声音，关注的是陌生场域里可能生发的奇思异想，或者是日常场景中的独到而用心的感悟。"①

2.《撒哈拉的故事》，三毛著，北京十月文艺出版社，2011年1月版

三毛，本名陈懋平，因为学不会写"懋"字，就自己改名为陈平。三毛是华语世界里的传奇女子，她的文字恣意潇洒，作品均是自己真情实感的流露，没有太多的修饰和渲染。也正是因为真实，众多读者被她的文字所吸引，因她而向往撒哈拉沙漠、向往外面的世界。《撒哈拉的故事》由十几篇精彩动人的散文结合而成，故事皆以她生活过的沙漠为背景。

作家贾平凹如此评价："三毛不是美女，一个高挑着身子，披着长发，携了书和笔漫游世界的形象，年轻的坚强而又孤独的三毛对于大陆年轻人的魅力，任何局外人作任何想象来估价都是不过分的。许多年里，到处逢人说三毛，我就是那其中的读者，艺术靠征服而存在，我企羡着三毛这位真正的作家。"

3.《我读天下无字书》，丁学良著，北京大学出版社，2011年4月版

丁学良，出身皖南农村，在国内受过不完整的小学、初中和高等教育。1984年夏赴美国读书，1992年春获得哈佛大学博士学位。历年来在哈佛本科生院、国立澳大利亚大学亚太研究院、美国卡内基和平基金会从事教学或研究，目前是香港科技大学社会科学部教授。

《我读天下无字书》讲述了作者自20世纪20年代以来在美国、亚洲、欧洲、澳洲等国家和地区的游学历程，其中既有与世界顶尖学者的近距离接触，也有对于世界精英学府的亲身体验，既有对于全球化背景下的高等教育制度的敏锐分析，也有对于世界各地丰富多彩的文化"无字大书"的酣畅淋漓的体悟。

4.《带一本书去巴黎》，林达著，生活·读书·新知三联书店，2002年5月版

写作过一系列"近距离看美国"的林达，带着一本描写"革命"的文学名著

---

① 南治国.《旅行的艺术》译者序[M] // 阿兰·德波顿.旅行的艺术.上海：上海译文出版社，2009.

《九三年》(雨果著)踏上了前往巴黎的旅途。在开篇《带一本书去巴黎》一文中，林达细细讲述了自己和《九三年》这本书的一段跨越多年的书缘。他说："正因为是在'革命'中读的法国革命，所以，对法国和巴黎的第一印象，就是革命了。终于在几十年之后，有了这样一个机会，亲赴'革命现场'，当然不会错过一个了解法国革命的良机。揣上一本《九三年》，就成为一个必然。"①

《带一本书去巴黎》极好地诠释了"旅行和读书"的关系，《九三年》让作者对巴黎有了特别的期待，而由《九三年》随性的巴黎之旅，也自然而然地让作者写出了《带一本书去巴黎》这本书。作者用大量的历史细节和场景，重现了曾经发生在法兰西的城堡、广场、宫殿、教堂、博物馆等地的历史场景。如果想通过一本书来了解巴黎，请选择这本书；如果决定去巴黎，请带上这本书。

5.《在漫长的旅途中》，[日]星野道夫著，蔡昭仪译，上海人民出版社，2010 年 2 月版

星野道夫，1952 年出生于日本千叶县，日本国宝级极地摄影家。他从 24 岁就读阿拉斯加大学开始，便长期穿梭于山脉、冰河、森林、冻原之间，拍摄了大量原生态的自然作品，极光、山脉、冰河、冻原、花草、鲸、棕熊、北极熊、麋鹿、驯鹿、海豹等，都是他擅长的题材。其中尤以动物摄影闻名自然摄影界，多幅作品获得阿拉斯加政府与博物馆永久收藏陈列。令人悲痛的是，星野道夫在 1996 年 8 月参与日本电视台节目拍摄棕熊计划时，惨遭棕熊袭击，不幸罹难。他的离世震惊全日本，其遗作展吸引了上百万民众排队观看。

《在漫长的旅途中》是他关于极地生活的遗作，他只身长期在严苛的自然环境中，以镜头记录着生活在周围的动植物，对"丰富人生"与"幸福"的定义，有其独特的看法。极地是星野道夫所热爱并选择的生活方式，这里于他而言，大概算不上"旅途"，但是从这本书里，每一位读者都能感受到作者对于生活和大自然的热爱与敬畏。也许从这本书开始，我们每个人可以考虑为自己安排一次回归心灵的自然之旅，在寻常生活之外，发现生活别样的美。

---

① 林达.带一本书去巴黎[M].北京：生活·读书·新知三联书店，2002.

6. **《理想的下午：关于旅行，也关于晃荡》，舒国治著，广西师范大学出版社，2010 年 1 月版**

舒国治，1952 年出生于台北，原籍浙江，是 20 世纪 60 年代在西洋电影与摇滚乐熏陶下成长的半城半乡少年。他曾以短篇小说《村人遇难记》备受文坛瞩目，此后所写，多关于旅行。《理想的下午》2000 年在台湾甫一出版，便深受读者喜爱。2010 年，该书由广西师范大学出版社在大陆出版，同样受到读者的欢迎。

梁文道在该书序言《但少闲人》中认为舒国治的眼光非常锐利，甚至可以说毒，因为他可以非常独到且准确地掌握一个地方的特质。正因如此，就如同这本书的副标题里"晃荡"两个字一样，你随着舒国治的文字在某个地方晃荡，完全不会错位到其他的地方。梁文道还说："舒国治的散文更不是一般意义的'美文'，尽管它的确与'审美'有关。这种审美是某种感官能力的开启，常如灵光一闪，以清简的文字短暂地照亮俗常世界之一隅……"

这类"晃荡"的文字，非常适合在一个想要虚度时光的下午，就那样躺着，随手翻到一页，便开始读下去。这是另外一种对于生活的诠释。

（蔡思明）

✦ 附：撰写书评的时刻

从萧乾先生的视野看何为好的书评

"书评"作为一种文体，从山现到发展至今，其跌跌撞撞所走过的一路，如果也算是一段历史的话，那么萧乾绝对是其中的关键人物。萧乾既是书评写作的大力倡导者，也是书评理论的研究者，更是书评写作的实践者。与此同时，包括巴金、叶圣陶、沈从文、朱光潜、施蛰存等大家也有意无意地在书评史上留下了自己或深或浅的印记，令人深感百家争鸣的深邃与丰富。

只是把书的内容介绍一通的文字是算不得书评的。"但仅有这点介绍性的申述既不成其为书评，更算不得批评，因为它缺乏客观的判断。"介绍性的申述只是广告之外掺杂了些许水分而已，一拧就干，主观的解释与判断远远不够或几乎为零。"一个公正的书评家不但不应冤枉作品，还得切实地发现它的价值。"书评要避免势利，赞许与毫无原则地说好话是不能画等号的。

例如，萧乾评郁达夫的《出奔》的书评末尾这么写着，"我们向达夫先生和一切前辈所期望的还很多"，一颗热爱文化的赤子之心跃然纸上，然而，倘若有人认为此文尽是赞美之词的话，就大错特错了。萧乾在文中旗帜鲜明地提出自家观点，是读者对作品的不知足，是后生晚辈对前辈的不满。他在肯定了郁达夫小说的优点之后，把目光聚焦于小说中的人物形象。他认为小说中不曾让他看到"一个立体的、有阴阳面的、有血肉的活人"，而且在故事的组织上也存在严重的疏忽，"故事的紧松不是由情势的推演，乃是作者在奏手提风琴似的一纵一抽，呼风唤雨，做着无节制的玩弄。他玩弄了故事中的角色，也玩弄了灯下屏心静气捧读着的人"。相信倘若达夫先生读到此文，也可能会欣然接受并引萧乾为知音。言为心声，情词恳切，就书论书，不为书之外的主客观因素所左右。这便是好的书评。

除了萧乾、巴金、沈从文等名家之外，张庚、刘西渭、常风、李影心、陈蓝、黄照、杨刚等人也曾经不约而同地发出关于书评的一家之言。这些人要么是专职的书评家，要么只是偶尔撰写书评，他们无一例外地有一个共同之处，即"首先须是一个爱书的人"。即萧乾所说的，"如果把话说得响亮些，就是一个关心爱护、促进文化的人"。那些由他们撰写的20世纪30年代刊载于《大公报》的书评，想必也指引着读者买下一本又一本好书吧！因了萧乾的大力倡导与主持，《大公报》成了书评这一类型文章绽放光芒的主阵地。

侯金镜在《书评和读者》中对书评的定义与界定很中肯。"书评就是媒介，它站在读者和作品（作者）之间，缩短了'欣赏的距离'，打开蒙在作品之前的一层障壁。"阅读书评前，我常怀揣一份美好的念想，以之为一趟美好的精神之旅。如果书是我读过的，我想看看别人眼中的这本书有哪些我未曾发现的闪光

点。如果书是我没读过只是耳闻过，而我在近段日子里有可能阅读的，我会把书评略过，避免先入为主，避免好奇心的消失。如果书是我没读过没听过，却又在我感兴趣之列的，我会把书评当成一种召唤和指引，唤我引我在未来的日子里，成为作者更成为书评家的知音。

书评架起的美丽桥梁，不仅紧密地连接着作者与书评家，还拉近了读者与书评家之间的距离。要知道，书评家最纯粹最本色的身份也是

读者。爱书的读者读着书评家的作品，与其说是阅读，倒不如说是召开了一场只有两人参加的读书分享会。书评被不同的人读到之后，这样的读书分享会不拘泥于形式或场合，而是悄然地在人心之间传递着。由此可知，书评虽然不专为一种文体，却自有它理应存在的意义。既然可以你一言我一语地"面面观"，更可见出书评值得探究的种种可能性。

不同的书评家对同一本书分别产生浓厚的好奇与兴趣，此为"和"。在好奇心与兴趣的驱使下，分别写出了带着个人观点与见解的书评，此为"不同"。和是共鸣，固然美妙；不同是大路朝天各走一边，这才是发人深思，令人警醒的。因此，书评所架设起的桥梁，还在于书评家与书评家之间。朱光潜在《谈书评》中说："世界有这许多分歧差异，所以它无限，所以它有趣，每篇书评和每部文艺作品一样，都是这'无限'的某一片断的缩影。"一部好书受到更多的书评家的关注，且启发他们从不同的角度写出不同的书评来，是合情合理的美丽图景。

何为好的书评？答案是见仁见智的。叶圣陶认为好的书评需要有"体贴的疏解"，"假定我有些微的好处，你给我疏解为什么有这些好处，我就可以在这方面更加努力。假定我有许多的缺失，你给我疏解为什么会有这许多缺失，我就可以在这种种方面再来修炼"。常风以为，书评家需要一个批评家所有的基本知识和训练，书评的写作可以从小处着手，他关注的"不妨是枝叶和琐细末节"。他们的本分和职责"只在向读者推荐该读或不该读"。在黄梅看来，书评所需要的是"态度的冷静、文字的朴素，对于书籍的同情和对于真理的拥护"。书评家要有自知之明，"不要评你们看不懂的书，不要评你们刚能了解字义的书"，"不要胡说些与你们所评的书丝毫无关的事情"。

书评撰写的时机选择

读有所感，我便写在字里行间，写在文字之余的任一空白处，多则长至百来字，少则短至一句话或一两个流露心境的词，有所感却又无法诉诸笔端时，就做各种标记。或横线波浪线，或打钩或加着重号，或画个笑脸或哭泣的表情，或折页以示重要。

在写下感受或做下标记的时候，其实书评撰写已经开始了。把这些击中心门的句子，以及那些点滴琐碎的感受，用一条闪光的金线串连起来，便是书评的雏形，是雏形也是草稿。所以说，书评的撰写有时候并不是在读完整本书以后，而是在阅读的进程里。边读边写，写得多了，书评的主线抑或整体脉络也就出来了。

不过，这只能算是阅读间歇的零敲碎打，是万里征程的第一步。真正地摆开阵仗撰写书评，正儿八经地谋篇布局，则是在读完整本书之后，因为只有读完整本书才能有一个整体的印象，才能找到独属于自己又最感真切的切入点。

如果想要在一天的时间里选择一个撰写书评的时间的话，那么可以是夜深人静的时候。小儿睡去、琐事暂无、手机沉静、万籁俱寂，正是凝神静思的好时光。下笔千言的前提是一人悠然自得的独处。独处的世界是一个人的国度，这个人是主宰一切的国王。他将要通过自己的笔流露自己的心，创造一个崭新的世界，而夜晚又起到了很好的掩护作用。白日的喧嚣在此时沉沉睡去，你方唱罢我登场，夜晚让一颗心上下驰骋，让一支笔左奔右突，让一个个方块字煜煜生辉，照亮无边的夜。

撰写书评是与作者的深度对话，容不得外人打扰，否则便会影响谈话的心情，降低对话的质量，打扰心灵的契合度。书评的撰写是阅读所思所想的总结，于夜晚进行也是最合宜的。夜晚是告别旧的一天，迎来新的一天，它是昨天与今天、今天与明天的临界点，有着承前启后、承上启下的纽带作用。撰写是总结，总结得与失、利与弊。总结是古人文中的"日参省乎己"，是为了更好地踏上新的征程。如果说阅读是见贤思齐的修行，那么总结则是吮吸甘露、反求诸己，为了遇见一个更好的未知的自己。

静夜里宜思、宜写、宜总结、宜发展壮大自己。

书评撰写的时机，因人而异，人各不同，无法也不必强求一致。一本值得玩味咀嚼的好书，可以触动不同的书评人写出精彩纷呈的书评佳作。不同的书评人，也必有自己独特的写作时间。"美美与共，天下大美。"有人习惯早起写作，可以品尝晨曦的清新与宁静；有人常在傍晚写作，可以沐浴夕阳的余晖，倍感惬意；有人选择深夜写作，专心肆意地营造自己的精神国度。

书评写成草稿之后，宜放置几天，不可一门心思想要一蹴而就。刘禹锡曾说："心源为炉，笔端为炭。"文章的写成必是一时心思的表露，故而会有浅薄、稚嫩、粗陋甚至词不达意之处，所以，文章的由浅入深，由表及里，由不好到好，必有一个逐渐修正完善的过程。我修改书评常选择刚读完一本书，尚未起读新书的空闲里。修改的时候，我会再次翻阅所评之书，于随意翻阅的流连之间若有新的体会，便会令我心生意外之喜。修改文稿的再次随读，正暗合了孔夫子所说的"温故而知新"。所评之书如果堪称经典作品的，闲暇之时的修改既是写作的必然，也是必要的重读。经典作品是常读常新的，常读常新之后，笔端更会有汩汩清泉流出。

提升书评写作能力的几种著作推介

1.《中国阅读大辞典》，王余光、徐雁主编，南京大学出版社，2016 年 4 月版

王余光、徐雁主编的《中国阅读大辞典》旨在回答为何读、读什么、怎样读、啥时候读、在哪里读等一系列在学习求知过程中具有现实挑战性的问题。编写者围绕"勤读、好学、明理、求知、悟道"及"爱读书，读好书，善读书"等阅读文化学理念，把主体内容分为七篇，依次是："儿童阅读与书香家庭""藏书名家与书人事迹""读书方法与阅读理论""文献知识与读书珍闻""读书门径与读物推广资源""社会组织与阅读推广案例""数字化读物与新媒体阅读"。

这是一部既全面又厚重的工具之书，可以置于案头，常常翻阅，可

以获取新知，可以得到深远的启迪。

2.《书评面面观》，李辉编，大象出版社，2018年3月版

李辉编的《书评面面观》是其主编的副刊文丛系列之一。书分为三辑，分别是第一辑"萧乾：一个未完成的梦"，第二辑"大家谈书评"，第三辑"书评精选"。此书以曾经大力提倡书评写作的萧乾为主要人物，又兼有作家、书评家等诸多人物谈论书评，让关于书评的观点在这本书里百鸟争鸣、百花盛开、百家齐放。

李辉在选入的书评中侧重带有批评性的书评，以便于读者看看这些书评人是如何争取保持客观性的。这本书的出版不仅是矫正时弊，还有着更加深远的意义。李辉在《编后记》中说："我绝不是对萧乾旧梦的偏爱，而是设想着这本书的问世，会使更多的人，用踏踏实实的工作和丰硕的果实，来充实、来完成前辈们所未完成的'梦'——书评。"

这是一部前辈之书，它提醒书评作者不可投机钻营，而要尽量客观公正地评书之好以及如何好，评书之坏以及如何坏。

3.《槛外评说》，刘再复著，生活·读书·新知三联书店，2012年12月版

这是一部包含着述评文章在内的文化评论集。收录作者读书读人、观世相观文化的批评、随感、随笔类文章共140余篇。作者以"超越视角取代世俗视角"来品读大家、赏读名作，立意在于寻找渴求已久的"心魂救援"：歌德至死不渝地发现的激情与爱的寂静、福楼拜从不衰竭的天才的激情、茨威格总是心怀着对先行者的爱慕与敬意、萨特因拒绝"诺贝尔文学奖"而散发出的强大的人格力量。刘再复的品读，不仅反思了自我，也启迪了包括书评人在内的诸多读者。

追随刘再复的品读，追忆先贤圣哲的身影，目睹周遭的现实，更会觉得真善美的稀缺与可贵。白烨在《编后记》中提到，刘再复"这种注重精神汲取的姿态，本身就很值得我们效法与敬重"。读《槛外评

说》，我们大体可以知道怎样的书算得上好书，我们大抵可以明白应该怎样从好书中摄取最精华的品质。

4.《读书是永远的》，赵丽宏著，现代出版社，2014 年 8 月版

许多当代文坛大家，常常在不经意间成为书评高手。因为他们持续多年的既写且读，因为他们从不停滞的读写为　　。他们日常的读写，他们关于书的真知灼见，一旦结集成册，便是极为可观的书评集。赵丽宏便是其中之一。赵丽宏的《读书是永远的》是一部序跋集，内容分为两辑，第一辑为"自序和跋"，第二辑为"为他人序"。

不管是序还是跋，不管是为他人还是为自己，其实都是广义上的书评。书评就是关于书籍的评论。赵丽宏评论自己的书时，有甘之乐之的快意，有字里行间的感恩，有求教方家的惶恐。评论别人的书时，有乐观其成的期待，有醍醐灌顶的感激，有遇见知音的激赏。在《爱之笺》的序言中，赵丽宏写道："如果有一颗诗人之心观照自己的人生，珍藏曾拥有的爱情，我们每个人都可能挣脱岁月的拥抱，光着脚丫奔回到青年时代，回味生命的留言。"不管是哪一辑的内容，赵丽宏在这些书评中给人呈现出的最壮美景观都是洋溢着诗意的温暖。

（张家鸿）

四时读书乐

《四时读书乐》：中国古典社会的读书情趣

书中岁月意萧然，读书乃人生一大乐趣。

古代文人雅士读书时即景作诗，创作了不少表达自己生命感悟和人生智慧的四时读书诗歌。其中，流传最广的当属宋末元初翁森（1255—1326）所作的一组《四时读书乐》。

《四时读书乐》：中国古人追求的读书境界

《四时读书乐》是组诗，一共四首，分别描写春、夏、秋、冬四季读书的乐趣。诗人将四时的读书乐趣融入对四时景物的感受之中。在诗人笔下，四季的自然景致循环往复，亦诗亦画，情境俱美。诗人不仅读有字书，更试图读大自然这本充满奥妙的无字书。因而，翁森的《四时读书乐》不仅是劝学诗，更是一组活泼泼的、抒发文人意趣的四时诗。它表达了中国古代读书人所追求的"读诗书之乐与读自然山水之乐"的境界。

1. 读在明媚春光里

山光照槛水绕廊，舞雩归咏春风香。

好鸟枝头亦朋友，落花水面皆文章。

蹉跎莫遣韶光老，人生惟有读书好。

读书之乐乐何如，绿满窗前草不除。

在生机盎然的春日里，诗人的书斋外绿草青青，山水潺潺，一派鸟语花香、春光明媚的景象。

　　这里的"舞雩归咏"引用的是《论语·先进》。孔子的学生曾点（曾晳）在回答老师孔子的提问时说："莫（暮）春者，春服既成，冠者五六人，童子六七人，浴乎沂，风乎舞雩，咏而归。"舞雩，指的是古代求雨的舞雩台，后指乐道遂志，不求仕进。此章描写了一幅其乐融融的春游场景：在暮春三月的好天气里，穿上新缝的单衣，约上一群弟子，洒然而往沂水边游玩，乘兴而去，歌咏而归。诗人此处引用"舞雩归咏"的典故，也表达了他融身于自然的山林隐逸之乐。

　　翁森生活在宋元鼎革之际，入元后选择了隐居乡里的生活方式，创办了安洲书院。在翁森生活的时代，他的家乡浙江台州一带生活着不少跟他一样的遗民，有些人，如舒岳祥、刘庄孙等，还组成了规模较大的遗民诗人酬唱群，他们跟翁森一样，陶然林水，以解衷肠。田园、山林、庭院，是他们安顿生命的所在。

（明）仇英《独乐园图卷》局部（美国克利夫兰艺术博物馆藏）

　　到了暮春时节，落花如雨。林深僻静处的水边花下，流水潺潺，花瓣飘零，诗人看着眼前的落花水面，亦是浮想翩翩。

　　最后诗人自问自答，春日读书的快乐究竟是什么呢？请看窗前长势逼人的青草，放眼望去，一派苍翠之色。所以读书人啊，趁着这万物蓬勃生长的春天，何不振奋起精神、畅快心情，沉浸到书籍之中。如同眼前的生机盎然、流光溢彩，书中的世界同样也是令人兴味无穷的。此时不读，更待何时？

2. 夏日炎炎好读书

> 新竹压檐桑四围，小斋幽敞明朱曦。
>
> 昼长吟罢蝉鸣树，夜深烬落萤入帏。
>
> 北窗高卧羲皇侣，只因素稔读书趣。
>
> 读书之乐乐无穷，瑶琴一曲来薰风。

这一首写夏季读书之乐。夏日炎炎，但在诗人心里，暑日的燥热早已荡去。诗人的住所四周桑竹垂荫，当清晨的阳光透进屋内，书斋被照得格外敞亮。此时坐在明亮的窗户下，正可开启美好的晨读时光。

（明）沈周《卧游图册》局部（北京故宫博物院藏）

夏日昼长，山居中的白昼颇有北宋唐庚《醉眠》诗所言"山静似太古，日长如小年"的意味。白日里，空寂的山林中蝉鸣阵阵。然而蝉自鸣人自闲，漫长的白昼正适宜开卷展读，调息静心。诗人在北窗下卧读的情境，正如陶渊明所言"五六月中，北窗下卧，遇凉风暂至，自谓是羲皇上人"那般，是何等逍遥自在！

到了夜读时分，待灯花落尽，流萤入室，点点萤光陪伴左右，又平添了几分乐趣。

夏风如茗，令人神清气爽。偶尔吹来几阵夏风，此时再有瑶琴的清音相伴，真可谓清凉在心。

3. 冷落清秋读书浓

昨夜庭前叶有声，篱豆花开蟋蟀鸣。

不觉商意满林薄，萧然万籁涵虚清。

近床赖有短檠在，及此读书功更倍。

读书之乐乐陶陶，起弄明月霜天高。

秋来万木始衰。昨夜庭前叶落声声，篱下紫豆开花，蟋蟀清唱。不知不觉间，木叶萧疏，丛林草野间一派萧瑟寂寥的景象。万籁皆寂时，靠近床边的一盏矮灯，正可陪伴诗人静夜展读。秋天的夜晚，天冷气清，待明月高悬时，正可邀月，赏玩其清明冷逸。

而无论是牖中窥月，庭中望月，还是高台玩月，都需要一颗清净平和之心，方能"真"赏。就如苏东坡与友人张怀民庭院漫步、欣赏月景之后所感慨的"何夜无月？何处无竹柏？但少闲人如吾两人者耳"。

秋空澹澹，望孤月，也照见自己的内心。

4. 雪落冬寒读书暖

木落水尽千崖枯，迥然吾亦见真吾。

坐对韦编灯动壁，高歌夜半雪压庐。

地炉茶鼎烹活火，一清足称读书者①。

读书之乐何处寻，数点梅花天地心。

---

① 此句或为"四壁图书中有我"。——编者注

万物闭藏的冬天，木落水尽，群山枯槁。然而在这一片沉寂之中，却蕴含着世界的真实——有春的灿烂，就有冬的沉寂。在自然界春生夏长、秋收冬藏的节奏中，万物循环往复、周而复始。

冷夜里，周遭一片寂静。书斋里灯影晃动，灯下展卷的诗人正澄心阅读；偶尔听见那雪压草屋的声音，不禁想高歌一曲。

此时，烹火煮茶，品一盏甘淡的香茗，心境也愈发沉静下来。心足够静了，连尘世中落雪的声音都能听见，也更能体味淡然中的"真趣"，发现内心深处的真我。

冬日读书，还少不了梅的情怀。

梅冠群芳，乃花中君子。冬季再寒冷，却有梅花凌寒绽放，清香不尽。看着那横斜的梅影，似水清浅，诗人似乎也了悟出天地化育万物的本心。

古代文雅之士的"真"与"趣"

翁森的诗为我们展现了古代读书人的生活方式。

对于古代的文人士子来说，闲暇时节，摒落浮华，一任读书著书或与天地万物相优游，可谓人生至乐。"闲暇"并非无所事事，而是一种从容自在的状态，是陶冶心性、安顿心灵的方式。正如清初文学家、刻书家张潮在《幽梦影》中所言："闲则能读书，闲则能游名胜……闲则能著书。"闲则能使人心灵超越，虽身处小亭、静坐书斋而妙观天下，"仰观宇宙之大，俯察品类之盛"。天下之乐，莫大于是。

翁森的隐居生活幽闲，他身心感受着一年四季的景致，心灵与之相优游。所谓"会心处不在远"。山野四时的一景一物，如烂熟于心的佳句，都融入了诗人的胸中。在《四时读书乐》诗里，我们读到了春日里的山光流水落花，夏日的桑竹垂荫，秋日的霜天弄月，冬日的木落崖枯，与诗人一起感受了春听鸟啼，夏听蝉鸣，秋闻虫唱，冬听雪落的四时乐章。如果依这组诗布景设色，那将是一幅活泼泼的四时图景。明代文徵明就曾根据翁森的《四时读书乐》，绘作了画风"清雅绝尘"的《四时读书乐图》，分春夏秋冬四幅，并将翁诗手书其上，可谓诗画一体，呈现出四时读书雅趣。

翁森笔下的四时景物，在历代文人的诗篇中也经常出现。它们体现了古代文人的审美追求，甚至是对生命的感悟，是诗人间心领意会的共同"语言"。

比如春水和落花，翁森说，"落花水面皆文章"。审美独到、至情至性的张潮也说："善读书者，无之而非书，山水亦书也……花月亦书也。"能读无字之书，方可得惊人妙句。落花流水意引发的哲思，正可成就诗人美丽的篇章。

的确，春水总可引发读书人的遐想。当理学家朱熹看到春日里照见天光云影的半亩方塘，就兴味盎然地思索这一池春水与读书理趣的关系。

而关于落花，因它开了又落、生命短暂，预示着倏忽而过的春光，历来总惹得敏感的心灵为之伤怀。但翁森在诗里，却说落花也可以是文章。周遭触目可及的花瓣飘落水面，随水流逝，引发了翁森的沉思。他是单单留恋曾经的芳华绚烂，还是哀叹如落花般逝去的生命，抑或感叹时光转瞬即逝？这里涉及了中国艺术的重要内容——感时伤事、伤春悲秋。借落花明道，表达对生命的思考，是古代文人诗画中常见的题材。如明代吴门画家沈周曾绘作《落花图长卷》，还作有《落花诗》，感叹人的生命如落花般"阵阵纷飞看不真，霎时芳树灭精神"，然而他又超越对红消香断的感伤，悟出"开时便有落时催，只从个里观生灭"的智慧。沈周的学生文徵明也写过另一首《落花》诗。在他笔下，落红飘飞似"舞筵意态飞飞燕"，他于静寂的世界中，看生生灭灭，了悟"色相本来空"的真实。

四时景物之外，翁森笔下一年四季的读书情境，也是古往今来众多读书人曾经感受过的生命体验。

比如古人利用"三余"读书的传统。三余，指的是空闲时间，即三国魏时曾为《老子》作注疏的董遇所说的"冬者岁之余，夜者日之余，阴雨者时之余也"。苏轼也曾赋诗"此生有味在三余"，抒发利用空余时间读书的乐趣。辑著有《读书十六观》的明代小品作家陈继儒，在其编撰的《小窗幽记》中，也认为"当此三余，人事稍疏，正可一意学问"。

翁森在《四时读书乐》里，多处描写了四时夜读的情境：夏夜读书，灯花灭了，又有流萤相伴，自得其乐；秋日夜读，因"近床赖有短檠在"而"读书功倍"，开卷不倦；冬日里的夜读则是"坐对韦编灯动壁"，与纷扰的世界隔离开，世界静了，读书人的心也静了。

再比如品茗读书。万卷诗书一盏茶。中国的茶文化渗透了儒家的"中和"、禅的"静"，以及道家的"齐物"精神，素来为文人雅士所倾心。

笃好图书又喜品佳茗的翁森，在诗里就写到冬夜里"地炉茶鼎烹活火，一清足称读书者"，其情其境，大概是明代书画家文徵明《夜坐图》自题诗中"茗杯书卷意萧然"的韵味。此外，翁森还写了夏日抚琴清心。对于古代博雅之士来说，煮茶听琴就如同浇花种竹、焚香弈棋一般，是他们乐此不疲的闲趣。清代学者伍绍棠在为明文震亨《长物志》所写的跋中，也提到明代中叶以后，"士大夫以儒雅相尚，若评书品画、瀹茗焚香、弹琴选石等事，无一不精"。

（明）沈颢《闭户著书图》（北京故宫博物院藏）

古人写读书诗，还是他们表达自我心性的一种方式。翁森写雪夜读书时，就写到了对"真我"的追求。寒夜漫漫，周遭一片安静。诗人独自品茗、听雪，体会茶之真味，心源也愈发澄静。中国哲学和艺术追求静气，既有环境的安静，也有心灵的安静，庄子所谓"撄宁"，也就是使心灵彻底宁静。在淡泊平和的心境中，似乎一切都是寂静的。在某一时刻，翁森于静心中体出端倪，猛然发现了内心深处的"真我"。所谓"静中方识古人心"，在追求"真我"之心的过程中，古代读书人也理解了书卷中的"古人"。正如南宋时与朱熹齐名的理学家吕祖谦（人称东莱先生）解《尚书》所云："《书》者，尧、舜、禹、汤、文、武、周公之精

（明）沈周《九段锦》册页之《松下弹琴》（日本京都国立博物馆藏）

神心术尽寓其中，观《书》者不求其心之所在，夫何益！然欲求古人之心，必先求吾心，乃可见古人之心。"此段话被稍后的南宋罗大经记录到了他的《鹤林玉露》笔记，认为吕东莱此论乃真读书之法也。

　　而不论古今，对"真我"的追求，是人们在变动的时空中永恒的探索。在读诗书的文字表面之下，与现代读者产生心灵共振的，也正是这些诗人内心隐微处探寻"真"与"趣"的人文情怀。

（江少莉）

四时读书的趣味

春雨来时书作伴

如果说伴随着翻飞的黄叶翩然而至的秋雨有些黏滞、肃杀的话，那么春雨则是新鲜、跳脱、活跃的。春雨是热心的红娘，是顽皮的精灵，是天与地在冷战了一冬之后的再一次亲密对话。被厚重的衣裤包裹了许久的人们，也在春雨的暗示下，嗅到了春的气息、春的味道、春的感觉。

当春雨随着微风轻叩门扉，抑或沾湿裙摆的时候，悠悠然地开卷不失为一种美好的选择。我以为，这是亲近经典亲近名著的最佳时光。在蕴含无限可能的春天里，感受经典作品散发出的宏伟与壮阔、大气与磅礴，是一桩喜上加喜的事情。由傅雷翻译的《约翰·克利斯朵夫》是一部富有生命力的作品，它曾经给陷于迷惘、困顿中的青少年送去多少温暖与慰藉。罗曼·罗兰在《原序》的末尾写道："在此大难末已的混乱时代，但愿克利斯朵夫成为一个坚强而忠实的朋友，使大家心中都有一股生与爱的欢乐，使大家能不顾一切地去生活，去爱。"过了而立之年的我，在万物勃发的春日里，借读此书依然不忘英雄梦。

（明）吴伟《树下读书图轴》（北京故宫博物院藏）

我并不想当所谓的"大英雄"，我只想当自己生活里的英雄。小小的英雄，不气馁，不暴躁，不懈怠，不荒废，不沉沦。正因为此，傅译《约翰·克利斯朵夫》是我常读常新的书。阅读如果有功利心的话，那么便是通过它可以走向最好的自我。经典作品的存在正是一个切近可触的标杆，走进一颗伟大的心灵，不管是作者的还是书中人物的，都是向着最好自我的慢慢靠近。

夏天正是读书时

夏天是一年里最炎热的季节，也是最容易心烦气躁的季节，此时读书是最合宜的。翩翩然打开一卷心仪许久的好书，犹如春风拂面来，顿觉神清气爽。特别是午后的闲暇时光，翻阅一册唐诗或是宋词，轻诵古人吟赏夏日的好词佳句，不也是人生一乐吗？杨万里的《闲居初夏午睡起》就是一例，"梅子留酸软齿牙，芭蕉分绿与窗纱。日长睡起无情思，闲看儿童捉柳花"。

读书是可以消暑的，在古人营造的闲情意境里，寻一方心灵的天地，外间的暑热仿佛也就随之消散一空了。也可以读一读传记，在伟人的人生道路上找寻一番借鉴，体会另一种有别于现世的心境。借助作家的文字，让自己心中的理想在阅读的过程里伸出小小的触角，探寻一番，小心翼翼地，总比生活中一味地循规蹈矩强许多。美国传记作家欧文·斯通的《渴望生活——梵高[1]传》是值得一读的，他为读者讲述了大画

（清）王鉴《九峰读书图轴》
（北京故宫博物院藏）

---

[1] 通用译法是"凡·高"，该书名是原文引用。下同——编者注

家平凡又伟大、可悲又可敬的一生，我们兴许会在其中烛照到现实中的磕磕绊绊，以及自伤自怜的心路历程。

阅读一本好书，会让浮躁的心境稍微平静一些，进而回味过去，寻思现在，遥想未来。经由阅读，一本好书才会在心中竖起一把梯子，一把从现实迈向理想世界的梯子。心静自然凉，这是人们常说的话。如何获得心静呢？阅读无疑是通向此情此境的一道良方。

秋风渐起好读书

秋风起，秋雨落，正是读书好时候。夏季的炎热逐渐褪去，凉爽渐由心底升起，在书香的濡染中与指间的岁月长相厮守，自能得到一份辽远、一种大气、一回丰硕。

看着枝头垂挂的果子由青涩稚气转为通红成熟，看着农人脸上的笑容逐渐绽放，我顿觉读书人在心田里的耕耘与农人在大地上的耕作有着同样的精神皈依。一分耕耘，一分收获。阅读，可以让一颗荒芜苍白的心逐渐走向丰实高贵，阅读的分分秒秒见证了成长的点点滴滴。用心于精神收获的悦读者，与期待于秋日丰收的农人们，都是现代社会里可贵的人群，他们有勤恳的心态，有诚实的品性，有顽强的希望。

收获的季节，更让人心生生命短暂的紧迫感，阅读的步伐也会愈发紧凑而踏实。心中的躁动也早已随着夏季的消逝而散去，唯留平和、宁静、安逸，于这般心境中更能体会文字里流淌的人生百味，更能感受沉淀积聚于书中的各种境遇，进而让自己的生命拥有更深厚的底蕴。

（清）王翚《山窗读书图轴》（北京故宫博物院藏）

严冬袭来读书"薄"

（明）萧云从《雪岳读书图轴》
（北京故宫博物院藏）

万物逐渐凋零，景色越来越肃杀的时候，冬天如约而至。如约而至的不仅仅是时令，是季节，还是人的心情。春天时，人们意气风发；夏天时，人们火热躁动；秋天时，人们心情渐趋低落。冬天里的一切仿佛停滞萧瑟了，包括周遭的环境，也包括人们的心情。这个时候的读书，不必求多；读的书，无须求厚；读书的速度，不必求快。只消轻轻薄薄的一册在手，随意读它一两篇或两三则，便是日常生活中的一种调剂、一种变奏、一种补充。无须在心中掀起巨大的波澜，只消荡开几圈涟漪，正是冬日阅读适可而止点到为止的妙处。

《世说新语》是一本包罗万象的书，是由一则则短章组成的书。这样的书可以日读三则，上午下午晚上各一。不占据生活太多的时间，却能够暂得忘却现实的烦忧，陷入遐思之中，心绪仿佛飘到了很远很远的地方。冬天正是最适宜遐思的季节。陈仲举的礼贤下士、王羲之的个性独具、刘伶的放荡不羁、王恭的名士之论，都是值得反复咀嚼的人性之光。

席慕蓉的诗歌多有文简情长、言近旨远的佳构。由《七里香》《山月》《青春》《一棵开花的树》《如果》这些诗歌交织而成的多彩瑰丽的人生，会让冬天里亲近它们的人，对来年心生更多的希冀吧？

四时阅读书目推荐

1. 《约翰·克利斯朵夫》，［法］罗曼·罗兰著，傅雷译，天津社会科学院出版社，2009 年 5 月版

《约翰·克利斯朵夫》，仿佛让自己回到曾为理想而徘徊而彷徨的年少时光。有了小小的进步，欣喜不已；得了小小的鼓励，欣喜若狂。这本小说对找是有特殊意义的，每次耐心地品读一回，都能听到一个掷地有声的忠告：不管走得多远，都不能忘了一路奔波走过的路。不管别人如何，反正在我这里，我读约翰·克利斯朵夫其实是读出了我自己。

2. 《悲惨世界》，［法］雨果著，郑克鲁译，上海译文出版社，2006 年 8 月版

冉阿让被福来主教感化之后，心生忏悔之心，重新做人。他改名马德兰，开设工厂，成了富翁，还当上了市长。他将女工芳汀寄养在小酒店里的私生女珂赛特领回，抚养成人。之后的一生，他为了珂赛特的幸福付出了包括生命在内的全部。这是一部忏悔的小说，只要愿意回头，只要愿意重来，任何人都可以实现自我的重生。在一年的起始阶段读这样厚重坚实的小说，对于自我人生的掌握有着非凡的意义。雨果的小说里常常积聚着巨大的力量，能够把读者拉着向前，一直向前，包括《九三年》《海上劳工》在内的诸多作品无不如此。

3. 《李清照词鉴赏》，唐圭璋等编著，齐鲁书社，1986 年 4 月版

夏日里，可以多读读李清照前期的词作，多惬意，多愉悦，多欣然，多轻盈。比如寄居山东青州时写的《小重山》吟咏多遍也不腻烦。"春到长门春草青，江梅些子破，未开匀。碧云笼碾玉成尘，留晓梦，惊破一瓯春。"读得春意盎然，读到春潮泛起，哪里还会在意夏日的暑热呢？此之谓读书可以消暑也。还有脍炙人口的《如梦令》，"常记溪亭日暮，沉醉不知归路。兴尽晚回舟，误入藕花深处。争渡，争渡，惊起一滩鸥鹭。"暑热炎炎时，看鸥鹭的惊慌，真觉我们不必凑热闹了，只消在一旁静静观赏即可。

4. 《渴望生活——梵高传》，[美] 欧文·斯通著，常涛译，北京十月文艺出版社，2008 年 4 月版

这是一部颇受中国读者喜欢的传记，十多年来在中国大地上可谓有口皆碑。那金灿灿的理想之光，那金黄的向日葵，那至今让人肃然起敬却过早结束的金光闪闪的生命，通过欧文·斯通细腻、深情的笔触，完整无碍地呈现在读者面前。想要走进传记主角的内心世界，读者最好能够将心比心，设身处地。倘若那样的困难摆在我的面前，我将如何面对，如何自处？这是我一而再、再而三地追问自己的。如果我能克服其中一二，那么盛夏的难熬又算得了什么呢？

5. 《陆游诗词选评》，蔡义江著，上海古籍出版社，2002 年 12 月版

陆游不单有忧国忧民的慷慨悲歌之作，还有清新怡人的诸多小诗。这些小诗多为诗人晚年兴起之作，读后忍不住想象其中其乐融融的画面。《东村》之一："野人喜我偶闲游，取酒匆匆劝小留。舍后携篮挑菜甲，门前唤担买梨头。"诗人与村里人之间深厚的情谊由此可见一斑。次年写成的《燕》，更是令人着实喜欢，"初见梁间牖户新，衔泥已复哺雏频。只愁去远归来晚，不怕飞低打著人"，燕子的活泼与忙碌跃然纸上。真高兴诗人在晚岁隐居时，能有如此雅兴。它让我们在夏日里遇到诗人生活中的一面，倍感新鲜，倍感清爽。

6. 《孤筏重洋》，[挪威] 托儿·海雅达尔著，朱启平译，重庆出版社，2005 年 5 月版

作者用朴素的文字真实地记录了一段了不起的经历：海雅达尔和他的同伴们按照古代印第安人木筏的式样，造了一只木筏，于 1947 年 4 月从秘鲁漂洋西去，他们在烟波浩荡、一望无际的南太平洋上，经历了各种各样意想不到的折磨和惊险，历时三个多月，横渡四千多海里的大洋，最终到达波利尼西亚群岛的一个荒岛上。读这本惊心动魄的书，在秋风渐起收获渐近的日子里，更可明白胜利果实的来之不易。不管我们在人生道路上收获多少，我们都要知足，要感恩，要奋进。

7. 《陈忠实纪念集》，人民文学出版社编辑部编，人民文学出版社，2018 年 3 月版

斯人远去，方才需要纪念。《陈忠实纪念集》的出版寄托的是生者对逝者的

缅怀。选入本书的 31 篇文章中，既有社会各界人士所写，也有陈忠实的亲人、同事、朋友从亲情和友情的角度来写的，因此这本书展示的是不同侧面的陈忠实，展示的是作品之外的陈忠实。流露于字里行间的某些片段和细节，尤为珍贵。除却光芒四射的《白鹿原》，我们可以从此书中了解文学大师去世后，到底给人们留下哪些值得珍视的精神财富。这些财富，我们倘能沾得点滴润泽，是一生都享用不完的。秋天是收获的季节，这不正是吗？

8.《世说新语》，刘义庆著，里望译注，山西古籍出版社，2004 年 1 月版

在斗志渐歇、活力暂无的冬天，多读一些超脱世俗的作品，是有助于提升精气神的。品读《世说新语》时，可以把目光聚焦于一个个超凡脱俗、神采飞扬的士人身上。管宁与华歆一道锄菜，"见地有片金"，管宁挥锄如故，华歆却捡起来扔掉它。同席读书时，见有贵人乘轿经过，华歆放下书出门看，管宁读书依旧。管宁割席分坐，对华歆说："子非吾友也。"好一个当机立断，好一个割席断交。从管宁的交友之道中，我们可以得到很多很多启发。读得少，读得薄，想得多，想得远，是经典的独有魅力，也是读者冬天里阅读的主动选择。

9.《七里香》，席慕蓉著，长江文艺出版社，2017 年 9 月版

《七里香》这本诗集中收录的多是作者十几岁到三十几岁的作品，席慕蓉在这些诗歌中追忆青春往事，或轻柔，或真挚，或绵软，或婉约，或悲伤，或欣喜。书中收录的《青春》堪称当代汉诗的经典之作。"所有的结局都已写好，所有的泪水也都已启程，却忽然忘了是怎么样的一个开始，在那个古老的不再回来的夏日"，"含着泪，我一读再读，却不得不承认，青春是一本太仓促的书"。谁的青春不是一本太仓促的书呢？冬日里读《青春》，我们肯定会在往事里浮浮沉沉，在书页里再次谛听青春的心跳。如能这样，阅读之美已然浸润于心，读者之心复有何求？

（张家鸿）

四时读书故事品读

　　一年四时，如天意神启，让人学会顺应感知；而在一年四时中读书，宛如与四时经典相往来，与大自然相遇，与人性照面，与灵魂交谈。

　　循着先行者的脚步，本文撷取了十二则古今具有代表性的名人读书故事，以古人故事为主线，以四时顺序为分类。通过对读书故事的逐层品读，尤其感触古人在寒冬酷暑时节的苦读不懈。借着伟人的足迹，最终让人悟透的竟不是读书的苦，而是一份来自读书的启迪——物质的贫乏造就了读书人精神的丰沛。所以，悟透的恰是一颗读书的心，并且每品读一则便增加了悟透的分量。

　　每一个人的生命和四时万物一样均需要滋养，读书就是这永恒的滋养，如春日的杏花春雨、夏日的接天莲叶、秋日的金风送爽、冬日的炉火满室，永远与书相视，就是永远与浩瀚宇宙相连，与真生活相伴。

春日读书

　　陶渊明劝学：勤学如春苗　东晋大诗人陶渊明，放弃仕宦生活，隐逸田园。某天，乡里一位年轻的读书人向他请教为学之道。陶渊明带着他走到屋外田园边，指着其中一棵禾苗说："你仔细瞧，禾苗是不是在长高？"读书人凝视半晌，不见禾苗有变化。"年轻人，这禾苗时时刻刻都在生长，只是人的肉眼没有察觉。"随后，陶渊明又指着河边一块大磨石，问："你看这块石头，为什么会有像马鞍一样磨损的凹面？"少年摇摇头，不知何故。陶渊明解释，"这是农夫们天天在上面磨刀、磨镰、磨锄，随着年岁渐渐磨损而成的。所以，为学之道无他，只有持之以恒，日日用功。"陶渊明自觉读书没有什么秘诀，不过是勤奋而已：勤学如春起之苗，不见其增，日有所长；辍学如磨刀之石，不见其损，日有所亏。

这是一则充满智慧的春日读书故事。勤学读书就像春苗生长，肉眼看不出内在的变化，实则却是日日都在发生改变；而辍学就像磨石，朝夕之间虽看不出磨损，其内在却是每日都在磨损。读书是一个增长学问的过程，需要点滴积累坚持增长。而一棵幼苗能否茁壮成长，关键在于是否坚持。另一方面，此则故事中，读书人一开始对陶渊明做出的劝学点拨并不开窍，人没有"开窍"，就是没有将所获知识转换成已被理解的思想。以那些不善于读书的人为例，读的书越多，往往越接近人们口中的"书呆子"模样，唯有成为"开窍"的读书人，才能真正获得顿悟，散发出腹有诗书气自华的书卷之气。读书就是一个开窍的过程，通过阅读大量的书籍，获取足够多的信息知识，并进行消化吸收，最终达至读书破万卷，下笔如有神的境界。同理，学习一旦中断，所学的知识，就会不知不觉被慢慢遗忘，犹如磨刀石不见其损，但日有所亏。

翁森春日乐读草不除　元初，理学传人翁森以朱熹的"白鹿洞学规"为训，隐居乡野，坚持以儒学教化乡人。其《四时读书乐》一诗中的"春"曰：

> 山光照槛水绕廊，舞雩归咏春风香。
> 好鸟枝头亦朋友，落花水面皆文章。
> 蹉跎莫遣韶光老，人生惟有读书好。
> 读书之乐乐何如，绿满窗前草不除。

当然，翁先生所谓的读书乐，不是从读书中找到乐，而是"乐读"，乐陶陶地读书。上诗中最末一句"绿满窗前草不除"，是有来历的，典出周敦颐说的"窗前草不除"。

春日，万物复苏，风光旖旎，读书正当时。如果说冬日严寒、夏日酷热、秋日凉起，那么春日便具备了读书的最佳条件——温度适宜，美景当前。故此，也难怪翁先生在春日乐陶陶地读书，以至于绿草爬满庭院也不愿除去，任凭其顺势疯狂向上。这一切仿佛昭告世人，春日读书之趣味，如草之生长，其乐无穷。追随万物自然发展规律，就好像跟随你的读书兴趣，只要找到生长的点，即兴趣的点，便可把精力和热情投注一处，迎来爆发式的全面成长。

夏日读书

夏日囊萤读书 "如囊萤，如映雪，家虽贫，学不辍"，车胤囊萤的故事因其蕴含的勤奋刻苦的读书精神而被列入《三字经》。晋代车胤自幼好学不倦，可是由于家境贫困，没有钱买灯油。因此，到了晚上他只能背诵诗文。一个夏夜，他在屋外诵书，忽然看到原野里如星星一样的萤火虫在空中飞舞。他突发奇想，萤火虫的光亮在黑夜里不正如灯吗？想到这，兴奋的他立即找来了白绢扎成一个小口袋，并抓了几十只萤火虫放在里面，果然还真的管用。借着这微弱的光，他坚持不懈地苦读，车胤学识日渐长进，后来学有所成，官至吏部尚书。

这是一则很美的夏日读书故事。夏夜是美的，萤火虫是美的，在萤火虫交织而成的星光点点中读书更是一番至美景象。诗人顾城说，黑夜给了我黑色的眼睛，我却用它寻找光明。此则故事中的车胤就在黑夜中找到了光明，至于如何找到，恐怕正是其内心深处迫切渴望读书，渴望看到书中一个个鲜活文字的愿望，召唤起了萤火虫来到他的眼前，让他的眼发现了这光亮。这光亮，不仅照亮了黑夜，更照亮了他的精神世界。聪明的他更是不忘抓住飞舞的萤火虫，把稍纵即逝的光亮转变成可以被更好利用的读书明灯，为夏夜读书创造了一个虽然微弱却又不可或缺的条件。

囊萤映雪的读书故事予人启示：我们无法在很短的时间内摆脱如家贫这类的原生条件，但我们可以用后天的智慧创造改变命运的条件。就像我们无法阻止黑夜的到来，但是我们仍然可以在黑夜里创造光明。哪怕只是文中所述的由几十只萤火虫构成的小小的光亮，亦足够在黑暗中指引方向，找到光明。

顾栋高裸读迎客 康熙辛丑年进士顾栋高，深于经学，自幼至老未尝一日不读书。在他掌教淮阳时，夏月里把房门关得严严实实，躲在家里读书。因天气实在太热，索性将衣服尽数脱去，寸丝不挂，手执一卷，高读不辍。正巧有朋友前来叩访，从门缝里看到这番"裸读"景象，不觉出声大笑。顾进士这才慌忙穿衣，出门迎客。这件事据说在当时曾被传为笑柄。但今日读来，实在颇有意味。

曹禺"真看书，假洗澡" 抗日战争期间，曹禺在四川江安国立剧专任教。一年夏天，曹禺的家属准备了澡盆和热水，要他去洗澡，此时曹禺正在看书，爱不释手，一推再推，最后在家属的再三催促下，他才一手拿着毛巾，一手拿着书步入内室。一个钟头过去了，未见人出来，房内不时传出稀落的水声，又一个钟头过去了，情况依旧。曹禺的家属顿生疑惑，推门一看，原来曹禺坐在澡盆里，一手拿着书看，另一手拿着毛巾在有意无意地拍水。

这是两则看似均十分有趣的夏日读书故事。顾栋高进士用"裸读"诠释了夏日读书的"了无牵挂"，而大作家曹禺则用在澡盆里"真看书，假洗澡"的故事告诉人们读书读到专心时该是怎样的一番动人景象。说起夏日读书，总有好书消夏之说，而著名作家贾平凹也曾写过散文——《读诗能耐热》。其实不管是什么题材的书籍，炎炎夏日，一本好书可让好读书者静心；一本好书，足以消除夏日的苦闷。

纵然时至今日，一到烈日炎炎的盛夏时节，人们多愿意躲在空调房里纳凉避暑，享受高科技带来的生理上的舒适，但旧时因条件受限，夏日读书不免仍为一件苦事，所以顾进士要将自己"赤条条"地投进书的海洋，享受书海带来的清凉；而曹禺在一个接一个的钟头里，享受的是在澡盆里的书页，可爱的他于潜意识里，仍不忘用另一手拿着毛巾有意无意地拍水。曹禺和顾栋高一样，都是在炎热的夏日忘却了自我，自然而然地显露出了读书的专注与自得。

这不禁让人想起了作家雪小禅曾在微信朋友圈发布的一条消息，大意是她于炎炎夏日间，一日特意关了家中空调，让自己感受了一回在汗流浃背、衣衫湿透的条件下读书写作的肆意，此番痛快对于现代人而言，或许只能靠与潜意识的背道而驰来寻求。旧时的苦中作乐，换到如今，变成了乐中不知乐，甚至乐中仍觉苦！读书这件事，未知苦，怎知乐？未专心过，又怎有收获！

秋日读书

顾欢逐雀赋诗 顾欢是南朝齐著名学者，《南齐书·顾欢传》曰："家贫，父使驱田中雀，欢作《黄雀赋》而归，雀食过半，父怒，欲挞之，见赋乃止……八岁，诵《孝经》《诗》《论》。及长，笃志好学。"

这是一则有爱的秋日读书故事。父亲让顾欢看守稻田，并特意嘱咐不要让黄雀把稻子吃了，而后顾欢因被眼前景象吸引，诗兴大发，于田埂边创作了《黄雀赋》。等父亲赶到之时，稻子已被黄雀吃了大半。正当父亲十分生气，想打他一顿的时候，看了他写的《黄雀赋》也就消了怒气。故事中有父亲对孩子宽宏的爱，有孩子对读书写作专注的爱，以及对大自然原始的爱。

第一种家庭之爱，是我们每个人读书道路上最长情的告白。家贫的父母，其智未必也贫，顾欢的父亲就很懂得透过现象来参透顾欢的本质，从孩子的天性出发，避免了一场打骂引发的喧嚣，而这打骂看似小事，实则很可能断送孩子的天赋。而顾欢作为一个孩子，自然保留着孩子的童真，而他的天性也正如大部分孩子一样——极易被感兴趣之事物所吸引。

世间有一种说法叫"染心"，就是痴迷，心无旁骛，是情感最高级别的一种表达，也是人学习读书的最高境界。如何培养有智慧的人，其核心就是要让他在兴趣中染心，在兴趣中成长，通过自己擅长的方式表达个体的思维逻辑。故事中顾欢被秋日景象所深深吸引，庆幸当时他的身旁没有一个干扰他专注观察的人，庆幸事后他没有因为顾此失彼而受到打骂责罚，庆幸他的兴趣的种子被呵护了下来，直至开花结果。

冬日读书

顾欢燃糠照读 《南史·顾欢传》曰："乡中有学舍，欢贫无以受业，于舍壁后倚听，无遗忘者。夕则燃松节读书，或燃糠自照。"

孙康映雪读书 晋朝的孙康也是由于贫困而无法点灯夜读，所以只能早早睡觉。这令他觉得光阴虚掷。一个冬夜，雪下得特别大，白茫茫一片。半夜时分，寒冷令孙康从睡梦中惊醒，但他却发现窗外似乎有一些光亮，原来是那雪映射出的微光。他倦意顿消，心想不正可以借着这难得的微光看书吗？于是翻身起来，取出书卷，来到院子里借着那雪映出的光亮，如饥似渴地读书。正是凭着这股学习的精神，他学识突飞猛进，最后成为学富五车的一代名士。

施洋搓脚夜读　"二七大罢工"著名的工人领袖施洋，幼年家道贫寒，买不起灯油。村里有一座叫隆兴观的古庙，庙里点有一盏长明灯，他就在古庙里读书。冬季寒冷，脚冻得难受。起初他不时地站起来跺脚，后来觉得这样浪费时间，便削了一根圆滑的木棍，放在脚底下，一边读书一边来回用脚搓木棍，搓暖了脚，便又能安心读书了。

鲁迅食椒苦读　鲁迅先生从小学习认真。少年时，在江南水师学堂读书，第一学期因成绩优异，学校奖励其一枚金质奖章。他便立即拿到南京鼓楼街头卖掉，然后买了几本书，又买了一串红辣椒。每当晚上寒冷夜读难耐时，他便摘下一颗辣椒，放在嘴里咀嚼，辣得额头冒汗。鲁迅食椒驱寒坚持读书，后来终于成为我国著名的文学大家。

这是四则有关冬日读书的感人故事。"燃糠，映雪，搓脚，食椒"这四种方式均反映了冬日读书之苦，更体现了这四位名人的求知欲望与读书智慧。顾欢幼年因为家贫无法上学读书，就在乡中学校的教室外旁听，把听到的全都记下来，晚上回到家，借助点燃松枝或者稻糠来照明，继续读书；晋朝的孙康亦是如此，通过冬雪映出来的光来实现如饥似渴的读书愿望；施洋在古庙借灯，一边读书一边来回用脚搓木棍，通过搓暖脚来安心读书；大文豪鲁迅更是通过吃辣椒取暖的方式坚持读书。

在求知的道路上，如何克服如天气寒冷这样的客观条件，发扬勤奋刻苦的精神，同时通过自己的思考和智慧来扫除前进中的困难险阻，是人生能否最终抵达顶峰的必要条件。这四位名人恰巧是在贫穷与寒冷这样的双重艰苦条件之下，不呻吟痛苦，努力创造条件，改变条件，为自己铺筑起一条读书之路。看得出，四位名人对读书都有一颗"痴心"，这"痴心"里孕育着希望，燃烧着梦想。由读书到做事到做人，只要一个人心怀希望，头脑清晰，行动积极且勤奋，就能为自己播撒下幸福的种子，在寒冬过后，必定迎来属于自己的人间四月天。

侯宝林冒风雪抄书　相声语言大师侯宝林只上过三年小学，但他勤奋好学。有一次，为了买到明代笑话书《谑浪》，他跑遍了北京城所有的旧书摊，但未能如愿。后来，得知北京图书馆有这部书，他就决定抄书。适值冬日，他顶着狂风，冒着大雪，一连十八天都跑到图书馆去抄书，一部十多万字的书，终于被他抄录到手。

这是一则充满力量的冬日读书故事。在不缺钱买书，不缺平台购书，电子书、纸质书任君选择的当下，抄书早已远离大多数读书人的日常范畴。但对于旧时没有书可读的人来说，捧在手心读实体书是一件奢望之事。想读的欲望如爱与咳嗽般无法忍受，所以故事中的侯宝林会十分果断地做出抄书这个举动，没有在冬日被寒冷拖延脚步，迎难而上日日抄，终于抄完了一整本书。与其说是抄，不如说是同步的二次解读，因为抄过一遍在很大程度上等同于多读了一遍，抄写的过程本就是加深记忆、巩固理解的过程。有这份执着与毅力，无怪乎他最终的艺术水平到达了新的高度。

是啊！无论是谁，唯有对读书真心渴望，才能激发内在的动力，才会想方设法依靠自己的学习本能，谋求进步与发展。作为这个时代的读书人，我们是否要扪心自问，我们向上的原动力在哪里，倘若需要抄书，我们又愿不愿意去抄，我们想要抄的又是哪一本书。看似简单的抄书，实则却"抄"出了读书人内心最真实的样子。

杨时程门立雪　杨时从小就聪明伶俐，四岁入村学，七岁就能写诗，八岁就能作赋，人称神童。他十五岁时攻读经史，熙宁九年登进士榜。他一生立志著书立说，曾在许多地方讲学，倍受欢迎。居家时，长期在含云寺和龟山书院潜心攻读，写作教学。有一年，杨时赴任浏阳县令途中，不辞劳苦，绕道洛阳，拜师程颐，以求精进学问。

有一天，杨时与他的学友因对某问题有不同看法，为了求得一个正确答案，一起去老师家请教。时值隆冬，天寒地冻，浓云密布。他们行至半途，朔风凛凛，瑞雪霏霏，冷飕飕的寒风肆无忌惮地灌进他们的领口。他们把衣服裹得紧紧的，匆匆赶路。来到程颐家时，适逢先生坐在炉旁打坐养神。杨时二人不敢惊动打扰老师，就恭恭敬敬侍立在门外，等候先生醒来。这时，远山如玉簇，树林如银妆，房屋也披上了洁白的素装。杨时一只脚冻僵了，冷得发抖，但依然恭敬侍立。过了良久，程颐一觉醒来，从窗口发现侍立在风雪中的杨时，只见他通身披雪，脚下的积雪已有一尺多厚，赶忙起身迎他们俩进屋。后米，杨时学得程门的真谛，东南学者推杨时为"程学正宗"，世称"龟山先生"。

这是一则令人动容的冬日读书故事，体现的恰是尊师重道的传统读书品格，"程门立雪"的故事日后也被传为千古美谈。如果说读书本身是一件相对个人的事情，那么接受教育便是一件关乎师生、关乎成长的相互之事。自古以来，中国就有尊师重道的传统美德，读书是道，教育是道中之道。我们通过读书来接受教育，我们通过老师来照见自己。杨时为了不惊扰老师打坐养神，宁愿自己在积雪中侍立等待。这是一种尊师的高级本能，是依靠老师在学生心中的崇高地位唤醒的那一份尊重。这份对老师的尊重，即是对读书的尊重、对生命的尊重，是支撑起学生个体日后站立和行走的脊梁之骨。

春夏秋冬，一年四时。每一则读书故事照应着每一个读书人的思想经历，他们的故事就是我们走进四时，开启阅己之路的最佳指引；他们的品行就是帮助我们走出困境，摆脱迷失的最强外力。在这样一个信息磅礴与思想贫瘠并存的时代，愿我们时不时在一年四时的交替中，在沧海桑田的变迁中，重温书籍经典，参悟先人哲思，构建起属于自己的永恒精神故乡。

（章笑笑）

四时读书与人生之乐

真正读书的人，"不是在图书馆，就是在去图书馆的路上"，这状态，四季皆然。而真不读书的人，春天不是读书天，夏天不是读书天，秋天不是读书天，冬天更加不是读书天。读或不读的状态，是寒热两极，是泾渭两条河。如此一来，读书何来季节分别？可是，好多事，想当然，并不尽然。

四时大基调：定的是读书，定的也是人生

四时，当然是指春夏秋冬。中国时间，不是抽象时间，而是具体、有意味的。"凯旋在子夜"，子夜是具体的，"人约黄昏后"，黄昏是有意味的。因此，"春生、夏长、秋收、冬藏"，如此这般才有——春夏秋冬见春秋。在中国语汇当中，"春秋"的含义不仅仅是"春"加上"秋"，而是大义存焉的"春秋"。在春秋大义的格局中，四季分担的任务还得细分，这般，每季的六个节气就有了不同的"责任区""责任田"。综合来看，四时之分的指引，对读书之人来说，既是原则性的，也是大致而笼统的。这就是本文所称的"四时大基调"。

从内容上讲，"四时大基调"的意蕴是什么？仁义礼智信。不对呀？仁义礼智信，这不是五个方面吗？对的。先说仁义礼智吧。

简要说来，"春生"，对人来说，我们须生"仁"者之心；"夏长"，万物并秀皆有序，和谐社会，有"礼"才能走遍天下；"秋收"，收成之时，亦是我们须讲"义"重"义"之际；"冬藏"有闲，正是思索之良时，于是"智"生焉。春夏秋冬、一轮光阴，对人来说，四季归纳下来，指向的便是"信"——因为，人无信不立，另外，仁义礼智，还需要"信"来进行协调和平衡。如此对应，当然是人为的，不过，不是现在的人，而是中国先人在历史长河中一代代累积起来的中国

传统智慧。

"四时大基调"，踏歌而行，姑且引古诗断句片言，大致领略"大基调"的"古调"吧。春天多读读"少年心事当拏云""梨花落后清明"，励励志以及念念春光的好；夏天多读读"东边日出西边雨""谁家红袖凭江楼"，安享夏日风情；秋天多读读"塞下秋来风景异""霜叶红于二月花"，登登高，以及发发呆；冬天多读读"老大徒伤悲""独钓寒江雪"，玩玩深沉耍耍酷！

读书这档子事，当学生以及做教授是不必说的，因为他们得按课程或项目进度来。当然，课程或进度也应有时光轮回的痕迹。这里，我存而不论，只说说爱读闲书一类。专注于爱读闲书，我所说的"四时大基调"，就更能显出一定的价值和意义。

读书与人生，"四时大基调"，定的是读书，定的也是人生。人生如四季，简要说来，便是：少年如春，青春如夏，壮年似秋，老年便是老态隆冬了（直接用成语"老态龙钟"，也成）。如此说来，有依据吗？有的，"少不读水浒，老不读三国"，便是此理。

道理在哪呢？年少之时血气方刚，读水浒，只看到英雄好汉逞英豪，看不到社会的真实，所以容易被英雄带着乱冲动起来，乱动一次二次也就算了，最怕形成不良的习性。

年龄大了，看三国，会有什么后果？好汉不提当年勇。老了，看到《三国》里的勇，顿生英雄迟暮之感，难免老泪纵横起来。

少时不宜安逸，老时不宜劳碌。正因如此，类似的说法还有：少不读西厢（或红楼、西游），老不读三国。著名作家、"文坛刀客"韩石山讲过这样一句话"少不读鲁迅，老不读胡适"，为此，因缘际会，韩石山先生还将这一句话演绎成了二十几万字的一本书，书名就叫《少不读鲁迅，老不读胡适》。具体如何，这本书有好几个版本，买来一看便知详情。"老""少"观之，其中的大道理还是一样的。

同理，读书界以外的领域也有"老""少"说法，比如，"少不入川，老不出川"。所以川就是四川，就是"蜀道难，难于上青天"的所在了。当然这是过去的流行语了。

另有，清朝张潮《幽梦影》中说：读经宜冬，其神专也；读史宜夏，其时久也；读诸子宜秋，其致别也；读诸集宜春，其机畅也。

如此一定调，或有人说，那么，是不是少年只能读某一类的书，如励志，如武侠，而不能看老年的书，如养生，如太极？非也。其实，哪一季都可以博览群书。自然，这里说的群书，当然是不必分类的。

有了"四时大基调"，再来念大宋词人蒋捷的《虞美人·听雨》："少年听雨歌楼上，红烛昏罗帐。壮年听雨客舟中，江阔云低断雁叫西风。而今听雨僧庐下，鬓已星星也。悲欢离合总无情，一任阶前点滴到天明。"如此一来，别有一番滋味在心头吧。

再来读读清人张潮在《幽梦影》中的话："少年读书，如隙中窥月；中年读书，如庭中望月；老年读书，如台上玩月，皆以阅历之浅深，为所得之浅深耳。"呃！原来人生四季分明，是这样分明的。

"出名要趁早"，大家都爱提张爱玲的这一句名言。早，早在何时，当然是少年之时。按"大基调"理论，少年入春；春主生，而非主收，"出名要趁早"……趁早，当然早到秋收前。秋收之前就能收取名利的实惠和人生的得意。如此一来，便是有违天时了。基调和自然四季不同，与人生四季相异。在此情况下，很显然，当事人对人生把握的能力，就得大大高于他的年龄。就像新司机开豪车上高速，你驾驭得了一时，你能长时间安全行驶吗？都知道的，在此险境下，不出事也就罢了，一出事可就是大事。……当然，凡事也有例外，我们在此是讲大概，人生在世，我们要认理，但是，可不要认死理。

人生如四季，春天做春天的事，夏天做夏天的事，秋天做秋天的事，冬天做冬天的事。按古代的说法，便是春行春令，夏行夏令，秋行秋令，冬行冬令。不如此，会如何呢？共有十二种后果。哪十二种呢？

《管子·四时》云：

> 春行冬政则雕，行秋政则霜，行夏政则欲。
>
> 夏行春政则风，行秋政则水，行冬政则落。
>
> 秋行春政则荣，行夏政则水，行冬政则耗。
>
> 冬行春政则泄，行夏政则雷，行秋政则旱。

一对应，出名赶早的，容易陷入的"后果"是"欲""霜"以及"雕"。当然，有例外。因为，虽然中彩票的概率低，可是，不是总有人中吗？再强调一遍，我们要认理，但是，可不要认死理哟！

时时小得意：得的是一时之乐，得的是一生无悔

世上没有永动机。所以，凡事之立，想一口气就完成，难。追逐诗和远方的读书之旅，内在关键存乎一心。具体来说，便是我们在内心缺乏动力的时候，是否能及时加上油。书山有路，"小得意"便是人生读书动力的及时供给。

有了"小得意"，便有了"大得意"吗？也不一定的。以四季之令来说，"小得意"应在"秋收"之时。而这里所讲的是"时时小得意"，也许有人会问，这不算小小的违时吗？原则上，小小一违，算微调吧，偶尔为之，也未尝不可。

不过，仍有问题存焉。第一，读书，包括读闲书，也要有方向性。比如，某一阶段时间内，自己确定主读某一类或某一方面的书。这段读书之旅，也可用春夏秋冬来确定的。春生，开始启动。夏长，衣带渐宽，是长知识的时候。当然，春夏之际，也是可以"时时小得意"的。到了秋，便是大面积收获成果的时候；到了冬，可以进行大总结。此时，或可被人称为某一方面的专家了。如此一来，便愉快地度过了一个读书周期，跟着太阳走过了一轮光阴。如此之境，甚至可以说，"时时小得意"之后，有了"大得意"了。

往回说，就是在无数次"时时小得意"后，你的读书、你的人生仍没有多

"大"的得意，也属正常。因为，对于读书的人来说，读书本身就是乐，总在读书就是大乐。一位朋友，少年时在上海图书馆看了不少书，工作期间也不断看书，到如今，退休几年了，仍看书不断、写作不断。他说，我这一辈子，没有什么可遗憾的，因为，我读了那么多的好书。

说起写作，在我看来，读书之乐，如果有了写作参与，读书之乐，至少多了一个维度。比如，再读鲁迅的《秋夜》，你便觉得，鲁迅笔下的"一棵是枣树，另一棵也是枣树"，真是太妙了。读到汪曾祺看似平淡的句子，如"詹大胖子是个大胖子。很胖，而且很白。是个大白胖子。尤其是夏天，他穿了白夏布的背心，露出胸脯和肚子，浑身的肉一走一哆嗦，就显得更白，更胖。他偶尔喝一点酒，生一点气，脸色就变成粉红的，成了一个粉红脸的大白胖子"，一个甜蜜的微笑，便会挂上你的嘴角吧？！

从"立春"到"大寒"是一年，从"大寒"到"立春"只有一瞬。人的生命是有限的，可是，图书馆里的书、书店的书、出版社的书以及书房里的书，是无限的，我们要把有限的生命投入无限的阅读之中去。

（三耳秀才）

四时佳兴与人同：阅读与天气

中国有源远流长的阅读史，数千年来，孜孜以求的中国文人，发奋读书、手不释卷，总结出卷帙浩繁的读书之道。如今，将阅读与天气关联，研求读书之乐与四时之美，多少有些另辟蹊径的味道。然而舒展中华文明长卷，在我们的文化基因、哲学传统和历史传承中，一代代的文人雅士，早已情味悠长地荡开别裁之笔，为今日之读者留下无数笔底生花、可堪澄思的佳篇，洞开了"万物静观皆自得，四时佳兴与人同"的精神门户。

耕读文化的浪漫基因，让我们爱上了在雨天读书

耕读文化是中国传统文化的重要组成部分。"日出而作，日入而息，凿井而饮，耕田而食"（《击壤歌》）的中国古人，在田间地头的休憩片刻，捧读一本书，头枕江河万里，身覆长天流云，这份惬意与自在，令人心驰神往。从魏晋时陶渊明的"种豆南山下，草盛豆苗稀。晨兴理荒秽，带月荷锄归"（《归园田居（其三）》），到南朝陶弘景的"山中何所有，岭上多白云。只可自怡悦，不堪持寄君"（《诏问山中何所有赋诗以答》），从唐代王维的"行到水穷处，坐看云起时。偶然值林叟，谈笑无还期"（《终南别业》），到清末梁启超的"濒海而居，世代耕且读。数亩薄田，举家躬耘，获以为恒"（《悼启》），"耕所以养生，读所以明道"的中国耕读文化，千百年来一直荡漾在中国知识分子的心底，三千年读史不外功名利禄，九万里悟道终归诗酒田园。田园耕读也成为中国文人挥之不去的理想情节。

农耕社会的中国古代文人，很早就将耕田、读书与大自然的天气变化建立起联系。"晴耕雨读"既是农业生产的需求，又充满了浪漫主义的人文色彩。晴日耕田，雨天读书，在天气晴朗的早上，荷锄而发，"锄禾日当午，汗滴禾下土。

（清）顾绣《渔樵耕读图轴》
（北京故宫博物院藏）

谁知盘中餐，粒粒皆辛苦"（李绅《悯农》）；适逢雨日，则在清溪流涧的茅舍旁，捧卷而读，"书卷多情似故人，晨昏忧乐每相亲。眼前直下三千字，胸次全无一点尘"（于谦《观书》）。如此田园风貌，诗卷人生，好不快意。

诸葛亮在《凤翔轩》一诗中写："凤翱翔于千仞兮，非梧不栖；士伏处于一方兮，非主不依。乐躬耕于陇亩兮，吾爱吾庐；聊寄傲于琴书兮，以待天时。"想必诸葛先生也是在晴耕雨读中，等待明主的到来，在每个阴晴交替的日子，写满了淡泊明志、宁静致远的理想。"一灯如萤雨潺潺，老夫读书蓬户间。但与古人对生面，那恨镜里凋朱颜。"相形之下，陆游的这首《雨天读书》，就显得艰涩、潦倒许多。结句"君看病骥瘦露骨，不思仗下思天山"，诗人又似乎在雨夜之中，独发幽思，依然坚守志向，渴望建功立业。周作人先生也很爱在雨天读书，他还给自己的散文集定名《雨天的书》，在自序中他毫不掩饰地表露了自己对这个书名的喜欢。而他"作文极慕平淡自然的境地"和晶莹剔透的文笔，就像明澈的雨点一样，总给人沁凉润心的阅读体验。

今天的人们，仍延续着雨天读书的文化基因，作家刘烟生曾写过一篇妙文，饶有兴致地对季节、降雨量的大小与读书选目做了匹配。他说，绵绵春雨中最宜阅读李清照的《漱玉集》，李词委婉简约，这样的雨天阅读《漱玉集》，读杨沫的《青春之歌》、冰心的《繁星》、萧红的《呼兰河传》、丁玲的《太阳照在桑干河上》，都能让人体会到春雨"润物细无声"的妙处；夏日的滂沱大雨中，宜读辛弃疾，辛词慷慨激昂，豪迈洒脱，伴着轰轰烈烈的仲夏大暴雨，阅读罗贯中的《三国演义》、施耐庵的《水浒传》，耳畔回荡着"醉里挑灯看剑，梦回吹角连营"

"金戈铁马，气吞万里如虎"的豪言壮语，帝王将相、英雄美女、忠奸善恶、铁马金戈、刀光剑影，都脱胎于时光的洪流，闪耀于如注的暴雨，让人有一种抽刀而起，上阵厮杀的快意；凄冷的秋雨里，宜读巴金的《家》《春》《秋》、曹雪芹的《红楼梦》和民间故事《梁山伯与祝英台》，能看到风雨中飘摇的封建家族轰然倒塌，能看到那些年轻的生命为追求明天的幸福和纯真的爱情所付出的努力和牺牲。秋雨敲落的片片枯叶犹如一个个感叹号，凝聚着作家的沉重叹息和激愤的呐喊。适逢此时，便能悟出"风声雨声读书声声声入耳，家事国事天下事事事关心"的真谛。风声雨声读书声真可谓珠联璧合，相得益彰，不是在雨天读书的人绝不会有此妙句。

书籍是文字的载体，而文字自被发明之日起，似乎就和落雨有着不解之缘，《淮南子·本经训》中说："昔者仓颉作书而天雨粟，鬼夜哭。"人们喜欢在雨天阅读文字，而文字又诞生于月黑风高的雨夜，这是多浪漫的想象与传承啊。阅读在雨天，是一件幸福的事。窗外，滴滴答答的雨点，像书中字里行间弹跳的诗意；雨丝密集时，恰似散文般如诉如泣；雨再大些，像小说高潮处情节峰回路转，泥沙俱下；最终，文字与文字汇聚，交织成世事变迁的历史洪流，雨点与雨点汇聚，涌入九曲回肠的万古江河。捧起一本书，你的灵魂就像倏然接入了一台时空机，可以穿越千年，可以日行万里，而雨天，就像一剂神秘的药引子，它不但加快你接入这台时空机的速度，更让这一场时空连接变得惬意无比。

天人合一的传统哲学，是四季乐读的思想源流

在中国，古早的耕读文化不但让阅读与天气建立起密切的联系，也非常讲究在一年四季的不同时节，阅读不同的书籍。

宋末元初诗人翁森，作有《四时读书乐》，以春、夏、秋、冬为纲，写出了一年四季读书的乐趣和情调。

清代文学家张潮，在其随笔集《幽梦影》中，对四时读书也有一番专论："读经宜冬，其神专也；读史宜夏，其时久也；读诸子宜秋，其致别也；读诸集宜春，

其机畅也。"

古人把图书分成"经、史、子、集"四部，《新唐书·艺文志一》记载："两都各聚书四部，以甲乙丙丁为次，列经史子集四库。"经部之书，是指历代被尊为典范的著作，主要是儒家经典和注释研究儒家经典的名著，如四书五经、十三经等；史部之书，是指记载历史文化一类的著作，包括正史、别史、地理、职官等；子部之书，是指诸子百家，如儒、道、法、墨、兵、农、医等，包括天文、术数、艺术等哲学和科学及艺术类的作品；而集部之书，是指文人的诗、文人作品集，包括别集、总集，等等。张潮创立了在一年四季如何选择阅读经、史、子、集的读书妙论：经书深邃，所以冬天适合读儒家经典，因为此时人的精神专注，利于深度思考；夏天要读历史书，因为夏日白昼较长，时间充裕，最适合阅读大部头著作；秋天适合读诸子百家，因为这时天高气爽，人的情趣也别有韵致，可以与百家之说相互映照，启迪智慧；春天适合读诗文总集和专集，因为气机通畅，人的感情易于生发。春日的勃勃生机，会激发诗情画意，使人心旷神怡。

（明）蒋嵩《渔舟读书图轴》（北京故宫博物院藏）

一年四季甄选"经、史、子、集"四部阅读，这很符合"天人合一"的中国传统哲学。《黄帝内经》上说："与天地相应，与四时相副，人参天地。"西汉时董仲舒结合儒家思想在《春秋繁露》一书中写道："天亦有喜怒之气，哀乐之心，与人相副。以类合之，天人一也。"将阅读中获取的智识、情趣与时令变化对人体的影响有机结合，四时巧读四部，同生发，共收敛，气机通畅，无疑是"天人合一"的哲学思想在人类阅读行文上的一次智慧衍生。

然而读书与四时之乐，并不止于

哲思。民国年间，湖北有位儒医熊伯伊酷爱读书，博学多才，写《四季读书歌》作为自己的座右铭：

春读书，兴味长，磨其砚，笔花香。读书求学不宜懒，天地日月比人忙。燕语莺歌希领悟，桃红李白写文章。寸阳分阴须爱惜，休负春色与时光。

夏读书，日正长，打开书，喜洋洋。田野勤耕桑麻秀，灯下苦读声朗朗。荷花池畔风光好，芭蕉树下气候凉。农村四月闲人少，勤学苦耕把名扬。

秋读书，玉露凉，钻科研，写文章。晨钟暮鼓催人急，燕去雁来促我忙。菊灿疏篱情寂寞，枫红曲岸事彷徨。千金一刻莫空度，老大无成空自伤。

冬读书，年去忙，翻古典，细思量。挂角负薪称李密，囊萤映雪有孙康。围炉向火好勤读，踏雪寻梅莫乱逛。丈夫欲遂平生志，一载寒窗一举汤。

在熊伯伊的文字里，看得出他对阅读时光的珍重爱惜：勤奋、上进、一腔抱负；也能看得出他对四时万物的深情眷恋：燕语莺歌、桃红李白、荷花池畔、芭蕉树下、菊灿疏篱、枫红曲岸、围炉向火、踏雪寻梅……好像人间的好景好事，皆因为读书而得以自然串联，又因为这样的风物景致，人生应更加发奋读书，哲思之上，更添情味，实在是一篇励志的读书美文。

中国古代的哲学思想，强调人与自然的统一，人的行为与自然的协调，道德理性与自然理性的一致。在传统的读书人中，绵亘千年的乐读之道，将四时之美、读书之乐，有机匹配，贯通融合，正是基于朴素而智慧的"天人合一"的思想源流。

继往开来的读书传承：四时之中，融贯古今中外

现代作家张恨水，一生勤奋读书、写作，共创作出 120 多部、多达 3000 万字的文学作品，对于阅读与时节的搭配，张恨水在《读书百宜录》一文中，也有一番意蕴清雅、书境合一的论断：

> 秋窗日午，小院无人，抱膝独坐，聊嫌枯寂，宜读庄子秋水篇。
>
> 菊花满前，案有旨酒，开怀爽饮，了无尘念，宜读陶渊明诗。
>
> 黄昏日落，负手庭除。得此余暇，绮怀万动，宜读花间诸集。
>
> 大雪漫天，炉灯小坐，人缩如猬，豪气欲销，宜读水浒传林冲走雪一篇。
>
> 偶然失意，颇感懊恼，徘徊斗室，若有所悟，即宜拂几焚香，静坐稍息徐读楞严经。
>
> 银灯灿烂，画阁春温，细君含睇，穿针夜话，宜高声朗诵，为伊读西厢记。
>
> 月明如画，清霜行天，秋夜迢迢，良多客感，宜读盛唐诸子一唱三叹之诗。
>
> 蔷薇架下，蜂蝶乱飞，正在青春，谁能不醉，宜细读红楼梦。
>
> 冗于琐务，数日不暇，摆脱归来，俗尘满襟，宜读史纪项羽本纪及游侠列传。
>
> 淡日临窗，茶烟绕案，瓶花未谢尚有余香，宜读六朝小品。

相较张潮读四部经、史、子、集的俨乎其然和熊伯伊《四季读书歌》的通俗浅显，张恨水的《读书百宜录》，既写出了读书人的手不释卷的雅兴，又颇具四时佳兴的人间情味。秋窗日午、黄昏日落、大雪漫天，读《庄子》，读《花间集》，读《水浒·林教头风雪山神庙》，将阅读与天气的照应写得登对熨帖、相得益彰；偶然失意、冗于琐务、淡日临窗，读《楞严经》，读《史记·项羽本纪》，读"六

朝小品"，又将心境与阅读巧妙关联，描摹得温情满满，耐人寻味。一段笔力精湛的小品文，写透了四时之美、读书之乐。

当代著名学者、教授傅佩荣曾写有专著《不同季节的读书方法》，在书中谈及人生与四季的各阶段在选书时的基本考量，颇具人文情味：

> 春季以肯定生命、启发希望、确定方向为主，因此我读《论语》和《泰戈尔诗集》。孔子的"人生向善论"使我充满乐观奋斗的信心。泰戈尔的诗描写"宇宙""孩子天使""爱"，亲切温婉，足以解消一切疑虑。
>
> 夏季酷热，我选择《庄子》与梭罗的《湖滨散记》①。庄子的寓言常有醍醐灌顶、恍然开怀、寒意逼人的作用，可以消暑。梭罗在瓦尔登湖畔度过两年两个月，他笔下的一只公鸡也有帝王般的尊荣，充分显示大自然的奥妙。
>
> 秋天既有肃杀之气，又有淡淡哀愁。《老子》的"天地不仁，以万物为刍狗"一语，惊醒了人类自我中心的妄念。房龙的《宽容》则细述西方历史，指出"懒惰、无知、自私自利"是造成不宽容的三大因素，正适合秋日省思。
>
> 冬季太冷，何不翻阅《孟子》？"我善养吾浩然之气"一段念通的话，内心真力充塞、圆满具足，道德勇气油然而生。然后，尼采的《查拉图斯特拉如是说》谈到"精神三变"，以"超人"为目标而冲决网罗，气魄之宏伟足以鼓励吾人自我超越。

傅佩荣先生是台湾大学哲学研究所硕士、美国耶鲁大学哲学博士，又曾任比利时鲁汶大学和荷兰莱顿大学讲座教授，可谓行程万里，学贯中西。作为现当代的知识分子，虽然和张恨水一样，都喜欢阅读老庄，但在傅佩荣的时令阅读谱系

---

① 又名《瓦尔登湖》。——编者注

中，难能可贵地融入了《泰戈尔诗集》《湖滨散记》《查拉图斯特拉如是说》等外国经典著作，可见四时择书，贵在观照文本的思想内涵。所以寒来暑往之间，孔子和泰戈尔可以一起读，庄子和梭罗可以一起读，孟子和尼采也可以一起读，唯其气机相投，情致相合，古今中外的思潮意趣，皆能为我所读，为我所用。这正是当代知识分子继往开来传承传统乐读精神的生动写照。

互联网时代的阅读：神通具足，返璞归真

当今社会，已迈入移动互联网时代，信息传播的方式发生了巨大变革，人们热衷于依赖网络获取资讯，以视听媒体为依托的新阅读方式不断出现，大量的知识信息裹挟在数字信息里面扑面而来：碎片化、娱乐化的新传媒似乎已经彻底改变了我们的阅读习惯和思维方式。数字化阅读呈井喷式增长，手机、电脑、电子阅读器等越来越成为主流阅读内容载体。

互联网时代是"神通具足"的阅读时代：你要查找任何信息，想和任何一位古今中外的思想巨擘促膝而谈，只要动动手指，在电脑上敲击几个网址字符，强大的互联网图书馆，将瞬间为你建立"信息链接"。生活节奏日趋加快，人们从"无书可读"的年代，一跃到达"无暇读书"的年代，甚者因为图书繁多，而不知从何读起，干脆意兴阑珊，不读也罢。

阅读似乎也早已脱离了天气的圈囿，跳出气候的樊篱：晴日耕耘，雨天仍需劳作，读书——还是等到他日有空的时候再说吧。冬日不必围炉静读《水浒·林教头风雪山神庙》，跳上飞机，换下短衫，一觉醒来便可跃入热带湛蓝的海湾；月下何必诵读《唐诗三百首》，八卦资讯、娱乐盛典、全民秀场远比千年前的"明月松间照，清泉石上流"更夺人眼球，摄人心魄。快节奏的生活已冲破了传统的书房，人们再难觅得一颗清净心，在文字间寂静地安放，狭仄的闲暇时光，也摆放不进一座风雨长亭，让倦怠的心灵安之若素，岁月静好。

偶然间，翻开张岱的散文集《陶庵梦忆》，在茶淫橘虐、书蠹诗魔的绮丽文字间，忽然对明清交际那个"从前慢"的阅读时代，充满了无限的向往和深沉

的敬意。

《梅花树屋》："陔萼楼后老屋倾圮，余筑基四尺，造书屋一大间……窗外竹棚，密宝襄盖之。阶下翠草深三尺，秋海棠疏疏杂入。前后明窗，宝襄西府，渐作绿暗。余坐卧其中，非高流佳客，不得辄入。"

张岱先生自建书屋，窗外草木芳菲，绿意盎然。不是高人雅士，都不让其走入屋内。对书屋的珍赏，无疑也透露出作者对读书、对文化的敬重。

《不二斋》："不二斋，高梧三丈，翠樾千重，墙西稍空，蜡梅补之，但有绿天，暑气不到……天光下射，望空视之，晶沁如玻璃、云母，坐者恒在清凉世界。图书四壁，充栋连床……冬则梧叶落，蜡梅开，暖日晒窗，红炉氍毹……余解衣盘礴，寒暑未尝轻出，思之如在隔世。"

梧桐树下，翠荫重重里的不二斋书房，图书堆满四壁，汗牛充栋。夏日碧绿遮天，暑气难侵，如在清凉世界。冬天围炉而坐，阳光和暖。这样的读书佳境，让阅读浸润于天光，四时俱佳，也难怪作者"解衣盘礴，寒暑未尝轻出"了。

《天镜园》："天镜园浴凫堂，高槐深竹，樾暗千层，坐对兰荡，一泓漾之，水木明瑟，鱼鸟藻荇，类若乘空。余读书其中，扑面临头，受用一绿，幽窗开卷，字俱碧鲜。"

张岱笔下的天镜园，美若仙宫。高槐深竹掩映出重重翠影，水木明瑟，身在其中读书，推开小窗，连文字都变得碧鲜起来，一段明清文士生活的速写，在阅读、书房与天气之间，倏然营造出清丽脱俗的心灵体验。而穿越500年历史风尘的我们，面对这样嫩若翠竹、唇齿留香的文字，也只能羡慕地发出一声叹息。

互联网时代，阅读跑赢了天气，却输给了天时。人们缺失的恰恰是阅读行为所必需的心灵净土。难怪有专家奔走呼告：互联网时代对严肃阅读有种天然的敌意。

阿根廷作家博尔赫斯说："上帝同时给我书籍和黑夜，我心里一直暗暗地设想，天堂应该是一座图书馆的模样。"书籍在人类发展历史上，有着不言而喻的神圣性，而阅读便是沐浴着神性之光的苦心修行。随着移动互联网和数字技术的高速发展，大众的日常阅读变得越来越迅捷、方便，人们也越来越习惯于"心不在焉"的碎片化阅读。学者许纪霖指出："今天大量的阅读实际上严格上来说是一种消费、娱乐，不具有生产性，就是赏心悦目、打发时间的轻阅读。我们需要一些认真、沉重的阅读，因为阅读对一个爱读书的人来说不仅是消费性的，我们希望它还是生产性的，希望它能点亮我们的内心，点亮我们的灵魂，激发我们自身内心的一些思考，然后自身能够生产，培养自己一种批判性思考能力，这是一个健全的人格的核心。"①

互联网为今日阅读生活插上了神奇的翅膀。神通具足的阅读体验，与其说战胜了大自然的天时与气候，倒不如说必须面临来自内心"情绪天气"的挑战。焦虑的阴霾日，你是否能捧起一本点亮心灯的经典；亢奋的有晴天，能否让神思徜徉于静谧的文字；闲散的朗月下，能否战胜怠惰，为一本有智识、有见地、有境界的好书拍手称快；冷落的清秋节，是否能携一囊诗卷，笑看风云变幻，吟哦碧水长天。当然，你大可效法古人，在书境相应、天人合一乐读之道上继往开来。浓妆重彩的时代，更加呼唤返璞归真的阅读，来反哺心灵，这是形神制衡的双向需要，也是与时俱进的科学诉求。

宋代著名理学家、哲学家程颢有一首佳作《秋日偶成》：

> 闲来无事不从容，睡觉东窗日已红。
>
> 万物静观皆自得，四时佳兴与人同。
>
> 道通天地有形外，思入风云变态中。
>
> 富贵不淫贫贱乐，男儿到此是豪雄。

这首描写秋日闲适生活的诗歌，极好地体现了儒家对世间快乐的认识。孔子说："饭疏食饮水，曲肱而枕之，乐亦在其中矣。不义而富且贵，于我如浮云。"（《论语·述而》）而程颢先生在自得中静观万物，在四季的美景中兴致勃然，无

---

① 许纪霖.互联网时代,我们为什么还要读书? [EB/OL]（2018-08-02）[2018-10-05] http://www.sohu.com/a/108664066_170212

疑深得了孔子思想的真味。纵观中华千年文脉，前赴后继的知识分子，乐此不疲地书陈着阅读与天气、读书与时令相关联的乐趣，以"万物静观皆自得，四时佳兴与人同"的深情笔触，向国人昭示着我们是爱阅读的民族。

（午歌）

四季饮茶与阅读之雅

一盏清茗

几句茶诗

四时浅酌、细品

岁月静好如斯……

中国是茶的故乡，也是诗的国度。茶叶的清香雅韵，激发了古今众多文人雅士的创作灵感。

而文人咏茶，当始于西晋杜育的《荈赋》（荈为茶之别称）。该赋通过"灵山唯岳""弥谷被岗""月唯初秋"等文词的描写，展现了魏晋时期茶事生活之美，是中国茶叶史上第一篇茶专题作品。后来唐朝的茶圣陆羽在写作《茶经》时，就三次提到了杜育的《荈赋》。

在唐朝，饮茶之风日盛，茶文化兴起，陆羽撰写了我国第一部茶学专著《茶经》后，咏茶的诗作更是层出不穷。如"诗仙"李白就曾写下咏茶名作《答族侄僧中孚赠玉泉仙人掌茶》，赞美品饮"仙人掌茶"之妙；"诗圣"杜甫，曾在某一刻沉浸于落日平台上的春风啜茗，创作了《重过何氏五首》，成为历代咏茶的名篇；中唐诗人白居易为后世留下了以《琴茶》为代表的大量茶诗，自称"别茶人"；"茶仙"卢仝的《七碗茶歌》笔酣墨畅，生动描绘了品茶意境的七个层次，在唐代茶诗中最负盛名。

到了宋明，文人茶事逐渐发展到极致。宋明及清的咏茶者不胜枚举，除了范仲淹、欧阳修、苏轼、黄庭坚、陆游、杨万里、朱熹、耶律楚材等诗人、学者、文学家外，还有蔡襄、米芾、文徵明、郑板桥等书画名家，当然也少不了如宋徽宗赵佶、清乾隆弘历这样钟情于茶的帝王。而僧人素有饮茶之风，道家亦讲究以

（明）文徵明《惠山茶会图》（北京故宫博物院藏）

茶养生，不少佛道高僧，如北宋释惠洪、清代高僧释超全等，将禅与茶结合起来，在茶诗中参禅悟道。

茶之为物，涤昏清心。茶的世界同样是充满着深沉人文关怀的世界。在捧饮一杯好茶时，我们和历代咏茶的诗人一样，既可领悟"茶我融为一体"的生命体验，亦可感受"粗茶淡饭"的朴实与温情。好茶沁人心脾，好诗入心。茶香袅袅之际，"闲对茶诗忆古人"，将会是一番韵美意雅的阅读体验。

春雷一声唤新茗

春三月，万物复苏，天地间生机勃勃。随着一声春雷惊起，茶树也探出了嫩芽。

对茶事颇有研究的北宋政治家、文学家范仲淹，就写过一首描绘春日江南茶山景象的茶诗——《潇洒楼》六首之五《茶鸠坑》。他在诗中写道：

> 潇洒桐庐郡，春山半是茶。
>
> 轻雷何好事，惊起雨前芽。

随着谷雨节气前一声"轻雷"响过，那些鲜嫩的茗芽仿佛在一瞬间被呼唤出来，释放出冬天蕴含的勃发生命力。这首茶诗是范仲淹任睦州太守时写作的，诗中提到的桐庐郡茶鸠茶山，在今浙江淳安。相传唐代鸠坑的茶农，每年"谷雨"前上山采摘茶芽，制成谷粒大小的顶谷茶，其茶芽叶硕实、银毫显著，为茶中珍品。

烟雨江南的茶山如诗如画，武夷山初春的茶山亦令人神往。范仲淹在他那首在茶文化史上享有相当地位的著名茶诗——《和章岷从事斗茶歌》的开篇，描绘了春雨后茶山欣欣向荣的景象：

> 年年春自东南来，建溪先暖冰微开。
>
> 溪边奇茗冠天下，武夷仙人从古栽。
>
> 新雷昨夜发何处，家家嬉笑穿云去。
>
> 露芽错落一番荣，缀玉含珠散嘉树。

茶山多奇秀。武夷山云雾缭绕，自古产好茶，如范诗所言，"武夷仙人从古栽"，岩茶风韵自是不寻常。在这里，诗人运用浪漫手法点出了建茶的悠久历史，还描写了建溪水边、武夷山下珍奇仙茗的采制过程。

采茶季节歌声闹

一到采茶季节，山上茶园一片繁忙。唐代诗人韩偓在归隐福建泉州南安丰州期间，就写下一首《信笔》诗，描写了丰州莲花峰山上茶园中茶歌唱和的景象。在诗人笔下，闽南"春风狂似虎，春浪白于鹅。柳密藏烟易，松长见日多"的时节里，莲花峰茶园一年一度的采茶活动如火如荼地进行，到处是"石崖采芝叟，乡俗摘茶歌"辛苦而热闹的场面。

还是这座莲花峰，在其山上有名的莲花石背后，刻有南宋进士傅宗教的两句诗句，"天朗气清，惠风和畅。男女携筐，采摘新茶"——语出诗人《游莲花峰茶怀古》一诗。诗句仅从字面上就很好理解，说的是在天朗气清、惠风和畅的天气里，男女采茶工一个个携带竹筐，上山采摘新鲜的茶叶嫩芽。

采摘春茶当然是在春天，具体在哪个节气采摘，还要看各地的气候和制茶需要。清代福州长乐人施隽的《温麻杂诗》，则明确地记录了当地的采茶节气：谷雨过后。

> 携筐负担上山多，正值头春谷雨过。
>
> 一路春风迎面到，红裙齐唱采茶歌。

诗中的采茶盛景同样繁忙且欢快，让我们不禁联想，那采茶女工的歌声，定是一声还比一声亮，在山林深谷之间回荡不绝。

将茶叶采摘下山后，茶人们更是得紧锣密鼓地对新鲜茶叶做下一步的加工。正如清康熙二十年（1681），家在闽东的郑承祉在《宗岩追述春游次章德衣先生韵》诗中写的："茗事务及时，采焙忘申旦。满院皆妙香，鼻观犹漫漶。"为了不误茶时，茶人们采茶制茶，只争朝夕，是何其忙碌！

除了民间的茶事活动外，我国历史上的名山佛寺因多修建在高山丛林之中，周围环境适合种茶，也出产了不少名茶贡茶。如武夷山白云庵的供佛茶，因在宋代建州"斗茶"中夺魁，成为北苑龙凤茶的斗品。

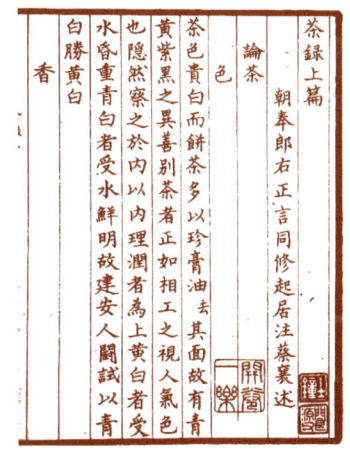

（宋）蔡襄《茶录》，清初藏书家钱曾述古堂抄本（中国国家图书馆藏）

寒冬里的一杯暖茶

冬日万物归寂，天地间透露出一片沉静之美。此时，取一把红泥小火炉，煮茶取暖，漫饮香茗，真为人生至乐。

清乾隆年间，一位叫官献瑶的在京闽籍官员，在片片雪飞的寒夜取雪水煮茶，茶香四溢之时，思绪飘洒，写下一首《雪水烹茶》的茶诗，记录了冬夜里他与家乡安溪茶相伴的温暖时刻。诗文曰：

其一

雪水胜如活水烹，未须着口已心清。

汤看蟹眼初开鼎，叶煮莲须细入瓶。

满颊生香知腊味，一时高唱起春声。

思家不寂寻常惯，共对瑶华听鹤更。

其二

雨前茶向雪中烹，雪碧茶香澈底清。

疑有春风生兽炭，胜邀明月倒银瓶。

黑甜迟入梅花梦，白战交霏玉屑声。

猛省年华真逝水，地炉夜夜煮三更。

古人将雪水、雨水又叫天水、无根水，意思是不染凡尘俗世。曹雪芹在《红楼梦》里也多处写到雪水雨水煮茶之妙，可见这在当时是一种流行。如第二十三回，贾宝玉在《冬夜即事》诗中欣欣然道："却喜侍儿知试茗，扫将新雪及时烹。"

官献瑶，这位差不多与曹雪芹同时代的官员，在京城的大雪之夜，如宝玉的侍儿一般，及时取来当日的新雪，烹煮起谷雨前的春茶。

冬雪与春茶，一阴一阳，自然融为一体。

那冬日里洁白的雪水，经过烹煮，却将春茶的生发之气激发出来，融入"澈底清"的茶汤之中，饮之而畅人血气，让诗人在寒冷的冬夜里，向往起和煦的春风来了。

南宋诗人陆游一生嗜茶，曾作《听雪为客置茶果》，也写到了雪夜品茶。诗云"青灯耿窗户，设茗听雪落"，在品茗之时，又多了一份听雪的清凉静雅之心。陆游曾在福建当过9个月监制北苑茶之责的福建路常平公事，留有茶诗397首，是历代写茶诗最多的人。他对茶道颇多感悟，在这首《听雪为客置茶果》诗里，更是将喝茶与"心静"这一人生大命题联系到了一起。

暖日里的禅茶一味

中国的茶道文化自古就充满了禅境和哲理。因佛门僧侣打坐念经，常须饮茶醒神，故饮茶之风最早兴盛于寺院。

文人与茶、与僧家、与寺院，其中的关联常常可在茶诗中寻见踪迹。

唐代诗人元稹在他的咏茶宝塔诗《一字至七字诗·茶》中就以拟人化的手笔写道："茶。香叶，嫩芽。慕诗客，爱僧家。"

唐代僧人释皎然就是一个品茶高手。他与从小在寺院被养大的"茶圣"陆羽以知己相待，兴趣相投，自然也喜欢品茶悟禅。皎然和尚在《饮茶歌请崔石使君》一诗中，把饮茶分为三个层次：涤寐、清神、悟道。这是我国最早提出"茶道"概念的文字记载。

亦有不少文人雅士喜欢与高僧往来，所创作的茶诗就常常以寺院为背景。南宋进士林仰在游览福建家乡霞浦的金台寺时，作《金台寺》诗一首，记录了某个丽日和风的天气里，南宋寺院的茶禅一幕。作者在诗中写道：

> 苍藓沿阶走细泉，青松翠竹照华轩。
>
> 高人倦作金毛吼，旅客来参玉版禅。
>
> 暖日迟迟晞宿露，微风淡淡逐寒烟。
>
> 茶瓯香秘蒲团稳，始觉林泉思邈然。

前往金台寺的山路风光旖旎，诗人一路沿着苍藓青青的石阶前行，任涓涓细流自脚边淌过。到了金台寺，在青松翠竹掩映的禅房里，看暖日照着未干的晨露，薄烟在微风下轻轻拂过，一切恬淡清净，时光似乎就这样静止了。此时品一碗清茶，焚香，静坐，心底里不禁萌发出一丝归隐林泉的遐想。

薄暮时、月夜里的饮茶论道

自古文人雅士，皆不离茶事。在他们看来，茶性平和、清冷，是中和、清明的象征。

一人清饮时，茶是清神静心的良伴。香茶一盏，"韵高致静"，可谓怡情养性；以茶会友时，茶又是清谈助兴之佳品。"从来佳茗似佳人"，清雅不尽。

（宋）苏汉臣《长春百子图·荷亭试书》（台北故宫博物院藏）

五代时的安溪首任县令詹敦仁就常与他的挚友介庵禅师一起饮茶参禅，且往往是在薄暮或月夜里。

在他的一首《二绝》诗中，诗人写道：

（余抵郡，回道谒介庵，啜茶于野店。时已薄暮，问馆同宿，作此二绝。）

三两人家起暮烟，夕阳风凛怯寒天。

君看云外孤僧老，一笠枯藤倒挂肩。

野店相逢说赵州，对师无语亦无酬。

道人已得三三昧，明月江头送渡舟。

薄暮时分，夕阳西下，三两人家升起了炊烟，寒日里的晚风格外冷冽。此时，诗人在回乡的路上偶遇挚友，大家一同往路边的茶店一坐，相与品茶，谈玄悟禅。

在詹敦仁的另一首《与道人介庵游历佛耳，煮茶待月而归》诗中，他还是与介庵禅师一起对坐烹茶。夜阑无声，他们"煮茶待月"，用"活火新烹涧底泉"，自然是茶香绕齿，茶韵满襟。但如诗人所言，"茶不容烹却是禅"——茶味浓，禅趣更浓。饮茶谈玄，品禅境，悟禅理，才是此中真意。

（江少莉）

《诗经》里的物候与阅读

《诗经》，我国第一部诗歌总集。在中国，想必知道这部经典的人不少，但若问有多少人曾深入读过，恐怕就应者寥寥了。就拿我自己来说，虽然是毕业于中文系的研究生，可至少在求学期间，还真没读过多少《诗经》里的篇什，想想真是惭愧无比。反倒是近几年，由于喜欢自然观察与摄影，才重新感受到了《诗经》的魅力。

那么，到底是什么隔断了我们与经典的联系，让大家对如此美丽的诗歌望而却步？时代过于久远，对传统文化重视不够，古诗文太艰深……原因可以罗列出一大堆，但还有一个重要因素，或许意识到的人并不多，那就是：现代人对博物、对物候了解得太少了，以致看到《诗经》中随处可见的动植物的名字经常一头雾水，这给品味诗意造成了很大障碍。

现在，我作为一个古典文学的爱好者、一个有着十多年野外观察经验的自然摄影师，不揣鄙陋，和大家分享自己伴着"鸟兽草木"的时令节奏感受《诗经》之美的体会，愿这份快乐能感染到同好诸君。

《诗经》：一本博物诗集

孔子曰："《诗》可以兴，可以观，可以群，可以怨；迩之事父，远之事君；多识于鸟兽草木之名。"（《论语·阳货》）不过，自古以来，对于学《诗经》，多强调其在"兴观群怨、事君事父"等社会教化与伦理方面的功用，而把"多识于鸟兽草木之名"一带而过。

我想，孔子所谓学诗可以"多识于鸟兽草木之名"，主要是指《诗经》中提到了大量动植物，是一本跟现今所谓"博物学"密切相关的诗集，因此读诗者可以学到不少乡土博物知识，了解身边的鸟兽草木。这个说法，在孔子的时代或离孔子不是太远的时代，应该是问题不大的，因为那时的读书人对于《诗经》的语言及其指称的相关名物尚不会产生明显的隔膜，因此容易了解"彼物为何物"。但是，随着岁月流逝，尤其是到了现当代，很多人连身边的常见草木虫鸟都一无所知，自然更加难以了解《诗经》中提到的名物与物候了。一翻开《诗经》，但见满目晦涩难认的生僻字，以至于没读几篇就打了退堂鼓，这其实也是人之常情。

《诗经》"风雅颂"，含《国风》160 篇、《小雅》74 篇、《大雅》31 篇、《颂》40 篇，凡 305 篇，所收录的，以民歌为多。所谓民歌者，绝大多数为"草根诗人"之所作也，以《国风》为代表。其实，在常被称为"庙堂文学"的"雅颂"篇章中，有关自然博物的诗句也是比比皆是（在《小雅》中尤其明显）。其中的道理很简单：遥想两三千年前，先民们生活在山林水泽之间，无论四季变换，均与草木鸟兽旦夕相处，常即景即情，发而成诗，此之谓"比兴"也。后世之人，若完全不知这些乡土物种的名字与特性，不了解物候的变化，又如何能在脑海中充分建立诗之意象，重返"诗意现场"？

那么，"诗三百"中到底提到了多少种动植物？三国时，吴国的陆玑撰写了一本《毛诗草木鸟兽虫鱼疏》，这是中国第一本专门研究《诗经》名物的著作，对后世影响很大。有人做过统计，此书记载草本植物 80 种、木本植物 34 种、鸟类 23 种、兽类 9 种、鱼类 10 种、虫类 18 种，共计 174 种。这已经涵盖了《诗经》中提到的大部分（约 70%）的动植物。陆玑记述了诗中相关动植物的名称及各地异名，同时尽其所能描述了其形态和习性。

关于《诗经》名物考证，虽说自古以来有很多，但图谱类著作不多，且多已散佚。近代比较有名，且配图相对比较齐全的当属《毛诗品物图考》（日本冈元凤纂辑，成书于 18 世纪中后期），书中关于《诗经》草、木、鸟、兽、虫、鱼的绘图达 200 多幅。但从现在的眼光来看，这些黑白手绘图未免失之于粗糙。其后，跟冈元凤同处于日本江户时代的儒学家细井徇，约于 19 世纪 40 年代组织京都画师，共同编撰绘制了《诗经名物图解》，也涉及《诗经》名物 200 多种。此书采用彩色绘图，画面唯美，质感细腻，比《毛诗品物图考》精美不少。最近几年，细井徇的《诗经名物图解》在国内突然红了起来，多家知名出版社为其配以相关译注，重新编排、制作后予以出版。

当代中国学者也在《诗经》名物研究方面做了大量工作，在博物学与古典文学之间为我们架起一座桥梁。前几年，中华书局出版了《诗经动物释诂》，此书对《诗经》中的 110 多种动物做了仔细考辨。《诗经》所涉及的动物中，又以鸟类为多。我做过统计，《诗经》中明确提到鸟儿的地方累计达 80 处左右。合并重复的鸟类，整部《诗经》中实际提到的鸟儿至少有 33 种（类）。当然，以上统计很难严格依照现代鸟类分类学来进行，只是一个大致情况。

学者胡淼所著的《〈诗经〉的科学解读》则不仅对《诗经》的各类动植物，还对包括天气等在内的各种自然现象进行了解读。中国台湾学者潘富俊，是美国夏威夷大学农艺及土壤学博士，其所学专业与植物密切相关，而平时又酷爱中国古典文学，因此多年来潜心研究古典文学与植物之关系，并注重实地考察，拍摄相关植物的形态，其所著《诗经植物图鉴》广受读者欢迎。潘富俊将《诗经》中提到的 138 种植物（也有学者认为有 143 种）分为野菜类、栽培蔬菜类、药材植物类、果树类、观赏植物类、祭祀植物类、象征植物类等 12 类，分别予以详细解释，并配有大量彩色图片。

可见，《诗经》305 篇，其中提到的动植物多达 250 余种，因此称其为"博物诗集"实不为过。在此列出上述书目，以方便大家在阅读《诗经》时，在博物学方面有个比较好的参考。

有趣的是，在孔子眼里，学《诗经》可以"多识于鸟兽草木之名"，而在与自然日益隔膜的现代人看来，似乎刚好颠倒了过来，即最好先做到"多识于鸟兽草木之名"，才能更好地领会《诗经》之美。

睢鸠春鸣，荇菜花开

笔者对《诗经》里明确涉及季节特征的诗大致做了一个梳理与统计，发现和春天有关的诗最多，夏天次之，秋冬又次之。接下来，且让我们跟着四季的物候，一起领略那古老而永恒的浪漫与美丽吧。

春回大地，一切都醒来了，万物都忙碌起来了。听，在那黄河沙洲的湿地里，什么鸟儿在鸣叫求偶？看，淑女们在水边忙着采什么呢？

> 关关雎鸠，在河之洲。窈窕淑女，君子好逑。
> 参差荇菜，左右流之。窈窕淑女，寤寐求之。（《周南·关雎》）

白胸苦恶鸟（关关雎鸠）

诗三百，开篇第一首《关雎》，大家都耳熟能详。这首诗提到了一种鸟和一种植物。雎鸠是种什么鸟，自古以来争论不休，历来最主流的说法认为它是一种鱼鹰，即鹗。但这一说法在当代越来越受到质疑，对此我也有同感。作为一名有着十余年观鸟、拍鸟经验的自然摄影师，我知道鹗几乎从不鸣叫，最多在繁殖期偶尔发出尖锐的带哭腔的哨音，完全跟"关关"之声不搭边。因此，我赞同一些学者的意见，认为雎鸠最大可能是白胸苦恶鸟或东方大苇莺。这两种鸟在湿地环境里比较常见，春季乃至初夏求偶时，雄鸟会发出响亮的类似于"关关"的叫声。

荇菜（参差荇菜）

至于"荇菜"是指什么植物，则历来无争议，且古今同名。不过据我了解，大多数人对于荇菜长啥样，则并无概念。其实荇菜无论在南方还是北方，都很常见，它是一种生长在池塘或流动缓慢的水中的龙胆科植物。古代的淑女们喜采其嫩叶、嫩茎作为佳肴。春末，荇菜成片盛开，金色小花挺立于水面上，非常好看。

现在且让我们微闭双眼，"神游"诗意场景：黄河沙洲中，水鸟为了求偶在"关关"鸣叫；水流平缓，金黄的荇菜花儿成片开放，窈窕淑女在轻柔地采摘荇菜……此情此景，有声有色，怎不让君子为之陶醉，萌生爱意？

说起春天采野菜，《诗经》里描述的场景还有不少，聊举数例如下。

采采卷耳，不盈顷筐。嗟我怀人，寘彼周行。（《周南·卷耳》）

这是一位妻子边采卷耳，边思念在远方的丈夫，以至于半天都采不满一筐。这里的卷耳，就是常见的苍耳，古人采其嫩叶幼苗作为菜蔬食用，但味道不佳。王夫之《诗经稗疏》："卷耳……清明前采之，舂以和米粉作餐。"

采采苤苢，薄言采之。采采苤苢，薄言有之。（《周南·苤苢》）

车前草（采采苤苢）

苤苢（音同"浮以"），即车前草，是一种分布极为广泛的常见野草，既是野菜，也是药用植物。每年春天，车前草如匙状的嫩叶贴地而生，人们采其叶为食。同时，古人还相信，食用车前草有助于女人怀孕，因此潘富俊说"妇女采集车前草是一种由来已久的习俗"。

陟彼南山，言采其蕨。未见君子，忧心惙惙。（《召南·草虫》）

此也是怀人之诗。采蕨，就是采春天时蕨的未展开的如握紧之拳头状的嫩叶。自古至今，嫩蕨都是一种广受欢迎的野菜。

至于涉及春天的植物的诗句就更多了：

桃之夭夭，灼灼其华。之子于归，宜其室家。（《周南·桃夭》）

这是以艳丽的桃花起兴，祝贺女子出嫁后家庭和美。

> 凯风自南，吹彼棘心。棘心夭夭，母氏劬劳。（《邶风·凯风》）

凯风，即温暖的南风，喻母亲。棘，酸枣树。春天来了，暖风吹拂着酸枣树的幼苗，象征母亲养育子女。

> 十亩之间兮，桑者闲闲兮，行与子还兮。
> 十亩之外兮，桑者泄泄兮，行与子逝兮。（《魏风·十亩之间》）

这是春天采桑女子唱的歌。

> 常棣之华，鄂不韡韡。凡今之人，莫如兄弟。（《小雅·常棣》）

常棣，即今之郁李，属于蔷薇科、樱属，花期是 5 月，花粉红或白色皆有，以其相依而开，繁密如云，故诗人以常棣的花比作兄弟。

> 溱与洧，方涣涣兮。士与女，方秉蕳兮。女曰："观乎？"士曰："既且。""且往观乎！"洧之外，洵訏且乐。维士与女，伊其相谑，赠之以勺药。（《郑风·溱洧》）

农历三月初三上巳节，青年男女到河边春游，彼此以"勺药"相赠。通常认为，诗中的"勺药"即今之花如牡丹的观赏花卉芍药，但也有人提出，农历三月初三，相当于公历四月上中旬，还远未到芍药的花期（五月到六月间），男女之间似乎不大可能赠以苗叶。胡淼在其《〈诗经〉的科学解读》中认为，这里的"勺药"也可能是川芎（音同"兄"），这是一种伞形科植物，全草有香气，因此被认为是香草。我觉得，参照上文，这种说法是有道理的。因为"士与女，方秉蕳兮"之"蕳（音同'间'）"，也不是现在意义上的兰花，而是泽兰、佩兰之类的有香气的菊科植物，古人常用香草来比喻君子、美人。

大致欣赏了《诗经》中春天的花草树木，且让我们抬头寻找飞鸟的影迹，徜徉在诗中，去春野"观鸟"吧！

　　　　燕燕于飞，差池其羽。之子于归，远送于野。瞻望弗及，泣涕如雨。

（《邶风·燕燕》）

家燕（燕燕于飞）

妹妹远嫁，哥哥送之于野，目睹燕子在空中上下翻飞、鸣唱，心情也更为复杂。诗中，燕子飞鸣的情态被描绘得非常细致，富有画意，起到了很好的渲染情境的作用。而反复咏唱的"瞻望弗及"等句，对后世诗人影响也很大，如李白诗"孤帆远影碧空尽，唯见长江天际流"即有类似的意境。因此，清人王士禛称赞此诗为"为万古送别之祖"。

> 睍睆黄鸟，载好其音。有子七人，莫慰母心。(《邶风·凯风》)

春天的鸟鸣特别好听，这里的"黄鸟"，通常认为是黄鹂之类善于鸣唱的鸟。诗人自责说，鸟儿都唱得这么好听，可我们子女七人却不能以好言好语安慰母亲。

> 雄雉于飞，泄泄其羽。我之怀矣，自诒伊阻。
> 雄雉于飞，下上其音。展矣君子，实劳我心。(《邶风·雄雉》)

诗句大意是说：雄雉鼓翼飞鸣（春天的雄鸟在求爱与宣示领地），多么自由自在，而我所牵挂的你啊，却在外面奔波，自讨苦吃！这是女子思念在外地的丈夫之诗。

春天是鸟儿筑巢的时节，但古人早就观察到，有的鸟儿自己不筑巢，而喜欢占用别人的巢：

> 维鹊有巢，维鸠居之。之子于归，百两御之。(《召南·鹊巢》)

成语"鸠占鹊巢"就出自这里。此诗中，"鹊"即喜鹊，这个自古无二说，但这个不善为巢而占了鹊巢的"鸠"到底是什么鸟，争议又很大。有的说是斑鸠，有的说是布谷鸟，有的说是八哥，而胡淼、胡运彪等很多当代研究者认为是红隼、红脚隼之类的小型猛禽。根据我对鸟类的了解与判断，红隼等小型猛禽（主动侵占鹊巢）与八哥（利用被弃的鹊巢）都有可能，但不可能是斑鸠或布谷鸟。倒是"鸤鸠在桑，其子七兮"（《曹风·鸤鸠》）中的"鸤鸠"，才真的是布谷鸟（即大杜鹃）之类的具有"巢寄生"习性的杜鹃科鸟类。

夏日鸣蜩，鸳鸯于飞

春天的脚步慢慢远去，火热的夏天来了。这个时候，窗外知了不住鸣，翻开

《诗经》，也可"听"到蝉鸣声声：

> 菀彼柳斯，鸣蜩嘒嘒。(《小雅·小弁》)
>
> 四月秀葽，五月鸣蜩。(《豳风·七月》)
>
> 如蜩如螗，如沸如羹。(《大雅·荡》)

这里的蜩（音同"条"）、螗（音同"唐"），都是指蝉。陆玑《毛诗草木鸟兽虫鱼疏》："螗，蝉之大而黑色者。"则螗很可能是指黑蚱蝉，这种蝉在中国南北广泛分布，最为常见。在《小雅·小弁》中，忧愤的诗人见蝉在茂盛的柳树上自由地鸣唱，不禁心生感慨，因此下文又说："心之忧矣，不遑假寐。"在《大雅·荡》中，诗人则是以声声蝉鸣及翻滚的沸水来比喻民怨沸腾，指责周厉王暴虐无道。

初夏也是各种昆虫从若虫羽化为成虫的高峰时节。《曹风·蜉蝣》中咏唱了蜉蝣这种生命短暂的美丽昆虫："蜉蝣之羽，衣裳楚楚。心之忧矣，於我归处。"诗人是在感叹人生短促，犹如朝生暮死的蜉蝣。

"螟蛉有子，蜾蠃负之。"(《小雅·小宛》)这是《诗经》里描述昆虫行为的很有名的一句诗。蜾蠃（音同"果裸"），俗称细腰蜂，是一种寄生蜂，它捕捉小青虫（螟蛉之子），并在其体内注入毒液使其麻痹，然后带回去给自己的幼虫当食物。很早时候的古人不明白这个道理，还以为细腰蜂是带回小青虫来养育呢！因此"螟蛉子"还成了义子的代称。蜾蠃的这种寄生行为，主要发生在春夏时节。

《诗经》主要产生于中国的北方。春夏之际，很多夏候鸟在北方繁殖，如羽色华美的鸳鸯：

> 鸳鸯于飞，毕之罗之。君子万年，福禄宜之。(《小雅·鸳鸯》)
>
> 鸳鸯在梁，戢其左翼。之子无良，二三其德。(《小雅·白华》)

鸳鸯（鸳鸯于飞）

第一首，以相互恩爱的鸳鸯起兴，祝福君子新婚快乐，幸福永远；第二首，同样以鸳鸯起兴，却是反其意而用之，是女子怨恨"二三其德"的丈夫把她抛弃了。顺便说一句，在中国南方，鸳鸯以冬候鸟为主（只有极少数鸟儿留下来繁殖），因此对南方人来说，要在现场感受"鸳鸯于飞"的诗意，就得等到秋冬和早春了。

在北方，各种野鸭、鸥类、鹭鸟也是以夏候鸟为主。《大雅·凫鹥》："凫鹥在泾，公尸来燕来宁。"这句诗大意是说，野鸭（凫，音同"浮"）、鸥鸟（鹥，音同"医"）栖息在流淌的水中，（受祭的）神主前来赴宴，多么安详平和。得说明的是，其实鸳鸯也是鸭科鸟类，或许，古人注意到鸳鸯远比一般野鸭漂亮，故不称其为"凫"，而单独予以命名了。又如，《周颂·振鹭》："振鹭于飞，于彼西雝。我客戾止，亦有斯容。"这是一首周天子设宴招待诸侯的乐歌，开篇咏"振鹭于飞"，借以赞美远方的客人也有着跟白鹭飞翔一样美丽的风姿。

野鸭（凫鹥在泾）

牛背鹭与白鹭（振鹭于飞）

　　说到《诗经》中跟夏天有关的物候，这里得重点提一下《豳风·东山》。这是一首感人的抒情诗，也是一首典型的博物诗。其大意是说，出征三年的男人终于踏上还乡之旅，一路上，细雨蒙蒙，他思绪万千，想象家园已荒芜、妻子在悲叹……诗中一节说：

> 我徂东山，慆慆不归。我来自东，零雨其蒙。果臝之实，亦施于宇。
> 伊威在室，蟏蛸在户。町畽鹿场，熠燿宵行。不可畏也，伊可怀也。

萤火虫（熠燿宵行）

诗人竭力描写家园败落的景象：藤蔓在屋宇下蔓延，小虫在阴湿的室内乱爬，蜘蛛在久闭的门户上结网，野鹿在屋旁空地上践踏，到了晚上，则是"熠燿宵行"，萤火虫的点点微光在漆黑的夜空中闪烁……这应该是中国最早咏唱夏夜萤火虫的诗句吧！

诗中又说：

> 我徂东山，慆慆不归。我来自东，零雨其濛。鹳鸣于垤，妇叹于
> 室。……自我不见，于今三年。

站在一个观鸟爱好者的角度，初读这几句诗，我曾非常惊讶。是的，我没有看错，诗中明明白白说："鹳鸣于垤，妇叹于室。"其大意为：屋外土堆上，恩爱的白鹳夫妻在叫唤应答，而不知丈夫将归的孤独的妻子还在室内叹气。这里的白鹳，即现在所说的东方白鹳，种群数量稀少，属于国家一级保护野生动物。而在两三千年前的古代中国，白鹳显然还是很多的，居然在村落附近的土堆上筑巢繁殖——这在现在看来是不可想象的。

说了《诗经》中夏天的虫与鸟，再来看一下植物，例子也是很多：

> 摽有梅，其实七兮。求我庶士，迨其吉兮。
> 摽有梅，其实三兮。求我庶士，迨其今兮。
> 摽有梅，顷筐塈之。求我庶士，迨其谓之。（《召南·摽有梅》）

这是一首由女子唱出的既委婉又大胆的求爱诗，诗中借梅子熟了，落地了，暗喻该成婚了。梅的果期通常在五六月，在华北会更晚一些。

> 彼泽之陂，有蒲与荷。有美一人，伤如之何？寤寐无为，涕泗滂沱。
> （《陈风·泽陂》）

这也是一首情诗。诗人看到水边美丽的香蒲与荷花，就忍不住思念自己的心上人。

> 中唐有甓，邛有旨鷊。谁侜予美？心焉惕惕。（《陈风·防有鹊巢》）

诗句大意是：砖瓦是用来建屋的，却被铺设在中庭；如今竟说美丽的绶草长在山坡上（原该生长在低湿之地）。这些都是反常和不可信的呀！是谁在蒙骗我所爱的人呢？我的心里多么担心！鷊（音同"益"），原为鸟名，称"绶鸟"，但在这里指绶草——一种野生的兰科植物。绶草有个俗名叫"盘龙参"，它那一朵

121

朵粉紫的小花呈螺旋形沿花葶依次盘旋而上，非常独特。绶草在华南的花期很早，早春即已开放，在江南一带则要到初夏才开。

绶草（邝有旨鹇）

再举一首有名的诗为例，即《卫风·伯兮》：

伯兮朅兮，邦之桀兮。伯也执殳，为王前驱。

自伯之东，首如飞蓬。岂无膏沐？谁适为容！

其雨其雨，杲杲出日。愿言思伯，甘心首疾。

焉得谖草？言树之背。愿言思伯，使我心痗。

飞蓬属植物（首如飞蓬）

萱草（焉得谖草）

此为女子思夫之诗，提到两种野花。先看第一种，诗中以女子口吻说"自伯之东，首如飞蓬"，这里的"飞蓬"即菊科飞蓬属的植物，其花朵为头状花序，看上去像散乱的头发，意思是说当丈夫走后，自己无心打扮，宁愿蓬头垢面。第二种，"焉得谖草？言树之背"。"谖草"即萱草，古人认为萱草可以使人忘忧，故又名"忘忧草"。萱草属于百合科，花大色艳，呈橘红或橘黄色，极具观赏价值，盛花期是 6 月。

了解了这两种植物，我们读诗时是否更能在脑海中建立生动的形象，诗中弥漫的思念之情仿佛也变得更真切更让人感同身受了呢？两三千年以前，那痴情的女子以花为喻，即景抒情；两三千年以后，同样的野花依旧在我们身边绽放，那种深切的思慕与爱恋，也依旧不曾改变。

蟋蟀在堂，岁聿其莫

时光流逝，当火热的夏天过去，秋虫唧唧，已然在草丛里轻弹一首"秋夜吟"。当古代诗人看到蟋蟀进入室内躲避寒冷，就知道秋已深，冬将至。

> 蟋蟀在堂，岁聿其莫。今我不乐，日月其除。无已大康，职思其居。好乐无荒，良士瞿瞿。(《唐风·蟋蟀》)
>
> 七月在野，八月在宇，九月在户，十月蟋蟀入我床下。(《豳风·七月》)

莫，即"暮"。当蟋蟀在堂之时，诗人就感叹时间又到岁暮了，因此告诫自己既要及时行乐，又要"好乐无荒"，即行乐不能过度。

秋冬之际，落叶飘零，草木枯黄，面对此景，不同的人心情也不一样：

> 萚兮萚兮，风其吹女。叔兮伯兮，倡予和女。
>
> 萚兮萚兮，风其漂女。叔兮伯兮，倡予要女。(《郑风·萚兮》)

蘀（音同"拓"），即脱落的树叶。这是一首男女唱和之诗，节奏轻快。当秋风轻轻吹起落叶，出游的男女便说："唱歌吧，你领唱，我来和！"

蒹葭苍苍，白露为霜。所谓伊人，在水一方。溯洄从之，道阻且长。溯游从之，宛在水中央。（《秦风·蒹葭》）

深秋霜冷，芦苇苍苍，怅望伊人，远在一方。这是世界上最美的诗句、最深婉的情感，又何待言？

何草不黄？何日不行？何人不将？经营四方。
何草不玄？何人不矜？哀我征夫，独为匪民。（《小雅·何草不黄》）

当岁末草黄，行役在外的征夫依旧在旷野中奔波，历经艰辛，命如草芥，更不能与家人团聚，故发出此哀叹。类似的诗歌还有《小雅·鸿雁》：

鸿雁于飞，肃肃其羽。之子于征，劬劳于野。爰及矜人，哀此鳏寡。……鸿雁于飞，哀鸣嗷嗷。维此哲人，谓我劬劳。维彼愚人，谓我宣骄。

此诗借秋季长途迁徙的大雁的辛苦与哀鸣来起兴，感叹流民在野外劳作的痛苦。成语"哀鸿遍野"即本于此。

再来看这位冬日里在济水边等待爱人到来的女子的心声：

匏有苦叶，济有深涉。深则厉，浅则揭。……雝雝鸣雁，旭日始旦。士如归妻，迨冰未泮。（《邶风·匏有苦叶》）

匏（音同"跑"），即葫芦。古代涉水之人佩带葫芦以防沉溺。苦，同"枯"。

雝雝（音同"雍雍"），指大雁和鸣之声。那位女子清晨在冰封的河边听到大雁和鸣，就坦率而深情地说"士如归妻，迨冰未泮"，意思是说：你若真要娶妻，那就趁河冰未融，赶紧过来吧！

《诗经》中提到的冬天的鸟，还包括大个子的鹈鹕：

> 彼候人兮，何戈与祋。彼其之子，三百赤芾。
>
> 维鹈在梁，不濡其翼。彼其之子，不称其服。（《曹风·候人》）

卷羽鹈鹕（维鹈在梁）

诗中的"鹈"就是指鹈鹕，国内目前主要为卷羽鹈鹕，此为大型水鸟，嘴大，有喉囊，善捕鱼，目前主要越冬于中国东部沿海，从山东至广东均有记录。这首诗是讽刺那些不称职的"三百赤芾"（芾，音同"浮"，一种服饰。"赤芾乘轩"是大夫以上官爵的待遇）之人尸位素餐，犹如待在鱼梁上的大嘴巴的鹈鹕，不用打湿翅膀（不濡其翼）就有鱼吃。当然，现实中的鹈鹕如果也这样"不濡其翼"的话，是不可能填饱肚子的，此诗是用夸张的手法，讥讽那些不用干活就能过上舒服日子的新贵。

而当国政暴虐，民不聊生，古代诗人便把这残酷的统治比作凛冽的北风与飘飞的大雪：

> 北风其凉，雨雪其雱。惠而好我，携手同行。其虚其邪？既亟只且！
>
> （《邶风·北风》）

雱（音同"乓"），雪盛之貌。诗人招呼好友说，形势如此恶劣，我们不如携手同行，赶紧逃走吧，否则就来不及了！

当然，大雪纷飞，未必都是用来比喻恶劣环境。且看《小雅·信南山》，这是周王冬祭祖先的乐歌：

> 上天同云，雨雪雰雰，益之以霡霂。既优既渥，既沾既足，生我百谷。

雰雰（音同"分"），即纷纷。霡霂（音同"麦沐"），小雨。这里是说，瑞雪、小雨一起滋润大地，以生百谷。

以上，把《诗经》中关于春夏秋冬的诗句大致梳理了一遍。《诗经》中也有的诗提到了多个季节，如《小雅·四月》，其前三章：

> 四月维夏，六月徂暑。先祖匪人，胡宁忍予？
>
> 秋日凄凄，百卉具腓。乱离瘼矣，爰其适归？
>
> 冬日烈烈，飘风发发。民莫不穀，我独何害？

从夏历四月的春末，到酷热的六月，再到草木凋零的凄冷秋日与北风呼啸的寒冬腊月，诗人哀叹自己生不逢时，有家难归。

至于最有名的"四季歌"，自然非《豳风·七月》这首杰出的农事诗莫属。全诗很长，共八章，八十八句。上文也已经引用过这首诗里的诗句，这里再引这首诗的第四章如下：

> 四月秀葽，五月鸣蜩。八月其获，十月陨箨。一之日于貉，取彼狐
> 狸，为公子裘。二之日其同，载缵武功，言私其豵，献豜于公。

这里从夏历四月远志开花，五月蝉鸣，八月收割黍稻，十月落叶飘飘，再到
十一月打猎，腊月里献猎物，把小野猪（豵，音同"宗"）留给自己，把大野猪
（豜，音同"间"）献给公家，整个过程结合不同的物候与农事，说得多么绘声
绘色！

尾声：跟着物候读古诗

《诗经》对后世影响极为深远，尤其是其"见物起兴"的优秀传统，让中国
古典诗歌与大自然有着天然的密切联系。古之诗人，与大地浑然无间，草木鸟兽，
皆易触动情怀，发声为歌，天然成诗。正如几位重量级人物所言：

> 感物吟志，莫非自然。（刘勰《文心雕龙》）
> 气之动物，物之感人，故摇荡性情，形诸舞咏。（钟嵘《诗品》）
> 中国古典诗歌是以兴发感动为其主要特质的。（叶嘉莹《说诗讲
> 稿》）

可以说，自古及今，多少诗篇，多少诗歌理论，不都是在向《诗经》致敬
吗？翻开大家熟悉的唐诗宋词选本，有心人不妨去做个简单的统计，看看这些经
典诗词里有多少是跟自然有关的，我相信结果一定超出普通人的想象。

我强烈地感觉到，现代人与大地"隔"得太厉害了，因此生在21世纪的我
们，难道不是更加有责任，远绍《诗经》以来的"不隔"自然的传统，续写新的
传奇吗？我想，在当代社会，我们一定可以具体做些什么，来让更多的人感受上

述"不隔自然"的理念，唤起大家对自然、乡土与优秀古典文学的关心与热爱。

2017 年年底，我与宁波一家森林学校的负责人谈起了一个关于把古诗与博物结合起来的户外学习课程设想，没想到这个具有一定创新性的大胆想法马上在 2018 年春天付诸实施，并持续一整年。该系列课程所选古诗主要来自《诗经》，如《小雅·鸳鸯》《周南·芣苢》《邶风·燕燕》《陈风·防有鹊巢》《秦风·蒹葭》等，我们事先把这些古诗选出来，发给参加课程的孩子家长，让大家事先预习、熟读，然后，在合适的季节去野外实地观察诗中提到的物候与物种——比如早春的时候去山区水库观察越冬的鸳鸯，春天去郊野看车前草与燕子，夏天去欣赏野生的绶草，秋天去感受"蒹葭苍苍"，冬天去"静观野凫"等。与此同时，再在现场和孩子们朗诵相关诗歌。这一做法收到了极好的效果，家长和孩子都很喜欢。

在儿子参加了几次活动后，一位年轻妈妈由衷地说：把古诗与博物结合起来，让孩子跟着自然的节奏学习诗歌、认识自然，这种做法把原本觉得有点隔膜的古诗变得立体、丰满起来了，第一次觉得原来如此"高大上"的《诗经》也是如此地接地气。是的，《诗经》原本"不隔"自然，"不隔"我们。相反，是现在的我们自己忘了传统，既"隔"了美丽的大自然，也"隔"了美丽的古典诗歌。是到了改变的时候了！

（张海华）

《红楼梦》里的四季美食

　　《红楼梦》是一部描写 18 世纪上层社会生活的文学作品，虽说朝代、地域等失落无考，然是作者亲自经历的一段陈迹故事，所书生活细节可靠。曹雪芹笔下的美食大都分散在字里行间。秦可卿生前最惦念的是贾母送来的枣泥馅的山药糕；晴雯喜欢豆腐皮的包子；袭人喜欢糖蒸酥酪；凤姐喜欢炸鹌鹑；宝玉病时，吃烫到嘴的火腿鲜笋汤；宝玉送探春鲜荔枝，要用缠丝白玛瑙碟子来配；刘姥姥给贾府送枣子倭瓜和野菜，最后抱得钱物归，免去求亲靠友之忧……

　　如今从这些细微末节中，挑选出一些，按四季时序编写，且看两百多年前王公贵族的一日三餐和四季饮食。

腊月和正月

（一）年货

　　　贾珍道："这个老砍头的今儿才来。"说着，贾蓉接过禀帖和账目，忙展开捧着，贾珍倒背着两手，向贾蓉手内只看红禀帖上写着："门下庄头乌进孝叩请爷、奶奶万福金安，并公子小姐金安。新春大喜大福，荣贵平安，加官进禄，万事如意。"（第五十三回　宁国府除夕祭宗祠 荣国府元宵开夜宴）

　　《红楼梦》中仅一次描写除夕是在第五十三回"宁国府除夕祭宗祠 荣国府元宵开夜宴"。年下来了，最要紧的便是年货。宁国府庄头乌进孝送年货，花了一个月零两天，留出来供祖的，送荣府的，自家留一些，余者派出等例来，命人将族中的子侄唤来与他们。可见在除夕将至时分发食物，是每年的定例。贾府除夕、元宵乃至整个春节都吃什么呢？通过这份年货单子，我们能大概知晓。

（1）畜禽类：暹猪，汤猪（嫩皮小猪），龙猪（江西赣州特产猪），野猪，家腊猪（家庭腌制猪）；野羊，青羊，家汤羊（嫩薄皮小羊，烫去羊毛可连皮食用），家风羊（风干后的羊）；活鸡鸭鹅，风鸡鸭鹅；大鹿，獐子，狍子，野鸡，兔子，熊掌，鹿筋，鹿舌，牛舌。

（2）水产类：鲟鳇鱼（东北产的贡品，卵作黑色鱼子酱，珍贵食品），大对虾（明虾），干虾，蛏干，海参，各色杂鱼。

（3）坚果类：榛（榛子），松（松子），桃（核桃仁），杏（甜杏仁）穰。

（4）主食：御田胭脂米（优质稻米，煮熟后红如胭脂，贡品），碧糯（碧色糯米），白糯，粉粳（白粳），杂色粱谷，下用常米（下人常用的普通米）。贾府用米大致有这六种，米分等级，有御田胭脂米、碧糯等上等米，也有杂色谷等下等米。

除此之外，还有各色干菜。

（二）除夕合欢宴

众人围随同至贾母正室之中……当地火盆内焚着松柏香、百合草……左右两旁设下交椅，然后又按长幼挨次归坐受礼。两府丫鬟亦按差役上中下行礼毕，散押岁钱、荷包、金银锞，摆上合欢宴来。男东女西归坐，献屠苏酒、合欢汤、吉祥果、如意糕毕，贾母起身进内间更衣，众人方各散出。（第五十三回　宁国府除夕祭宗祠　荣国府元宵开夜宴）

元旦饮屠苏酒是我国的一个古老习俗，相传为华佗之方。合欢宴上菜是固定的，菜名凸显吉利的意思。合欢汤，即合欢花煮成，除夕合家团圆饮用，取其合欢之名；吉祥果，用糖、油、面制作的一种面果子，上有表示吉祥的图案、花纹、字句等取其吉祥之名；如意糕，一种用米粉糖类蒸制的糕点，侧面看是玉如意形状，取其如意之名。一个"献"字说明除夕的合欢宴是一种祈祷来年吉祥如意的形式。

（三）元宵夜宴

《红楼梦》有两处浓墨重彩地写元宵节，第十八回"林黛玉误剪香囊袋 贾元春归省庆元宵"，重在元春省亲，元宵节并无多叙。其中细致描写元宵夜宴在第五十三回"宁国府除夕祭宗祠 荣国府元宵开夜宴"和第五十四回"史太君破陈腐旧套 王熙凤效戏彩斑衣"。

夜宴摆在贾母花厅，共十来席，众族中男女吃酒，席间焚御赐百合宫香，摆山石花卉盆景，点缀"岁寒三友""玉堂富贵"等鲜花草，门户全挂彩穗宫灯。献元宵，吃果子，听戏说书，击鼓传梅，放炮仗……无不欢喜。其中有一段贾母嫌元宵吃食过油过甜的对话：

> 贾母说："夜长，不觉得有些饿了。"凤姐忙回说："有预备的鸭子肉粥。"贾母道："我吃些清淡的罢。"凤姐儿忙道："也有枣儿熬的粳米粥，预备太太们吃斋的。"贾母笑道："不是油腻腻的就是甜的。"凤姐儿又忙道："还有杏仁茶，只怕也甜。"贾母道："倒是这个还罢了。"说着，又命人撤去残席，外面另设各种精致小菜。大家随意吃了些，用过漱口茶，方散。（第五十四回　史太君破陈腐旧套 王熙凤效戏彩斑衣）

鸭子肉粥，是由鸭子肉和粳米煮的粥，咸粥；枣儿熬的粳米粥，是大枣与粳米煮的粥，甜粥；杏仁茶，是一种以杏仁做主料的较高级的饮料，杏仁茶有润肺、消积食的功效，虽然甜些，贾母也是喜欢的。上面提到的鸭子、粳米、杏仁，均是年货单子里有的，贾府过年与平常人家一样重油荤，只是食材平常人家少有。

四月

宝玉生日

宝玉生日，书中没有明确的时间，本文采用周汝昌先生推算的四月二十六日。宝玉生日这天，众姊妹在大观园里玩射覆，抽花签，好不热闹，独没写吃食。倒是当日柳家送芳官午餐有细致说。

> 只见柳家的果遣人送了一个盒子来。小燕接着揭开，里面是一碗虾丸鸡皮汤，又是一碗酒酿清蒸鸭子，一碟腌的胭脂鹅脯，还有一碟四个奶油松瓤卷酥，并一大碗热腾腾碧莹莹蒸的绿畦香稻粳米饭。（第六十二回　憨湘云醉眠芍药裀 呆香菱情解石榴裙）

虾丸鸡皮汤，用虾丸和鸡皮为主料的汤菜；酒酿清蒸鸭子，用酒蒸鸭，可解腥味，江南鸭馔调味多用酒；胭脂鹅脯，腌制的鹅肉，呈红色；奶油松瓤卷酥，一种奶油和松子仁作馅的卷酥；绿畦香稻粳米饭，即用碧粳香稻蒸成的米饭。

五月

（一）薛蟠生日宴

> 只因五月初三是我的生日，谁知古董行的程日兴，他不知那里寻了来的这么粗这么长粉脆的鲜藕，这么大的大西瓜，这么长一尾新鲜的鲟鱼，这么大的一个暹罗国进贡的灵柏香薰的暹猪。……那鱼、猪不过贵而难得，这藕和瓜亏他怎么种出来的。（第二十六回　蜂腰桥设言传心事 潇湘馆春困发幽情）

对薛蟠而言，鲟鱼和暹罗猪虽贵却能吃到，而藕和瓜却难得。可见，薛蟠是一个猎奇的食客，吃食不怕贵，就怕不新奇。

（二）宝玉挨打

宝玉挨打后，府里上下格外照顾他的饮食，下面一段是袭人向王夫人回话：

> "老太太给的一碗汤，喝了两口，直嚷着干渴，要吃酸梅汤。我想着酸梅是收敛的东西……因此我劝了半天才没吃，只拿了那糖腌的玫瑰卤子和了吃，吃了半碗，又嫌吃絮了，不香甜。"王夫人道："嗳呦，你何不早来和我说。前儿有人送了两瓶子香露来，原要给他一点子的。"（第三十四回　情中情因情感妹妹 错里错以错劝哥哥）

宝玉想吃酸梅汤，结果吃了玫瑰卤子，玫瑰卤子是清代江南有名的甜食配料，亦可单食。王夫人送的两瓶香露，分别是木樨清露和玫瑰清露。木樨即桂花，桂花露为桂花蒸馏所得香液；玫瑰清露，为玫瑰花蒸馏所得香液。

忍着痛的宝玉，独想吃的是小荷叶小莲蓬儿的汤，五月正是清荷飘香，荷叶有散淤血，清肿痛的功效，宝玉挨打淤血未消，宜食此汤。凤姐笑他，口味不算高贵，只是太磨牙了。莲叶羹用料普通，主要有三样：面、鲜荷叶和鸡，做起来费事。

> 汤中的荷叶莲蓬是银质汤模具制成的，模具有豆子大小，也有菊花的，也有梅花的，也有莲蓬的，也有菱角的，共有三十四样，打得十分精巧……借点荷花的清香，全仗着好汤……吩咐厨房里立刻拿几只鸡，另外添了东西，做出十来碗来。（第三十五回　白玉钏亲尝莲叶羹 黄金莺巧结梅花络）

连薛姨妈都说："你们府上也都想绝了，吃碗汤还有这些样子。"凤姐忙说，"是旧年备膳的。"旧时皇上进食，称膳，所以是旧年招待皇帝的。

八月

曹雪芹用笔墨大写的节庆有两个，一是上文说到的元宵，另一个便是中秋。两节都象征团圆与合欢，荣宁两府一处过，都是在晚上大摆筵席。《红楼梦》中对中秋节的细节描述有以下两处：

（一）甄士隐与贾雨村的中秋夜宴

《红楼梦》第一回便是甄士隐在中秋节邀请贾雨村吃饭，甄士隐是一位乡绅，家中虽不甚富贵，也被推为望族。而贾雨村当时是一个寄居隔壁葫芦庙的穷儒，靠卖文作字为生，两人身份地位悬殊。对无钱进京的贾雨村，甄士隐每有意周济他，只是没甚机会。

如何儒雅地帮助一个"自视清高"的穷苦书生，甄士隐给我们做了一个非常好的示例。甄士隐是一位极有礼的人，他想帮助贾雨村，因为考虑被帮助人的感受，不想唐突，一直在寻找机会。且看甄士隐如何一步步地实施他的计划。

（1）名正言顺。邀请他人到家里做客需要一个由头，特别是甄士隐和贾雨村两人并不甚熟悉。中秋，"团圆之节"，邀请旅寄僧房的贾雨村，到书斋小饮，名正言顺。

（2）安排妥当。甄士隐在自家宴席结束后，单独在书房设宴招待他，可见甄士隐处处用心。

（3）亲自上门。士隐没有让仆人去请，而是自己步月到庙中邀雨村。

（4）恰当时机。甄老先生并没有自己主动提出赠给贾雨村行路的费用，而是等贾雨村主动提出后，马上回应："兄何不早言，弟已久有此意，但每遇兄时，并未谈及，故未敢唐突。今既如此，弟虽不才，义利二字，却还识得。"钱银送出，目的达到。

雨村收了银衣，不过略谢一语，并不介意，仍是吃酒谈笑。毫无疑问，这次中秋夜宴成为贾雨村人生的转折点。

通过甄士隐和贾雨村的一席中秋宴可见，"吃饭"在中国的文化中被赋予了更多的意义，做东的人如何请宴，做客的人如何赴宴，一来一往间，折射的是中国人的处世学问。

（二）大观园中秋夜宴

　　贾母见自己的几色菜尸撰完，另有两大捧盒内捧了几色菜来，便知是各房另外孝敬的旧规矩。……王夫人笑道："今日我吃斋，没有别的。那些面筋豆腐老太太又不大甚爱吃，只拣了一样椒油莼齑酱来。"……鸳鸯又指那几样菜道："这两样看不出来是什么东西来，大老爷送来的。这一碗是鸡髓笋，是外头老爷送上来的。"……尤氏早捧过一碗来，说是红稻米粥。贾母接来吃了半碗，便吩咐："将这粥送给凤哥儿吃去。"又指着"这一碗笋和这一盘风腌果子狸给颦儿和宝玉两个吃去，那一碗肉给兰小子吃去"。（第七十五回　开夜宴异兆发悲音 赏中秋新词得佳谶）

　　贾母的饭，由大厨房预备，把菜蔬用水牌写了，天天转着吃。除了自己的，各房还有另外献的菜。一个老太太哪里吃得完这么多，这边各房孝敬，那边赏菜给孩子们。王夫人吃斋送来的是"椒油莼齑酱"。椒油，即花椒油；莼齑，即莼菜细切成丝；此为江南风味素菜。"鸡髓笋"，用鸡的骨架敲碎吊汤，入扁尖笋加调味烧成，这也是江南人的吃法。"红稻米粥"，在乌进孝送的年货单子里的"御田胭脂米"，这米一般供贾母等长辈用，凤哥也只有生病的时候，老太太想着送她一些。"风腌果了狸"，是一道名菜，经过腌制后风干的果子狸肉。

　　当下园之正门俱已大开，吊着羊角大红。嘉荫堂前月台上，焚着斗香，秉着风烛，陈献着瓜饼及各色果品。……贾母盥手上香拜毕，于是大家皆拜过。贾母便说："赏月在山上最好。"（第七十五回　开夜宴异兆发悲音 赏中秋新词得佳谶）

中秋节行朔望之礼，到祠堂祭祀，中秋月圆夜，贾家大摆夜宴。斗香，由许多股香攒聚捆扎堆成塔形，是一种特制的祭祀神明的香。中秋节陈献的瓜果饼，特指西瓜和月饼。贾府的月饼，是自家专做点心的厨子做的。书中提到一种月饼，是内造瓜仁油松瓤月饼，由瓜子仁松子仁等作馅心而成，由内府制造，宫廷御食，书中也只交代了贾母食用。上香结束后，众人都到山上赏月，还有其他活动：

（1）折桂花，击鼓传花，若花到谁手中，饮酒一杯，罚说笑话一个。

（2）赏桂花，听笛声，贾母说："音乐多了，反失雅致，只用吹笛的远远的吹起来就够了。"

九月

从第三十七回到第四十一回，是大观园结诗社和史太君两宴大观园。其中，结海棠诗社一天，请湘云、拟菊花题一天，吃螃蟹宴、作菊花诗一天。螃蟹宴当天，刘姥姥带瓜菜到贾府来，住了两天，第三天一早回家，加起来一共五天。关于诗社和螃蟹宴的时间，书中没有明确交代，只知道发生在贾政八月二十日赴任后，刘姥姥打了粮食，摘了瓜菜来，八月正是打谷农忙时，推算应该在九月初，且刘姥姥到贾府的第二天，贾母和刘姥姥簪菊，簪菊是旧时九月九日的习俗。因此，大观园结海棠诗社到刘姥姥离开，是从九月六日到九月十日。

（一）持螯赏桂

这日探春邀众人结海棠诗社，袭人正好打发人送史湘云东西：

> 先揭开一个，里面装的是红菱和鸡头两样鲜果；又揭那一个，是一碟子桂花糖蒸新栗粉糕。……"这都是今年咱们这里园里新结的果子，宝二爷叫送来与姑娘（史湘云）尝尝。"（第三十七回 秋爽斋偶结海棠社 蘅芜院夜拟菊花题）

宝玉送给湘云的是大观园里新结的果子。红菱，产于南方，既是水果也是蔬菜；鸡头，学名芡实，嫩时可生吃，成熟后可煮食；桂花糖蒸新栗粉糕，秋令食品，用桂花糖配新栗粉为主要原料蒸制而成。大观园里除了这两样，还产竹笋、水稻、葡萄、李子、杏子等。

宝玉因惦记湘云，次日一早接了来，湘云来了便夸口，说明日罚自己做东道，邀一社。晚间经宝钗说才知湘云月例有限，根本不够请客邀社，宝钗替她筹谋，"正好自家刚出的肥螃蟹，明日请老太太在园里赏桂花吃螃蟹，等人散了，我们作多少诗作不起"。这就是螃蟹宴的由来。

　　凤姐吩咐："螃蟹不可多拿来，仍旧放在蒸笼里，拿十个来，吃了再拿。"……又说："把酒烫的滚热的拿来。"又命小丫头们去取菊花叶儿桂花蕊薰的绿豆面子来，预备洗手。……（黛玉）便斟了半盏，看时却是黄酒，因说道："我吃了一点子螃蟹，觉得心口微微的疼，须得热热的喝口烧酒。"宝玉忙道："有烧酒。"便令将那合欢花浸的酒烫一壶来。黛玉也只吃了一口便放下了。（第三十八回　林潇湘魁夺菊花诗 薛蘅芜讽和螃蟹咏）

贾府螃蟹的做法，是隔水用蒸笼蒸，蘸姜醋吃，配滚热的酒。用菊花叶儿桂花蕊薰的绿豆面子洗手，清洁去腥还留香，这绿豆面子是一种高级的澡豆①。螃蟹性寒，吃多了肚子疼，搭配热烧酒吃，可见烧酒性热。这可能是林黛玉舍黄酒，选烧酒的原因。螃蟹宴的烧酒是用合欢花浸的烧酒，合欢有舒郁理气的功效。

　　这个盒子里是方才舅太太（王子腾家）那里送来的菱粉糕和鸡油卷儿，给奶奶姑娘们吃的。（第三十九回　村姥姥是信口开河 情哥哥偏寻根究底）

---

① 澡豆是中国古代洗涤用的粉剂。

吃螃蟹当日，王子腾送来菱粉糕和鸡油卷儿。菱粉糕是南方的一味名食，有去暑解毒之用；鸡油卷儿是一种笼蒸的面食，用鸡油调味提鲜，若用鹅油，则为鹅油卷儿。

（二）刘姥姥进大观园

这日刘姥姥和周瑞家的谈起午间的螃蟹宴，刘姥姥细算了一笔账："七八十斤的螃蟹，搭上酒菜，一共倒有二十多两银子，一顿的钱够我们庄家人过一年的了。"从刘姥姥口中得知富贵和平民家生活的差别。

因刘姥姥来贾府探望，周瑞家前去王熙凤跟前说，偏生贾母听到了，定要见这位老人家，就有了刘姥姥进大观园，史太君两宴大观园。这一回有两处写刘姥姥吃东西的笑状：一是吃鸽子蛋；二是吃茄鲞。从平民人家看富贵人家的吃食，直写贾府饮食的精细和贵重。

> 刘姥姥又说道："这里的鸡也俊，下的这蛋也小巧……"凤姐儿笑道："一两银子一个呢，你快尝尝罢！"……刘姥姥便伸箸子要夹，那里夹得起来，满碗里闹了一阵好的，好容易撮起一个来，才伸着脖子要吃，偏又滑下来滚在地下……刘姥姥叹道："一两银子，也没听见响声儿就没了。"（第四十回　史太君两宴大观园 金鸳鸯三宣牙牌令）

鸽子蛋是清宫御食，怪不得刘姥姥没见过，说是鸡蛋。鸽子蛋到底是不是一两银子一个，现在已不知，因鸽子产蛋少，鸽子蛋是高档筵席才用。吃饭后，大家闲坐吃酒，行牙牌令，布菜来，就有刘姥姥吃茄鲞。

> 凤姐儿笑道："这也不难，你把才下来的茄子皮刨了，只要净肉，切成碎丁子，用鸡油炸了，再用鸡脯子肉并香菌、新笋、蘑菇、五香豆腐干、各色干果子，俱切成丁子。用鸡汤煨干，将香油一收，外加糟油一拌，盛在瓷罐子里封严，要吃时拿出来，用炒的鸡瓜一拌就是。"刘姥姥

听了，摇头吐舌说道："我的佛祖！倒得十来只鸡来配他，怪道这个味儿！"（第四十一回 贾宝玉品茶栊翠庵 刘姥姥醉卧怡红院）

　　鲞，原指一种海鱼或干鱼。这里说茄鲞，言其味美如鲞。茄鲞是一种下酒菜，属素菜荤作。其中，香菌即香菇；五香豆腐干，是用五种香料（大茴香、小茴香、花椒、桂皮、丁香）调味制成的豆腐干子；香油，特指芝麻油；糟油，江南特别的糟制油；鸡瓜，配酱瓜、瓜仁的鸡腿肉丁。王熙凤对刘姥姥详细介绍茄鲞做法，通过刘姥姥的眼，看社会阶层的生活差异。喝酒行乐结束，众人散出至山前游玩，一时见丫鬟们来请用点心。

　　揭开看时，每盒两样：这盒内一样是藕粉桂花糖糕，一样是松穰鹅油卷；那一盒内一样是一寸来大的小饺儿。贾母因问什么馅儿，婆子们忙回是螃蟹的。贾母听了，皱眉说："这油腻腻的，谁吃这个！"那一样是奶油炸的各色小面果，也不喜欢。……刘姥姥因见那小面果子都玲珑剔透，便拣了一朵牡丹花样的。（第四十一回 贾宝玉品茶栊翠庵 刘姥姥醉卧怡红院）

　　刘姥姥不曾吃过这些东西，说要带回去做花样子，贾母说等家去，送她一坛子。贾母嫌腻的点心，刘姥姥和板儿吃了半盘子。藕粉桂花糖糕，用藕粉和米粉为主料，加桂花糖蒸制的糕点；松瓤鹅油卷，用鹅油调味，裹松仁的面食卷儿；螃蟹馅小饺儿，用蟹肉配肉馅的螃蟹蒸饺；奶油炸的各色小面果，花式油炸面酥，有各种花样。

　　姥姥走前，平儿交代送的东西：青纱一匹，月白纱一个，茧绸两个，绸子两匹，一盒子内造点心，两斗御田粳米，园子里的果子和各样干果子，凤姐给的八两银子，王夫人给的一百两银子……还嘱咐姥姥下次来只要带晒的灰条菜干子和豇豆、扁豆、茄子、葫芦条儿各样干菜，别的一概不要。府上送姥姥喜欢的精致点心和果子，贾府众人却喜欢农家晒的各样干菜，一贫一贵的对照，显出差别。

十月

（一）姨妈糟的鹅掌鸭信

这里薛姨妈已摆了几样细巧茶果来留他们吃茶。宝玉因夸前日在东府里珍大嫂子的好鹅掌鸭信。薛姨妈听了，忙也把自己的糟的取了些来与他尝。宝玉笑道："这个须得就酒才好。"……幸而薛姨妈千哄万哄的，只容他吃了几杯，就收过了。作了酸笋鸡皮汤来，宝玉痛喝了两碗，吃了半碗碧粳粥。（第八回　比通灵金莺微露意　探宝钗黛玉半寒酸）

糟鹅掌鸭信，即糟鹅掌和糟鸭舌。糟制菜肴为江南食俗，宜冬月食用，曹雪芹的祖父曹寅也爱吃这类食物，乾隆年间糟鸭舌为扬州名菜。酒后，宝玉喝的酸笋鸡皮汤是解酒良物，也是冬令时食。用鸡皮入馔，清代在江南席上是常物。主食碧粳粥，即用近京玉田县所产碧粳米熬的粥，玉田碧粳米在清代是贡品。

（二）芦雪庵"遭劫"

一时众姊妹来齐，宝玉只嚷饿了，连连催饭。好容易等摆上来，头一样菜便是牛乳蒸羊羔。贾母便说："这是我们有年纪的人的药，没见天日的东西，可惜你们小孩子们吃不得。今儿另外有新鲜鹿肉，你们等着吃。"众人答应了。宝玉却等不得，只拿茶泡了一碗饭，就着野鸡瓜齑忙忙的咽完了。（第四十九回　琉璃世界白雪红梅　脂粉香娃割腥啖膻）

牛乳蒸羊羔，是用牛乳蒸的小羊胎，所以是"没见天日"，这道菜是冬令时节大补之食。茶泡饭，是江南人的一种饮食方式。饭煮好后，停冷，倒入泡好了的茶食用，能解腻消食。野鸡瓜齑，在清宫《节次照常膳底档》载，乾隆和咸丰冬日晚膳中均有出现，所以野鸡瓜齑是清宫冬令御食。野鸡，江南菜肴中常用食材，宫中御膳也常用。瓜齑，是一种江南腌制小菜。齑，菜或肉细切者为齑。野鸡瓜齑，疑是野鸡瓜子配瓜齑。

> 李纨等忙出来找着他们两个说道："你们两个要吃生的，我送你们到老太太那里吃去。那怕吃一只生鹿，撑病了不与我相干。"……宝玉笑道："没有的事，我们烧着吃呢。"李纨道："这还罢了。"只见老婆们拿了铁炉、铁叉、铁丝㸇来。（第四十九回　琉璃世界白雪红梅 脂粉香娃割腥啖膻）

在芦雪庵，宝玉和湘云把生鹿肉烧来吃，这才有黛玉笑的"芦雪庵遭劫"，也引出第五十回"芦雪庵争联即景诗 暖香坞雅制春灯谜"。在这个下雪天里，除了鹿肉、烧酒，还有冬天里常用的糟鹌鹑，蒸的大芋头，并一些新鲜水果朱橘、黄橙、橄榄等，橄榄在清代是宫中贡品。

这就是《红楼梦》中的四季美食，不仅讲究食物的色香味俱全，荤素搭配，更有应时应季的饮食习惯。文中未涉及酒、茶等，或有遗漏，或有误处，还请谅解。

注：本书以《脂砚斋批评本红楼梦》为底本，内容仅限前八十回。

（张婷）

人生大阅读

蹒跚起步来读书：少儿阅读启蒙

早期阅读的重要性

阅读能力是学习能力的核心，从小培养良好的阅读习惯，有助于提升孩子的学习能力。苏联伟大的教育学家苏霍姆林斯基说："让孩子变聪明的方法不是补课，不是增加作业量，而是阅读，阅读，再阅读。"有一个现象很普遍：三四年级是一个分水岭，一些之前学习成绩好的孩子小学三四年级开始忽然会成绩滑坡，而有些孩子成绩会在小学三四年级后直线上升。孩子们在小学三四年级时成绩分化，到底是什么原因呢？

美国的查尔教授把儿童阅读能力和认知发展分成几个阶段：9 岁之前是一个学习阅读的阶段，也就是 learn to read，这个阶段孩子学会使用阅读这个工具；9 岁以后开始过渡到通过阅读来学习的阶段，也就是 read to learn，孩子通过快速地大量地阅读丰富自己的知识；到了 13 岁后才会过渡到功能性、批判性的阅读。

那么，孩子在小学三四年级的成绩分化是不是和阅读习惯、阅读能力直接相关呢？答案是肯定的。三四年级后的学习内容开始逐渐深化，有大量阅读经验的孩子背景知识丰富，阅读理解强，阅读速度快，当然会具备更强的学习能力。

用一个简单的逻辑来总结，孩子阅读的书籍越多，孩子的词汇量就越大，阅读理解能力就越强，孩子就越愿意阅读，从而形成了一个正向循环，孩子会变得更加聪明，同时也具备了学习的核心能力。

事实上数据调查表明，有良好阅读习惯的孩子并不一定学习成绩好，但是学习成绩好的孩子绝大多数都有良好的阅读习惯。

什么时候开始阅读启蒙？

答案很简单，从现在开始。孩子生下来就会吃奶，但不是生下来就喜欢与书为伴，所以需要家长把孩子带进阅读的奇妙世界。然而，孩子千差万别，很多时候家长会手足无措，阅读起步无从下手。但是有一点是肯定的，那就是培养孩子的阅读习惯，越早开始越容易。试想一下，在孩子来到这个世界之初就有人每天给他温柔地朗读，那么孩子就会把这件事情默认为他的世界里面的一部分，慢慢地成为一种习惯。所以，即便孩子刚刚呱呱落地，请拿起您心爱的书籍，充满爱地为孩子阅读吧。

学龄前儿童的阅读心理及阅读阶段的划分

在开始给孩子读书之前要先认识、了解学龄前儿童阅读和成年人阅读的心理差异，以及学龄前儿童阅读的不同阶段。

学龄前儿童阅读和成人阅读的心理存在很大差异。学龄前儿童是直观的形象思维的方式，和我们成年人阅读心理之间存在很多差异：

（1）成年人主要是阅读文字材料，而学龄前儿童则是靠直观的图形图画材料来阅读；

（2）成人阅读注重材料的内在逻辑联系和实际的意义，而学龄前儿童阅读则注重材料的趣味性和画面的生动性；

（3）成人阅读的目的主要是从材料中获得对自己有用的东西，而学龄前儿童阅读的目的是从阅读过程中获得乐趣；

（4）成人在阅读过程中，阅读材料的内容不断变化，而学龄前儿童则更喜欢重复阅读自己已经熟悉了的内容，孩子越小对重复的要求越多；

（5）成人喜欢阅读能够对自己发展有启发作用的读物，而学龄前儿童喜欢具有人性化、拟人化的童话故事；

父母在陪伴学龄前儿童阅读的过程中往往被很多问题困扰，比如婴幼儿期

绘本馆工作人员给孩子们讲故事

绘本馆里的小书虫

（0—3岁）孩子撕书、啃书，对书本不感兴趣；而学龄前儿童（3—6岁）还没有阅读习惯，无法完整听完一个故事；等等。这些困扰有时会变成亲子阅读的阻力，其实这是不了解孩子在不同阅读阶段的特点造成的。一旦认识了这些阶段，明白了孩子在各个阶段的表现的深层次原因之后，有针对性地选择正确的读物和正确的陪读方式，问题就会迎刃而解。

学龄前儿童阅读能力发展主要分为三个阶段：书本认知期、图片认知期、故事期。不同阶段并不能严格按照年龄来划分，不同年龄阶段的孩子因为阅读启蒙的早晚不同，表现的阅读能力也差异巨大，所以要根据孩子在不同阶段的阅读表现来划分，并根据不同阶段的特征选择适合的读物。

（1）书本认知期的主要表现：咬书，撕书，啃书，同时也在学习翻书。

（2）图片认知期的主要表现：不关注故事情节和完整性，更关注某一页的图片，往往听不完一页就急着翻到下一页，不关注主人公。

（3）故事期的主要表现：给孩子读书时孩子专注时间明显增长，开始关注故事主人公和故事情节发展。

如何为不同阶段的孩子挑选书籍

（一）书本认知期

书本认知期是孩子认识书的第一个阶段，也是培养孩子阅读兴趣最为关键的一步。孩子开始接触到"书"这个东西，这个东西除了可以啃、咬、撕之外还可以翻，每一页上有不同的图画，而且画面上还有孩子在生活中见到过的东西，比如奶瓶、小被子、小猫，等等。如果这个时候爸爸或者妈妈用非常温柔、有趣的声音和孩子说话，孩子就会慢慢发现书是一个奇妙有趣的东西，爸爸、妈妈也因为这个东西变得和平时不一样，孩子就会喜欢上"书"这个东西。那么书本认知期的主要目的就达到了——让孩子爱上了书，爱上了爸爸、妈妈陪伴读书的时光。

为书本认知期的孩子选书要遵循四个原则。第一，选择安全无毒的书籍，这个阶段的孩子容易啃、咬图书，所以不用多说，安全无毒是第一准则。第二，选择布书、纸板书，耐咬，耐扯。第三，选择贴近孩子日常生活，画面简单，色彩明亮的书籍，比如打招呼、洗澡、吃饭等主题都是和宝宝日常生活紧密相关，更容易让孩子在书本和生活之间建立起连接，更容易喜欢上书。第四，为了更加吸引孩子，可以选择翻翻书、触摸书、洗澡书、拉拉书、洞洞书等互动强又可以用来和孩子做游戏的书籍。

专注听绘本的孩子们

给这个阶段的婴幼儿读书首先不要期待过高，这个阶段的孩子集中注意力时间很短，极其容易受周围环境影响。父母花了不少钱买了很多好玩、有趣又安全的书籍，自然而然憧憬孩子专心听故事的美好画面，而事实往往很令人挫败，刚翻开书，还没讲完两页孩子就跑了。所以，给这个阶段的孩子读书，父母的心态最重要，无论是一页还是两页都没有关系，只要你认识到这个阶段孩子注意力本来就非常短暂并接受这个事实，就不会变得烦躁和气馁——坚持下去，坚信孩子终究会抱着书让你讲个没完没了的。

在摆正心态的基础上，学会和掌握一些讲故事的技巧会大大提高孩子对书本的兴趣，比如在给孩子讲故事的过程中加入声音的模仿，模仿各种各样的声音会极大地吸引小宝宝的注意力，以及变换讲故事的声音和语速，时粗时细，时高时低，时快时慢都会大大提高孩子的兴趣。

另外，把讲故事的过程变成一个双向的互动过程，不要一味地给孩子读，要学会邀请孩子参与进来，邀请孩子摸、闻、看、说多感官参与绘本阅读，把绘本阅读变成一件有趣的事情。

最后，结合这个阶段孩子喜欢重复的心理特点，不要急于求量，迎合孩子的喜好，满足孩子对重复的需求。孩子喜欢重复读是极其正常的现象，尤其是3岁以内的婴幼儿，重复可以帮助孩子更加熟悉书本的内容，为日后的输出做准备。孩子的记忆能力和理解能力有限，对于我们成年人来说理所当然理解的词汇和语句对于孩子来说都是新奇的、陌生的，孩子需要在不断重复的过程中消化和理解这些语言信息，在不断重复过程中这些信息才会被纳入孩子的长期记忆里。

你是否有过这样的经历：某一天，某一个场合孩子突然说出了一个非常应景的不常用词汇，你想来想去只有在某一个绘本里接触过。这就是经过不断重复和积累后孩子的输出。同时在重复过程中孩子更容易获得快乐和情感满足。有时你会发现孩子对某一本书的某一个情节情绪反应强烈，或是感动，或是伤心，或是大笑，那么孩子就更容易喜欢让你重复这本书，甚至要求就重复书中的某一页，这时孩子就是想重复书带给他的某种情感体验。

总而言之，孩子在重复的过程中更容易建立自信，因为熟悉，孩子可以预见到故事情节，也就大大提高了孩子的成就感，从而增强了孩子的自信心。在重复了很多遍之后你也许会突然发现你有意或无意读错了一个字也会被孩子发现，再或者是孩子不认识字却知道每一本自己喜欢的书的名字，再或者某一天忽然孩子完完整整把故事背下来了。

很多家长又会问，一本书到底应该给孩子读几遍呢？之所以问这样的问题是家长希望在陪孩子阅读的过程中处于主动的位置，希望更好地帮助孩子，然而有这样的想法往往会更受挫。你喜欢的图书想给孩子多读几遍，但是孩子就是不买账，你已经读得烦透了的书孩子还依然不离不弃。所以陪孩子，尤其是婴幼儿阶段的孩子，要把主动权交给孩子阅读。我们找到好的丰富的图书供孩子选择，孩子喜欢的自然会让你重复，不喜欢的也不用强迫，强迫只能给阅读带来不好的体验，打击孩子的积极性，得不偿失。

（二）图片认知期

经过了啃、咬、撕的第一阶段之后，孩子开始对书本里面的图片产生兴趣，每次和书相处的时间也开始变长，但往往还不能听你完整讲一个故事，一页还没讲完孩子就急着翻到下一页，这些就表明孩子还处在图片认知期。这个阶段父母不要急于给孩子讲故事，而是观察孩子感兴趣的点到底在哪里，帮助孩子顺利度过图片期，只有度过这个图片期，才会顺利过渡到能听完一整本书的故事期。

在这个阶段，父母的主要任务是帮助孩子认物，也就是指着书上的图片说："你看，这是什么，这是一只小狗吗？"或者是孩子指着书上陌生的图片问："这是什么车？""这是翻斗车。"思考一下，这样就够了吗？显然还远远不够，一本经典的图画书，画家花费了多少心血，要研究如何画，如何配色，以及如何把画面变得更加生动才让孩子更加喜欢，更加有利于幼儿的发育，只是简单地作为认物媒介就太浪费了。所以在给孩子认物的时候一定别忘记加上形容和描述，比如：

——"这是一只小狗。它是什么颜色的呢？是白色的。汪，汪。它在做什么呢？它正在啃骨头，哇，好香啊。"

——"这是翻斗车，一辆大大的翻斗车，翻斗车在忙碌地工作"，"这是和你一样的小男孩，他正在噔噔噔地走路，哎哟，不小心摔跤了，呜呜呜呜"。

——"这是汤，热乎乎的汤，你看还冒着热气呢，来闻一闻，好香啊，喝一口吧，哧溜，哧溜，太美味了。"

——"这是一个小女孩，看，她在和你打招呼呢，我们也和她打个招呼吧，'早上好！'"

——"这是一只小狐狸，它有毛茸茸的大尾巴，你摸摸看，好柔软啊。"

孩子在模仿绘本上的大头鱼

给这个阶段的孩子读书，选对书是最重要的，书籍是否选对直接影响到孩子阅读兴趣的培养，特别是对没有经过前面书本认知期的孩子。比如孩子直到2岁才开始接触书，就已经错过了重要的书本认知期，和书还没有建立起感情，选书就变得尤其重要，要不断尝试，不断试错，找到孩子感兴趣的内容。集中认知类书籍是不错的选择，主题根据孩子的喜好来选择，比如农场认知、机场认知、工地认知、城市认知，等等。

另外，阅读的方法同样重要，同样的一本书，有人读得生动有趣，有人却读得索然无味，所以在你抱怨孩子不喜欢你给他（她）读书的时候，首先反思两个问题：书是否选对；自己讲得是不是不够生动。然后从这两方面下手，关于选书，可以借助于专业的机构帮助孩子选书，这样不仅可以节省自己选书的时间，也可以节省不断试错的成本，同时也能让你接触到更多更好的绘本。讲故事的技巧则需要不断学习，通过在朗读过程中加入声音的模仿、丰富的肢体语言，适当邀请孩子的加入等方法，都会让阅读变得更加有趣，更加高效。

（三）故事期

当我们在给孩子读书的过程中，发现孩子开始关注主角，关注情节，而不会被那些无关的小细节打扰，这个时候孩子就进入了故事期。这个阶段阅读才开始逐渐变成一件美好的事情，那如何在这个阶段更好地陪伴孩子阅读，同时在语言、思维、行为等方面更好地帮助孩子成长呢？

选书依然很重要，选什么样的书依然是以孩子为主导，以找到孩子感兴趣的图书为主要原则，长度和难度根据自己孩子的理解能力适当调整，只有孩子喜欢，才有机会让孩子对图书产生好感。

拿到一本你和孩子都很喜欢的书之后，该怎么阅读呢？

首先，家长要提前熟悉一下这本书，知道大概的情节，只有这样家长才会更容易带入感情，然后能有感情地、声情并茂地给孩子从头到尾读一遍，语速不能太快，也不要过慢。

其次，是不是读完就结束了呢？有些孩子喜欢爸爸妈妈读故事，读多久听多久，这个时候爸爸妈妈很容易就会陷入盲目追求量的误区，孩子既然这么喜欢，恨不得把图书馆里所有的书都读给孩子听。事实上，这样的做法忽略了一个非常重要的环节，就是互动。早期阅读，最重要、对孩子帮助最大的一个环节就是互动。

那么如何互动呢？读完一本书不要马上把书放到一边。读完一遍如果孩子要求再读一遍，家长应该感到非常高兴，因为互动的机会来了。已经讲过一遍，孩子对故事情节有了一定的了解，可以从几个方面设计互动。第一，往前回想故事情节，比如问孩子："你知道这是为什么吗？他为什么哭了？他为什么这么做？"第二，往后预测情节，比如问孩子："你知道后来发生了什么吗？""它后来怎么了你还记得吗？"第三，故事结束后的延伸讨论，比如问孩子："你喜欢这个故事吗？为什么呢？""你最喜欢哪个角色？为什么呢？""这个故事你最喜欢哪一部分？为什么呢？"第四，和孩子分享自己的观点，比如说给孩子读完《好饿好饿的毛毛虫》，可以对孩子说："妈妈非常喜欢卡尔爷爷的这本书，因为我觉得非常有创意，你看这几页尺寸不同，还设计了洞洞，一个苹果一个洞洞，两个梨就有两个洞洞，你觉得呢？"

父母的分享可以给孩子启发，引导孩子学会思考，提高孩子思考的质量。但是，在互动过程中，一定不要忘记孩子是主导，无论孩子的分享是对还是错，好还是不够好，都要给予孩子充分的鼓励。另外家长需要时刻提醒自己的是，不要把书籍当成说教的工具，家长希望通过绘本达到教育的目的，但是过于简单的说教会让孩子对阅读产生反感，从而减弱孩子对阅读的兴趣。相信大家都听说过"绘本的力量"，这种力量不是通过说教传递给孩子的，而是通过滋养孩子的心灵而产生的，所以不要把一本有营养价值，可以引发很多有意义的话题的绘本变成简单说教的工具。

陪孩子阅读的正确流程

以上从孩子不同认知阶段的阅读谈了如何给不同阶段的孩子读书，现在从另一个角度谈谈陪孩子读书的正确流程，即选好书—选对书—系统选书—正确的朗读。

（一）选好书（选择好的绘本）

好的亲子阅读始于好书，也就是好的绘本。绘本也就是图画书，是以绘画为主并附有少量文字的书籍。一本好的绘本书必定是文美、图美，大人孩子都喜爱，给人以美的享受，值得我们反复阅读的书。一本好的图画书能够摆脱简单的说教，用一个有趣的、孩子能够理解和接受的方式去阐述一个深刻的人生道理，或是一个复杂的科学概念。孩子在这个与书为伴的过程中得到了滋养和浇灌，这样的绘本可以称得上是一本有力量的书。

绘本通过图画和文字两种媒介来讲述一个故事。图画是绘本的命脉，所以我在选择一本绘本的时候会首先看图画再看故事内容。图画书从 17 世纪出现发展至今天，融入了各种各样的艺术风格和形式，比如剪贴画《这样的尾巴可以做什么》、用照片和绘画拼贴的《古纳什小兔》、蜡笔画《蜡笔小黑》、油画《风铃草姑娘》、彩铅画《和我一起玩》、水彩画《猜猜我有多爱你》等，我们如果能为孩子甄选高水准的图画，孩子在听故事的同时能够品味到绘画艺术，从而提升审美能力。

从文字内容上，一个能够吸引孩子的故事一定是富有童真、童趣的，一个会给孩子讲故事的人一定是懂孩子的，能够透过孩子的视角看世界，使用孩子可以听懂的语言和文字，同时关注孩子的内心，贴近孩子的生活，关怀孩子的喜怒哀乐。这样的绘本没有说教却像养料一样滋养孩子的内心，孩子百读不厌。比如《大卫不可以》之所以被绝大多数孩子喜爱，是因为孩子在书中找到了自己的"同伙大卫"，通过大卫的故事孩子能够宣泄自己的情感，更重要的是孩子在书中也经历了虽然闯祸但依然被接受、被爱的美妙体验。

然而绘本又不单纯地等于图画加上文字，有的时候你发现孩子拿到一本书不是立马让你读，而是自己先翻看一遍。孩子虽然不认识字但却能通过图画欣赏一个故事，孩子也可以不看图画而是通过电波听完一个故事，而孩子一边看图一边有成人给他（她）读那就又是一个新的故事。从这个意义上讲，一本优秀的图画书作者通过图画和文字给孩子讲了三个故事，所以有人给绘本列了一个乘法公式：绘本 = 图画 × 文字。

通过一本好的绘本，家长陪伴孩子阅读，孩子在听故事过程中欣赏绘画，在欣赏绘画中理解文字。这种高质量的绘本阅读陪伴潜移默化，培养了孩子的认知能力、审美能力、创造力、观察力、想象力，促进了孩子的情感发育，等等。

（二）选对书（对症下药）

前面说到了好书，那么是不是每一本好书你的孩子都会喜欢呢？即便是同龄孩子，别的孩子喜欢的书你的孩子就一定会喜欢吗？答案毫无疑问是否定的。

每一个孩子生下来都具有独特的气质和喜好，畅销书、推荐书单、别人喜欢的都只能作为一个参考。我们要做的是根据孩子的性格、特点、阅读能力、专注能力等因素为孩子选择适合的书籍，这样才能不断激发孩子的阅读兴趣。特别是在阅读兴趣培养阶段，盲目拷贝别人的书单出错率高，浪费金钱和时间的同时也会极大打击父母和孩子对阅读的积极性。

有的孩子喜欢大型动物，比如恐龙，有的孩子喜欢小型动物，比如小猫、小狗，有的孩子喜欢天马行空的画面，有的孩子则喜欢贴近生活的图画，有的孩子喜欢幽默搞笑的内容，有的孩子则喜欢温馨的故事情节，有的孩子喜欢细节丰富的画面，有的孩子则喜欢简洁的风格，等等。另外，每个孩子阅读的启蒙时间不同，有的孩子刚出生父母就给他朗读，而有的孩子上了幼儿园才开始接触图画书，那么这两种孩子的阅读能力就会有非常大的差异。

所以为孩子选书只凭借年龄这一个指标是不对的。为孩子选对书往往是一个不断试错的过程，尤其是对阅读兴趣培养比较晚的孩子，选对书更加重要，很多家长一直抱怨自己的孩子不喜欢图画书，很有可能就是书籍没有选对的原因。可能只是你还不够了解图画书，不够了解你的孩子，从这个角度出发不断尝试，每一个孩子都会爱上图画书。这时借助于专业的机构不失为明智的选择，它会极大地节省试错的时间和成本，提高阅读效率。

（三）系统选书（为孩子构建完整的背景知识）

就如同我们给孩子提供各种各样的食物以保证孩子的营养均衡一样，我们也需要为孩子选择不同类型的图画书，在我的家里和我的图书馆里，我都会把书按照类别摆放：识物类、科普类、艺术类、数学类、名家绘本、无字书、专注力培养、情绪管理、英文原版、诗歌散文类、各类期刊报纸，等等。每一个类型的书里都会出现不同的词汇，为孩子提供不同种类的书籍就意味着让孩子接触到更多的、更丰富的词汇，甚至有我们日常生活中不常用到的词汇，这样可以帮助孩子构建更加完整的词汇背景和知识背景。在此基础上，孩子的理解能力就会越来越强，就越来越有能力读懂更多更广泛的书籍，从而形成一个良性循环：孩子读得多—懂得多—读得更多，这就是为孩子系统选书的意义所在。

（四）正确的朗读

孩子是否能够爱上阅读和讲故事的人有着直接的关系，书选得好、选得对，讲不好也同样吸引不到孩子。在给孩子朗读过程中，父母最常见的一些问题有：朗读语速过快或者过慢，语调过于平淡，只是照着读，没有投入情感；把给孩子读书当成任务，读完一本就立即停止，对孩子反复要求读一本书表现出厌烦，对孩子的提问也往往应付了事；根据自己的心情来决定今天给孩子读还是不给孩子读；在给孩子读书的过程中不断地加入自己的说教，不仅让一个完整的故事变得支离破碎，让阅读体验大打折扣，还会让孩子觉得父母给我读故事就是换个方式训斥我，这会大大削弱孩子的阅读兴趣。

正确的亲子阅读应该是选择固定的时间，找一个安静的角落，选择舒服的姿势，和孩子保持身体接触，挑选几本精美的图画书，放下手机，放下架子，为孩子倾情朗读，读完不要马上把书放起来，和孩子讨论一下这本书，可以是回想情节，可以发表观点，甚至可以进行角色扮演，总之借着这本书和孩子聊天，鼓励孩子思考和表达。如果孩子要求重复那就满足孩子，这时候孩子对故事情节有了大致的了解，在重复过程中就更容易邀请孩子参与进来，多问孩子为什么，多鼓励孩子发表意见和观点，无论孩子说的好还是不好，对还是不对都应该给予具体的表扬和鼓励并给出示范，比如：

妈妈：宝贝，这个故事里面你最喜欢谁呢？

孩子：他（孩子指指）

妈妈：他叫什么名字你还记得吗？

孩子：（思考）弗洛格

妈妈：宝贝太棒了，已经记得住他的名字了，那你为什么喜欢他呢？

孩子：（思考）嗯，因为他帮助别人。

妈妈：耶！！（鼓掌）因为他很友好，经常帮助他的朋友们，所以你喜欢他对吗？

孩子：嗯。

总之，只要怀揣着一颗童心，坚持学习，用心为孩子朗读，每一个父母都有能力变成故事大王，每一个孩子都会爱上阅读。

✦ 附：亲子阅读常见问题 Q&A

1. 亲子阅读从什么时候开始最好？

如果你已经成为父母，答案是从现在开始，越早开始亲子阅读，阅读习惯越容易养成。在婴儿阶段，让孩子习惯并喜欢你读故事的声音、语调，习惯你陪着他和书在一起这件事，那么孩子就会自然而然地把书当成自己生活的一部分。如果陪孩子阅读较晚，兴趣培养的难度就会增加，但是只要不断尝试，找到适合的、孩子喜欢的书籍，加上父母用心的陪伴和坚持，孩子都会爱上阅读的。

2. 买了很多书，但是都不喜欢怎么办？

如果你有一个买什么书看什么书的孩子，那么恭喜你，因为这样的孩子并不多见。绝大多数孩子，尤其是阅读启蒙阶段的孩子都很挑剔，给孩子选对书是一个不断试错的过程。另外，我们给孩子选书往往会受到我们自己的喜好和专业知识的限制，这个时候，借助专业的图书馆是最好的选择，让专业的人帮忙推荐，不仅可以节省试错的时间和成本，也可以极大地增加孩子阅读的种类和范围。此外，同一本图画书，不同的人讲对孩子的吸引程度也不一样，有的人可以讲得绘声绘色，通过互动、引发思考等形式很好地抓住孩子的注意力；而有的人讲得却平淡无奇，孩子听得也索然无味，自然而然就会被别的事情吸引。所以，如果你发现孩子不喜欢听故事，请思考两个问题：第一，你买的书是否对？第二，你讲得是否足够吸引孩子？

3. 孩子两岁多了，就是不喜欢看书，还没翻一页就跑开了，怎么办？

孩子出现还没翻一页就跑的情况，说明孩子还没有和书建立起情感和连接，还没有品尝到阅读的甜头。那么请思考一下正文中所讲的"孩子的阅读阶段"，根据孩子的表现判断孩子处于哪个阶段，即便别的同龄孩子已经可以专注听完整的故事，你也不要着急。可能孩子错过了翻书期，现在仍然处于图片认知期。不要急于给孩子讲一个完整的故事，找到孩子可能喜欢的图画，比如男孩子可以尝试车子、恐龙、飞机、宇宙等主题，女孩子可以尝试小熊、小猫、小狗、小公主等，不必纠结于内容，孩子喜欢哪些画面，就和孩子一起认一认图画上的事物和人物。图画上都有什么，他们在做什么？发生了什么？也不必要求孩子一定要专注很久，只要不断尝试，每天都做，慢慢地，孩子具备了一些图片理解能力，就能够从坚持1分钟到3分钟再到5分钟，最后过渡到故事期，可以听一个完整的故事了。如果你多次尝试都没有太大的改变，自己也变得很焦躁，那就需要寻求专业机构的帮助，帮助你为孩子选书，指导你如何为孩子朗读。

4. 我的孩子没有耐心听我读，总是急着翻页，急着知道结局，我也失去了耐心，怎么办？

出现这样的问题有几种可能，给孩子选的书籍过长过难，或者内容孩子不喜欢，孩子没有耐心听完，再有可能是家长读的过于枯燥，孩子只想知道故事的结尾，中间的故事情节发展过程没有吸引到孩子。如果只是偶尔发生这样的情况，请不用担心。但是如果每次孩子都这样，那就需要调整讲故事的方式，同时引导孩子学会耐心等待。你可以尝试：

第一，尝试调整故事的难度和内容，参照正文的"选对书"部分。

第二，自己先读一下故事，知道故事的大致情节，在讲故事之前简单介绍一下故事内容，不说结局，给孩子留一个悬念，吸引孩子去听完这个故事。以绘本《猜猜我有多爱你》为例，在讲故事之前，你可以和孩子说："宝贝，今天妈妈要给你讲一个宝宝和妈妈比赛的故事，你猜猜是比什么？比比谁跑得快？不是。比比谁跳得高？不是。比比谁打呼噜声音响？哈哈，也不是。他们呀，在比谁爱谁更多一些。你想不想知道他们是怎么比的，到底是宝宝赢了还是妈妈赢了？"

第三，讲故事的时候配合夸张的表情和肢体语言，再加上适当的声音模仿，可以大大增加故事的吸引力，如果碰到孩子可能不太明白的地方就用孩子可以理解的语言，结合孩子的生活经验为孩子做解读，帮助孩子更好地理解故事，从而吸引孩子听完一个故事。

第四，给孩子朗读的父母往往只关注文字，父母也要学会发现作者的用心，善于发现图画中的小细节、小机关并邀请孩子和你一起去发现，帮助孩子培养一双敏锐的眼睛。

5. 为什么我的孩子总是缠着我给讲故事，什么时候可以自己看？

有一些父母会把给孩子读书当成一个孩子认字的工具，刚上幼儿园就开始给孩子指读，希望孩子可以尽早识字，尽快实现独立阅读。针对这个问题，可以从两个方面来做分析：

第一，思考什么是亲子阅读。亲子阅读是阅读更是亲子，我们以书本为媒介，和孩子一起通过绘本学知识、聊情感，或者仅仅是享受一个好玩有趣的故事。这个时候绘本就是亲子的媒介，通过享受美妙的阅读时光来增进亲子感情。从这个意义上讲，家长不要急于让孩子独立阅读，孩子终究会独立阅读，在学会独立阅读之前，父母就尽情享受有限的亲子阅读时光吧。

第二，从孩子独立阅读的能力上来讲，孩子是需要一定的积累才会具备独立阅读的能力。坚持给孩子读绘本，忽然有一天你就会发现孩子虽然不认识字，也能够一个人翻阅图画书很久。但是即便孩子已经开始识字，亲子阅读依然不可替代，因为短期内孩子的阅读文字能力是低于孩子的听文字的能力，所以孩子依然会在一段时间内依赖父母的朗读。

6. 孩子总是反复看那几本书，对其他书都不愿意接受怎么办？

孩子喜欢反复阅读几本书是非常正常的，孩子喜欢重复体验这本书带来的美好感觉，在重复过程中更容易建立起自信，所以我们要满足孩子反复阅读一本书的需求。这个时候我们要做的有两点：第一，满足重复的需求，在重复阅读的过程中邀请孩子参与进来，多和孩子互动，从而锻炼孩子的语言能力、思考能力；第二，不做减法而是做加法，不断尝试和增加新的书籍，孩子每天都在成长变化，相信很快就会爱上新的内容。

7. 学龄前孩子一年读多少本书最好？

如果孩子喜欢上阅读，父母往往会受到极大的鼓舞，一些父母就希望孩子可以读遍所有的好书，过于追求量而忽略了质。因此，建议给孩子读完一本书，不要马上放下而急于去读下一本书。一本好的绘本可能是作者花了几年的时间才酝酿出来的，如果几分钟就读完放到了一边是不是有点太浪费了呢。读完一本书，和孩子一起聊一聊，设计一些互动，或者设计一些延伸的手工、角色扮演等等，这样可以充分地利用一本好书。比如读完《好饿好饿的毛毛虫》，可以和孩子讨论一下这条毛毛虫的颜色搭配和体态描述，比如什么样的头，什么样的触角，什么样的身体，什么样的脚，然后再鼓励孩子画一条属于自己的毛毛虫。还可以和孩子一起回忆一下毛毛虫一周里的每一天都吃了哪些东西，等等。总之，陪孩子阅读，不要一味地追求量。

8. 借书和买书哪种方式更好？

随着家庭经济条件的不断提高和对阅读的重视，尤其是在大城市，父母都希望把最好的给孩子，给孩子买书往往毫不吝啬，尤其是孩子喜欢上阅读后父母更会受到更大的鼓舞，在买书上不断投入。但是有些时候父母会发现自己买回来的书孩子并不是都喜欢，特别是系列绘本，孩子可能只喜欢其中的几本，时间长了家里就堆满了书籍，长期不看的书籍就变成了鸡肋。另外父母买书往往会受到自己喜好和专业知识的限制，很难给孩子提供更加丰富、更加系统的书籍。求助于专业图书馆的好处有如下几点：

第一，节约，环保，不需要再盲目买书，避免买错；

第二，通过专业推荐，孩子可以接触到更多、更系统的书籍；

第三，在兴趣培养阶段，专业老师的推荐和指导可以帮助家长快速培养孩子的阅读兴趣，节省时间；

第四，通过专业机构的专业指导，会让家长学习到更多的专业朗读方法，更好地帮助孩子成长；

第五，借助专业机构更加容易坚持下去。

借书虽然可以帮助家长节省时间和成本，提高阅读效率，但是也不能完全替代买书，碰到孩子非常喜欢的书籍就收藏下来，建一个精品家庭图书馆，并且把孩子喜欢的书籍放在孩子随手可得的地方，这样孩子更容易养成独立翻阅的习惯。所以家庭图书馆和专业图书馆缺一不可。

（墨洋Emily）

劝君惜取少年时：中学生阅读习惯的培养

宋真宗曾说过"书中自有黄金屋"，也说过"书中自有颜如玉"。如今的现实是，即便是心中想着"黄金屋"与"颜如玉"的人，大多数也与书形同陌路了。中学生虽未进入社会，然而在网络资讯的冲击下，也呈现出"早熟"的情形。此早熟并不是只想着"黄金屋"与"颜如玉"，而是功利心极强。勤学苦读为的不是自身的成长，而是为了取得一个好的成绩，考进一个好的大学，为日后找到一个好的工作打下坚实的基础。功利心强的人必然对重在体验过程的阅读弃之如敝屣，视之如无物。

然而，中学时光正是一个人身心成长的关键时期，阅读习惯的培养对中学生来讲尤为重要。遇见一本好书，得到陶冶与启迪，其影响可以是终生的。著名教育学者朱永新先生曾经说过，"一个人的精神发育史就是他的阅读史。"一个阅读史几乎苍白的人，很难想象能有多么丰富、深远、辽阔的精神贮藏。局限于课内的教材阅读，是远远不能满足中学生日益丰富的精神需求的，所以培养中学生良好的阅读习惯是当务之急。

与经典作品相伴相随

著名作家王蒙回忆青年时的阅读时说："不能忘记十八九岁时对于大量中外文学经典的沉潜：鲁迅使我严峻，巴金使我燃烧，托尔斯泰使我赞美，巴尔扎克使我警悚，雨果使我震撼，契诃夫使我温柔忧郁，法捷耶夫使我敬仰感叹。而在艰难的时刻，是狄更斯陪伴了我，使我知道人必须经受风雨雷电、惊涛骇浪。"[1]

---

[1] 王蒙.情系阅读话今昔[M] // 文建明，刘忠义.中国家庭理想藏书.北京：生活·读书·新知三联书店，2013.

包括许多作家在内的大众读者，都是从先辈作家的作品里汲取营养，丰富自己，最终攀上人生巅峰的。

对中学生来说，大师就在图书馆里，在书架上竖立着的一本本书籍里。在中学时光里，倘能与大师们建立起牢靠且稳固的联系，是莫大的幸运。著名出版人汪家明先生曾深情地写过："我还记得初读这篇小说时的感受，那种一见倾心、不求回报、如飞蛾扑火般的爱，在茨威格的笔下展开得多么充分、婉转、字字千钧而又凄美万分啊！"①这篇小说是茨威格的《一个陌生女人的来信》。我也记得初读时的感受，那段日子里，常常为她坎坷又勇敢的一生辗转反侧、夜不能寐，不能自已地想到她时，总是忍不住慨叹连连。

这便是经典的魅力，它可以在不同年代的不同心灵里荡漾出相似而不相同的涟漪。中学生的成长关键之处，在聆听教师教诲的教室里，还在承受大师精神润泽的图书馆里，在自家书房里，在书店里，在一切存放好书的空间里，甚至只要一卷在手便无所谓身处何地了。

阅读，就像一趟远行

阅读是人类获取知识求得进步的一种方式，而且是最独特的方式。古人的"读万卷书，行万里路"实则是一种理想的状态。对大部分人来说，二者能够实现其一，已是难如登天的人生至境。这句古训提醒人们，读书是认识世界获取新知最轻松的方式，不必舟车劳顿，不必大费周章，不必辗转腾挪。只需把一本书延请进家里来，轻松地打开，即可面对一个精彩的世界。换言之，阅读更像是一场不费力的旅行，无须买票，无须排队，即可到达天南海北，亦可畅游古今中外。从这个角度来说，阅读也是冒险，随着文字的推进，读者随时被带进一个陌生的境地，因了险象环生而心惊胆战，而心跳加速，而欲罢不能。

"在岛的深处，两只很驯良的海鸥在我肩膀上飞来飞去，又白又轻盈，像两

---

① 汪家明.难忘的书与插图[M].上海：复旦大学出版社，2011.

朵云。……我高兴得如醉如痴，我双膝跪地，把手指深深地挖进干燥温暖的沙土。"这是《孤筏重洋》中的句子，读这本书，像是随着挪威的人类学家海尔达尔从南美洲启程，冒着生命危险，一路漂洋过海到达大洋洲。那种九死一生的经历，不是对庸常生活的奋力突围吗？多么可贵的突围！

读万卷书，说说容易，想要实现却何其难也。毕竟人的精力与时间有限，俗世生活又喧阗不已，哪有那么多与书耳鬓厮磨的良辰吉日？只要能读百卷书，读百卷好书，对人的精神助益已然难以估量，对人的视野拓展与心胸扩充更是意义非凡。书来到人的手上，就像人去了远方。虽独处一室之内，却走遍天下，访遍古今。这样的人是真正的读书人，即所谓的"书痴"。

阅读使生命蓬勃，阅读使人心谦卑

苏轼有诗云："腹有诗书气自华。"读书可以改善一个人的气质、修养，提升其境界，扩充其视野与格局。读完一本好书，整个人仿佛被一双巨大的手托着，渐渐离开地面，迈上一个平日里罕至的境界，如月光朗照，如微风轻拂。对中学生来讲，阅读让他们不会陷入精神困倦的境地中，阅读仿佛为他们在疲于应付的学习中，划开一角天空，可以看见星星与月亮，可以听见稀罕的天籁，可以嗅到沁人心脾的精神芬芳。阅读会把理想的种子悄悄地请进心里，埋好，焐着，浇灌着，呵护着，期待有朝一日发芽。

但凡真正成功的伟大人物，没有一个不是书痴的。因为他们在现实世界的摸爬滚打之外，还有一个可以呼吸的精神窗口，透过这个窗口可以营造广阔幽深的心灵世界。以著名的书痴为榜样，人生岂会满足于原地踏步？怎会没有对未来的美好期待？鲁迅在萧红的《生死场》序言里写道："女性作者的细致的观察和越轨的笔致，又增加了不少明丽和新鲜。"这是鲁迅对萧红的鼓励，更是怀有谦卑之心的鲁迅清楚地意识到萧红笔下那片令人心旷神怡的文学风光。鲁迅是作家，更是一个读者。他的日记里有非常丰富的购书和读书记录，他的阅读比写作更早，可以说是贯穿一生的。读者鲁迅促成了作家鲁迅的出现。

读得越多，才会意识到知道的越少。读然后知不足，前辈大家尚且如此，何况正值青春年华的中学生？读过越多的书，心胸与眼界就会越发开阔，谦卑之心也会日益在心灵里安营扎寨，最终成为相伴一生的可贵品质。

读书可以随时随地开始

林语堂也说："一个人有读书的心境时，随便什么地方都可以读书。如果知道读书的乐趣，他无论在学校内或学校外，都会读书。"归根到底，阅读是一件慢条斯理的事情，与快节奏的外界是格格不入的。人生仿如单向街上的驾车行驶，常有急速行驶的时候，也有熄火靠边的时候。如果一味求快，以高速度奔跑，总会摔跟头的。因此，适当地放慢速度是必须的。更何况，身体倘若前行太快，心灵是跟不上的。阅读就是这样的方式：短暂地告别沉浮许久的现实，打开书本，与圣贤之人见面，听智者指点迷津，回归素面朝天的足迹，也不失为人生的别样享受。

谈及读书，周围的朋友总是同样的体会："太忙了，没有时间。"倘若一个人把读书当作每天必不可少的事情，他怎么会忙得没有时间亲近书本呢？中学生的学业再重，课程再紧，不也有课间休息？不也有午休时间？不也有周末与寒暑假的时间？所以，阅读与否不在于忙不忙，而在于愿不愿意、重视不重视。喜欢读书的人，五分钟可以读一小段，半个小时可以品读一首古诗词，一个小时可以品鉴一篇美文。

读书，固然需要一个安静的环境。然而，读书也可以在不安静的环境里，在机场、地铁、公交车、银行等人潮汹涌的地方，喜爱读书的人也可以照样自得其乐地与书相伴。或读一篇期待许久的小说，或品一篇意境悠远的宋词，或赏哲人的一段妙论。读书不必特意挑选喧闹的场所，但是真正喜欢读书的人往往不被周围的环境所打扰，只要书一打开，便可进入书籍的世界里，心中悠然自得。外人视之更觉优雅自如，从容淡定，似乎听见生命悄然拔节的一种声音。

亲近书籍，品味书香

原汁原味的阅读，应是打开一本纸质书，在书香的弥漫中，接受精神的陶冶，灵魂的熏染，陶陶然，忘乎所以，自得其乐。阅读，有专注的表情，有好看的侧脸，有宁谧的心境，有经过文字润泽后在现实处境中的舒展自如，大步朝天。只要肯亲近书籍，阅读的美妙是每个人都可以领略到的。

真正的爱书人，应该是纸质书籍的推崇者，纸质阅读的践行者。阅读的时候，眼睛注视着文字，手里拿着笔，正襟危坐，全神贯注，一页一页地翻过，在悄无声息中完成精神的碰撞与思想的交汇，这是世间最美丽的画面。翻开巴金先生的书，你会知道，青春很美好很短暂，须臾不可浪费。读过一本好书，仿佛沐浴在春阳的暖意里，浑身舒坦，通体舒畅。一本好书，就像一个百花齐放百鸟争鸣的美丽花园，久涉其中，香气随人身，更久而久之，不是花香而是书香了。我相信，一个带着书香的人，必定是个真诚善良又富于进取心的人。这样的人，会把更多的美好传递给更多的人。

与纸质阅读相比，电子阅读既缺乏书香又没有温度。它更适宜于平日浏览新闻、资讯、报道，内容上的零散与碎片注定了它只能是纸质阅读的补充，而不应被当作主流。与经典做伴，听大师教诲，应当在与书籍的亲密接触中完成，而不是面对冷冰冰的屏幕。梭罗在《阅读》中说："多少人在读了一本书之后，开始他生活的新纪元！一本书，能解释我们的奇迹，又能启发新的奇迹，这本书就为我们而存在了。"想要创造奇迹的人，第一步往往就是要从读书开始的。

少年时的陀思妥耶夫斯基心中有一盏明灯，那就是普希金的散文作品。明灯可以照亮漆黑的道路，也可以指引人们找到内心的朝圣之路。如果人们愿意相信梭罗的忠告，一步一个脚印地品读文学经典，那么开启成功的钥匙终究是会找到的。

阅读成就最独特的自己

阅读，可以营造属于自己的最独特的精神家园。这里有年少时玩耍摔倒后的可怜样；这里有曾挨批时赌气不言语的表情；这里有孩提时摇荡过的锈迹斑斑的秋千架；有童稚初开时的一派天真无邪。每一本打开的书，都是来自故土田园的一个乡亲，当人们在前路迷途时，他总是热情地告诉人们来时的路。

拥有了精神家园，经过现实的历练，久而久之，就会变成一个内心强大的人。一个内心强大的人，常能安然地跨过人世的艰难，屹立于狂风暴雨中，没有丝毫的颤抖。北宋的苏东坡曾有名言："回首向来萧瑟处，归去，也无风雨也无晴。"苏东坡的强大，源于年少时孜孜不倦的阅读，在古人一词一句的引领下，在现实的凄风苦雨中勇敢穿行，成了无可救药的乐观主义者。

北大教授王余光说："在读书的时候，哲人的思想涤荡着我们的灵魂，在知识和智慧的指引下，我们更容易识别美与丑、善与恶，我们的生命也因此一次又一次向前拓展。读书，使我们的心灵变得辽阔而宽广，坚韧而顽强，也使我们获得一个温煦宁静的内心世界，以对抗外部世界的喧哗与浮躁。"欣欣然打开一本书，遇到自己喜欢的作者，读着喜欢的作品，像是秋天里采撷着丰硕的果实，一一收进自己的谷仓里。待得满谷满仓时，即可应付冬天里的严寒，不会逃避，不会妥协，不会屈服，更不会饿死。

阅读可以获取宁静，可以思考更远的路程，进而促成独立思考的实现，学会不人云亦云，不从众，不媚俗。这对处于人生转折阶段的中学生来说，尤其重要。唯有独立思考，才能有创造精神，才能有日日新的生命力。

✦ 附：中学生阅读书目推荐

1.《文心》，夏丏尊、叶圣陶著，生活·读书·新知三联书店，2008 年 11 月版

　　本书的两位作者都曾经当过多年的国文教师，他们用故事来经营这本书，让这本书具有戏剧性和情景教学的优点。读来引人入胜的同时，又具有强烈的指导意义。

2.《八十忆双亲·师友杂忆》，钱穆著，生活·读书·新知三联书店，2005 年 3 月版

　　"哀哀父母，生我劬劳。回念前尘，感怆万端。"钱穆在此书中追忆了双亲以及师友们在他人生道路上留下的点点滴滴，在晚年时提笔写下此书，是在爬梳自己的成长史与生命史。品读此书，对于当下青少年学生来说可以是启迪、警醒，可以引发自己深刻的反思。

3.《瓦尔登湖》，[美]梭罗著，徐迟译，上海译文出版社，2006 年 8 月版

　　梭罗说："我爱孤独。我没有碰到比寂寞更好的同伴了。"《瓦尔登湖》是一本教人学会宁静与孤独，进而享受宁静与孤独的书。阅读就是一种独辟一隅的宁静，大自然常有令人醍醐灌顶的私语在宁静中对人诉说，只要用心聆听。

4.《渴望生活——梵高传》，[美]欧文·斯通著，常涛译，北京十月文艺出版社，2008 年 4 月版

　　这本传记是作者26岁时的作品，是他的成名作与代表作。它在给欧文·斯通带来全球声誉的同时，也感动了亿万读者。书中展示了一颗伟

大的心灵是如何在艺术道路上不倦地追求与探索的。

5.《作文杂谈》，张中行著，中华书局，2012年4月版

　　这本书是张中行先生对自己写作经验与体会的总结，从"什么是作文"谈起，到"作文批改"为止，对于作文相关的方方面面加以剖析、论证，娓娓道来，如对面晤谈，令人深受教益的同时又倍感亲切。

6.《剑桥语丝》，金耀基著，生活·读书·新知三联书店，2007年1月版

　　金耀基在《自序》中说道："由于她的不寻常的美，她的不寻常的迷人，我虽然无诗心文胆，也不能了无所动，也不由得不提笔写下我的所见所思。"这些如泉水般从心房里流淌出来的随笔，或谈剑桥的学院制，或谈剑桥历史上的名人，或谈剑桥独有的胜景，或谈剑桥的辉煌校史，令人不由得心生无限向往。

（张家鸿）

书中自有黄金屋：大学生阅读素养的提升

早在 20 世纪下半叶，当广播电视作为一种全新的媒体出现，带给人们集图文声像于一体的视听盛宴时，美国著名的媒体文化研究者和批评家尼尔·波兹曼便意识到，一种以电视为平台、用娱乐形式传播信息的新型媒介在逐渐代替以书报刊为载体的传统媒介。他观察到，人们正在从以印刷文字为中心的"读文时代"转向以影像为中心的"读图时代"，这种转变所带来的还有人们思维模式的变化，即"读文时代"的深思考转向"读图时代"的泛阅读。

于是，1986 年，尼尔·波兹曼写下了《娱乐至死》一书，面对传统媒体的没落以及新媒体形式所带来的娱乐盛宴，他提出，"我们提出解决措施应该具有超前的意识，否则还要什么梦想呢？而且，帮助年轻人学习解读文化中的象征是学校不可推卸的责任，要做到这一点，学生应该学会怎样疏远某些信息形式。我们希望学校应该把这样的任务纳入课程之中，甚至成为教育的中心"①。

所以，当"全民阅读"连续多年被写入中央政府工作报告，《全民阅读促进条例》的颁发不断被推进，江苏、湖北、辽宁、深圳、四川、黑龙江等省市相继颁布关于全民阅读的地方性法规之际，将阅读能力的培养纳入教育体系，成为应对愈演愈烈的"读图时代"的有效方式。尤其是对于大学教育而言，如何让即将走向社会的大学生在有限的大学时间内，养成良好的阅读习惯，已成为高校通识教育不得不思考的一个问题。

---

① 尼尔·波兹曼. 娱乐至死 [M]. 章艳，译. 桂林：广西师范大学出版社，2004.

大学通识教育：从"书香校园"走向"书香社会"的最佳路径

大学校园的阅读推广，根本目的在于服务通识教育。因而，全民阅读在大学校园的践行，最终也须依赖于通识教育。《哈佛大学通识教育红皮书》将"通识教育"定义为："通识教育（general education）不是关于'一般'知识（如果有这样的知识的话）的空泛的教育，也不是普及意义上的针对所有人的教育。它指学生整个教育中的一部分，该部分旨在培养学生成为一个负责任的人和公民。"①

从这个意义上言，通识教育注重学生的全面发展，强调学生健全品格的培养以及自由思想的养成。2017 年 3 月 31 日，国务院法制办公室第二次发布《全民阅读促进条例（征求意见稿）》的公开征求意见通知，正文中强调"本条例所称全民阅读，是指公民为获取信息、增长知识、开阔视野、陶冶性情、培养和提升思维能力的读书行为"。这里的"阅读"不同于学生为应对课程和考试所进行的专业性阅读，而是出于自身兴趣和全面发展而进行的自由阅读，完全符合"通识教育"所倡导的"培养学生成为一个负责任的人和公民"的理念。

相比 2016 年 2 月首次公开征集意见的版本而言，2017 年新修订的《全民阅读促进条例（征求意见稿）》对于幼儿园、中小学以及高等院校开展全民阅读的职责进行了有针对性的区分。其中，第十一条明确指明幼儿园等机构重点在于"培养阅读兴趣和阅读习惯"，中小学阶段在于"提高学生阅读能力"，而高等院校和科研院所在于"提高学生综合素质"。

2016 年年底，《全民阅读"十三五"时期发展规划》发布，其中第八项任务是"组织引导社会各方力量共同参与"，强调"鼓励和支持公务员、教师、新闻出版工作者、大学生等加入阅读推广人队伍，定期培训，提升阅读推广人队伍的整体素质和服务能力。鼓励和支持文化团体、教育机构和其他社会组织开展阅读推广并提供公益阅读服务。成立各级全民阅读促进协会。鼓励和支持高等院校和科研单位进行阅读研究，鼓励从跨学科的角度研究阅读理论，创新研究方法，加

---

① 哈佛委员会.哈佛通识教育红皮书［M］.李曼丽，译.北京：北京大学出版社，2010.

强阅读学学科建设，促进全民阅读工作的开展"。

可见，国家倡导在公民受教育阶段循序渐进地培育阅读素养，最终目的在于综合素质的提升。除了对于学生群体开展阅读推广之外，也鼓励高校师生成为阅读推广人、阅读理论和方法的研究者，有条件地面向所有社会大众开展阅读推广。

因此，要逐步实现《全民阅读"十三五"时期发展规划》的任务，理应将阅读纳入高校通识教育体系中，贯穿进师生教育教学工作中。《全民阅读促进条例（征求意见稿）》（2017）也同时强调"未成年人的父母或者其他监护人应当开展家庭阅读、亲子阅读，发挥言传身教作用，培育良好家风，促进未成年人阅读习惯养成"①。对于走出社会，即将建立新家庭的大学生们而言，通识教育下的阅读素养的培育，正是搭建大学生从"书香校园"到"书香社会"的有力桥梁。

高校图书馆：校园阅读推广的中坚力量

（一）全民阅读立法下的高校图书馆

2013年3月，我国全民阅读立法工作正式启动，列入国务院法制办立法规划项目；2016年2月，《全民阅读促进条例（征求意见稿）》发布，公开向社会征求意见；2017年4月30日，国务院法制办结束《全民阅读促进条例（征求意见稿）》的第二次公开征求意见；2017年5月26日，国务院法制办办务会议审议并原则通过了《全民阅读促进条例（草案）》。

截至2017年6月，已有六部地方性阅读法规公布，分别是：《江苏省人民代表大会常务委员会关于促进全民阅读的决定》（2014）、《湖北省全民阅读促进办法》（2014）、《辽宁省人民代表大会常务委员会关于促进全民阅读的决定》（2015）、《深圳经济特区全民阅读促进条例》（2015）、《四川省人民代表大会常务委员会关于促进全民阅读的决定》（2016）、《黑龙江省人民代表大会常务委员会关于促进全民阅读的决定》（2017）。

---

① 全民阅读促进条例（征求意见稿）［N］.中国新闻出版广电报，2017-04-05.

以上六省市关于"全民阅读"的地方性法规均对各级各类的学校提出了相应的要求，尤其对于未成年人阅读兴趣的培养，均是各项法规的重点内容之一，足以说明教育对于阅读能力提升和培养的重要性被一致性认可。值得一提的是，江苏、湖北、黑龙江三省都在法规中对高校提出了明确的要求。

江苏省"鼓励和引导高等学校图书馆和其他单位、个人的阅读服务场所创造条件向公众免费开放"[①]；湖北省提出"高校、中等职业学校、中小学校应当设置阅读场所，配备阅读推广教师，开设阅读课程，组织阅读教学，开展阅读活动"，以及"鼓励支持高校图书馆、科研图书馆及其他类型的专业图书馆向社会开放"[②]；黑龙江省"鼓励和支持高校图书馆、科研院所图书馆及企事业单位的阅读场所向公众免费开放，提供全民阅读服务"[③]。

值得一提的是，江苏、湖北、黑龙江三省都鼓励高校图书馆向社会开放，足以说明图书馆社会教育职能正在逐渐被强化，高校所筑起的隐形围墙，正在逐渐被推倒。高校图书馆作为大学生的第二课堂，在未来并未随着学生的毕业而不复存在，而是随着学生自我提升的需求，继续为其工作和生活服务。这也是通识教育所伴随一个人的终身学习，从校园到社会的延展。

（二）高校图书馆开展大学生阅读推广的先天优势

在大学通识教育的大体系下，图书馆是培养大学生阅读情意的核心平台。在2017年4月23日"世界读书日"之际，武汉大学图书馆馆长王新才在人民网发

---

① 《江苏省人民代表大会常务委员会关于促进全民阅读的决定》主要内容［EB/OL］.（2014-11-28）［2017-06-12］.http://www.jsrd.gov.cn/lfgz/xfsd/201411/t20141128_151919.shtml

② 湖北省全民阅读促进办法［EB/OL］.（2014-12-06）［2017-06-12］.http://www.hubei.gov.cn/govfile/ezl/201412/t20141224_1031943.shtml

③ 黑龙江省人民代表大会常务委员会关于促进全民阅读的决定［EB/OL］.（2017-04-18）［2017-06-12］.http://www.hljrd.gov.cn/detail.jsp? urltype=news.NewsContentUrl&wbtreeid=1036&wbnewsid=16785

出"大学可以无大师，但绝不能无图书馆"的言论，他谈到了图书馆对一个人潜移默化的影响力：

> 图书馆对人的影响更多地体现为一种潜移默化。一个经常利用图书馆的大学生会在不知不觉中形成一种良好的自学习惯，尤其是当他不断地寻找所需图书的时候，他会有意无意地了解图书馆的藏书构成，这样他会对信息的组织或多或少地有所了解。一个读者受益于图书馆最大的不仅在于他从中获得的知识，更在于他可以由此掌握从书海中发现所需知识的本领，并进一步养成良好的自学习惯。①

正如王新才所言，图书馆对于学生成长成才方面的作用，远远不止于提供文献资源服务如此单一。大学图书馆理应对在校学生阅读习惯的培养、学习能力的提升等产生长久的影响。

现代大学图书馆早已突破提供文献资源服务的基础性业务，而逐渐开始注重阅读氛围的营造和阅读资源的深度推广，成为校园文化建设中不可缺少的一部分。以 2015 年教育部高等学校图书馆情报工作指导委员会读者服务创新与推广工作组主办的"首届全国高校图书馆阅读推广案例大赛"为例，大赛在内地六个分赛区及港澳台地区组织开展初赛工作，共有 456 个案例参赛。38 个案例最终取得决赛资格，118 个优秀案例（含单项奖案例）在决赛现场通过海报进行展示。单单就参与决赛的案例而言，就有读书会、读书沙龙、阅读知识竞赛、阅读训练营、经典名著在线游戏、一站到底名著阅读、阅读推广导刊、新媒体阅读推广、微拍电子书等，形式多样，创意十足。

而纵观上述各种类型的阅读推广活动，在活动策划上无不是以"书"为中心或以"读者"为中心。从这个角度而言，阅读推广实质是以新的理念和形式，去

---

① 武汉大学：大学可以无大师，但绝不能无图书馆 [EB/OL].（2017-04-20）[2017-06-14].http://edu.people.com.cn/GB/n1/2017/0420/c412229-2922 5358.html

解决图书馆管理服务方面的两个永恒性问题，即"为书找人"和"为人找书"。

其实，"书"和"人"也正是大学图书馆开展阅读推广所具备的先天性优势。图书馆所拥有的不断增长的文献资源以及稳定的读者群，正是阅读推广的两个要素。图书馆一方面将优秀的文献资源推送至读者面前，一方面为读者寻找适合的阅读资源。

（三）通识教育是高校图书馆突破阅读推广困境的制高点

在精彩纷呈的阅读推广活动背后，我们不得不去思考活动的成效和读者的受益度。仍以上述"首届全国高校图书馆阅读推广案例大赛"的参赛案例为例，诸如读书会、读书沙龙等类型的活动，属于小范围群体的读书交流；阅读知识竞赛、阅读训练营、新媒体阅读推广、微拍电子书等活动，对人力、物力、技术等方面的要求较高，难以持久；经典名著在线游戏、一站到底等融入游戏环节的活动，容易使读者过分关注活动形式，而忽略推广内容，不适合常态化推广；编辑阅读推广导刊，对编辑人员的要求较高，且编辑周期过长、成本高，维持难度较高。

可见，"常态化"和"覆盖面"是大学图书馆开展阅读推广的两大困境。大连工业大学图书馆的王洪波在《高校图书馆阅读推广的困境与突围》一文中提出了解决困境的四大突围方式，其中第一条便是"阅读推广活动纳入教育教学体系，以常规促长效"。①这也正是在"全民阅读"大背景下大学图书馆的未来发展趋势。

南京大学信息管理学院徐雁教授在《校园阅读推广是高校图书馆当仁不让的时代使命》一文中谈到，"在大学生群体的课外阅读方面，在其知识结构造就及文化素质教育方面，院校图书馆就应该主动性地有所作为，因为在大学校园文化建设的工作平台上，同样'有为才能有位'。因此，从事校园阅读推广活动，对于高校图书馆来说，是题中应有之义，自然应该当仁不让。"②

---

① 王洪波.高校图书馆阅读推广的困境与突围［J］.图书馆学刊，2014（05）.

② 徐雁.校园阅读推广是高校图书馆当仁不让的时代使命［J］.高校图书馆工作，2017，37（01）.

因而，大学图书馆要以服务通识教育为大前提，逐渐跳脱出以图书馆为主体的服务模式，真正参与进校园文化建设中，以培养学生的阅读情意和提升阅读素养为服务宗旨。例如，南京大学纳入教学体系的"悦读经典计划"，其实源于该校图书馆在 2006 年创办的读书节，经过图书馆和该校多部门的通力合作、调研，才衍生了如今覆盖全校的"悦读经典计划"。

经典阅读：提升大学生阅读素养的关键

（一）经典阅读具备普世性的人文关怀

关于"经典"的定义有很多，意大利作家卡尔维诺关于"经典"有十四个定义，其中第三条是："经典作品是一些产生某种特殊影响的书，它们要么自己以遗忘的方式给我们的想象力打下印记，要么乔装成个人或集体的无意识隐藏在深层记忆中。"[①]

阿根廷作家豪·路·博尔赫斯则认为，"所谓经典著作，指的是一个国家，或几个国家，或一段很长的时间决定阅读的一本书，仿佛在这本书的数页之中，一切都是深思熟虑的、天定的，并且是深刻的，简直就如宇宙那样博大，并且一切都可引出无止境的解释。"[②]北京大学信息管理学院王余光教授认为，"我们常说的经典，是指那些具有重要影响的、经久不衰的著作，其内容或被大众普遍接受，或在某专业领域具有典范性与权威性。"[③]

无论国内外专家、学者如何定义，不可否认的是，"经典"一定是那些能够经得起时间考验的书籍，而绝不是流行于一时的"畅销书"。纵观网络中每天带着巨大流量和人气的"网红文"，大部分在极短时间内即被新的内容所代替，完

① 伊塔洛·卡尔维诺.为什么读经典［M］.黄灿然，李桂蜜，译.南京：译林出版社，2012.

② 豪·路·博尔赫斯.作家们的作家［M］.倪华迪，译.昆明：云南人民出版社，1995.

③ 王余光.阅读，与经典同行［M］.深圳：海天出版社，2013.

全经不起时间的考验。

经典书籍往往还能够掀起读者一系列的阅读连锁反应。《如何阅读一本书》的作者莫迪默·J.艾德勒在《名著：过去与现在》中谈到，"名著中包含了人的心智赖以获得洞察力、理解力和智慧的最好材料，但是它们不是一个充气站。如果个体想要保持清醒的头脑并不断取得进步，必须开动脑筋，积极投入。获得洞察力、理解力和一定的智慧并不是轻而易举的事，不可能在一两年内就能实现，一个人对此不能有太多的奢望。"①

经典阅读于读者而言，不是及时雨，而是"润物细无声"的潜移默化，必须经过一定阅读量的积累之后才能对人心智产生影响。因而，通识教育的重要性便凸显出来。经典阅读完全适用于通识教育将"培养学生成为一个负责任的人和公民"的远大构想。将经典阅读纳入通识教育体系中，实则是借助通识教育将经典书籍推送到学生面前，让学生从被动阅读逐渐转向主动阅读。

（二）经典阅读在高校通识教育的发展和应用

将经典阅读纳入通识教育，国外多所高校有过成功实践，这一理念的发起者是美国教育家罗伯特·M.赫钦斯（Robert Maynard Hutchins，1899—1977）。赫钦斯在1929—1951年担任芝加哥大学校长期间，大力推行"名著教育计划"。他认为高等教育的课程应该由"永恒的学习"组成，他所谓的"永恒的学习"便是那些多个世纪以来的经典名著。"一本经典名著在任何时期都具有现实意义，这就是其经典之所在。"②

因此，芝加哥大学在20世纪30年代大力推行"名著教育计划"，各个学科都增加了对伟大学者经典著作的阅读。然而，该计划在芝加哥大学受到部分教师的抵制，实施得并不顺利。

---

① 莫迪默·J.艾德勒.名著：过去与现在[M]//罗伯特·M·赫钦斯.美国高等教育.汪利兵，译.杭州：浙江教育出版社，2001.
② 罗伯特·M.赫钦斯.美国高等教育[M].汪利兵，译.杭州：浙江教育出版社，2001.

对赫钦斯"名著教育计划"践行最得力的还属美国圣约翰学院，该校以倡导名著阅读为核心，制订了"巨作教学计划"、文科硕士计划以及东方经典学习计划，每一个计划针对相应群体的学生设计课程体系，其共同点是对于经典著作的阅读有着非常高的要求。

除此之外，还有哈佛大学、牛津大学、麻省理工学院等学校在通识教育方面都不同程度地重视经典名著的阅读。

在国内，南京大学自 2014 年起在全校范围内推出"悦读经典计划"，该计划融入学生的课程体系中，形成三大模块：导读（名师导读与朋辈导读结合）、研读（精品通识课程群建设）、悦读（营造"书香校园"阅读文化）。该计划开列有一份全校性的书单，包括 60 种代表南大特色、引领南大阅读文化的基本书目和 100 多种拓展书目。该书单是由学校组织相关学科的高水平教授推荐的。

另有部分高校在小范围内开展经典阅读。复旦大学复旦学院在课程设计上分为四大模块，其中第一模块为"文史经典与文化传承"，涉及中国文学经典和中国历史经典方面的研讨性课程，鼓励学生课外组织读书小组，开展读书活动；中山大学博雅学院所开设课程主要分为五个部分，第一部分为"经典学习"，包括对《荷马史诗》《史记》等国内外经典名著的深入研读；清华大学文科实验班在培养理念上特别强调，注重经典的研读；北京航空航天大学知行文科实验班在通识教育课程的设置上包含对中外经典的研读，并且特别强调学生的阅读和写作，学生必须专注于写与读，而非泛泛而读。

北京航空航天大学人文与社会科学高等研究院原院长高全喜教授在北京航空航天大学组建了一支通识教育的教学与研究团队，他认为："通识教育必须以阅读中西经典为核心，特别是我前面提到的现代学科分化前的那些经典著作，千万不能将通识教育课开成各学科的导论课，通识教育总体上有点精英教育的倾向，注重德性培养，而这些都建基于对经典著作的解读和学习中。"[1]

---

[1] 辛智慧. 通识教育的理想与现实 [J] . 文化纵横，2012（03）.

（三）阅读环境的转变呼唤经典阅读的回归

除了经典阅读本身所具备的可推广性之外，客观上阅读环境的转变，也在呼唤经典阅读的回归。据第十四次全国国民阅读调查成果显示，"数字化阅读方式的接触率为 68.2%，较 2015 年的 64.0% 上升了 4.2 个百分点，已连续 8 年上升"①。

数字阅读方式的不断上升，让很多人深感忧虑。美国西北大学传播学院教授詹姆斯·韦伯斯特围绕网络环境对于用户注意力和时间的吸引进行了客观研究，他有一个观点是："数字时代，内容和渠道的增长有如井喷，相伴而来的，便是无限的内容供应与有限的注意力资源之间不断尖锐的矛盾，这是注意力市场最主要的矛盾。"②

也就是说，一方面数字资源在不断地增长，另一方面人的注意力和时间是相对有限且稳定，甚至随着年龄增长呈下降趋势。置身这样的网络环境中，人们的阅读，不可避免地会受到大量无关信息的干扰。

阅读质量和阅读效率的降低，成为网络环境下最大的阅读危机。此种阅读危机波及最大的还是随着网络环境成长起来的学生一代。要缓解这种危机，归根溯源，还是要回归阅读的本质，从经典书籍出发。

据南京大学新闻网的介绍，"'悦读经典'课程学习经历和满意度调查结果显示，本科生人文和科学素养提升比例分别为 95.4% 和 88.6%，91.8% 的学生觉得自己'不随大流、独立思考'的能力有所提升，86.0% 的学生获得对中国文明传统的认同感，91.4% 的学生认识到历史、传统与当下的关联性，91.9% 的学生理解世界上主要文明，形成文明比较视野；同时，学生的品识力、跨学科视野提升

---

① 王坤宁，李婧璇.第十四次全国国民阅读调查成果发布数字化阅读接触率连续八年上升 [N].中国新闻出版广电报，2017–04–19.

② 詹姆斯·韦伯斯特.注意力市场：如何吸收数字时代的受众 [M].郭石磊，译.北京：中国人民大学出版社，2017.

能力、践行力都有大幅提高。"①当阅读危机成为一个社会问题时，教育的重要性又一次凸显出来。

大学阶段是大学生走向独立自主的过渡期，是他们进入社会的缓冲期。在未来，大学生将成为社会各行各业的主力军，并且建立起以他们为主导的新家庭。通识教育不同于专业教育侧重于对人某方面技能的培养，而是重视思维方式和健全人格的培养，阅读能力在其中占据重要地位。

因而，打造高校图书馆为中心的良好阅读氛围，将经典阅读纳入通识教育体系中，是提升大学生阅读素养的最佳路径，能引导大学生从"书香校园"平稳走向"书香社会"。这也正是尼尔·波兹曼倡导挥舞教育大旗的意义之所在。

✦ 附：大学生阅读书目推荐

全国大学生经典阅读征文荐书榜（2016）②

2016年，中国图书馆学会阅读推广委员会大学生阅读专业委员会推出了全国首届高校大学生经典阅读征文活动。该活动由中国图书馆学会阅读推广委员会主办，大学生阅读专业委员会与武汉大学图书馆承办，共征集到全国各级各类高校大学生投稿作品1291篇。根据来稿情况，大学生阅读专业委员会整理了优秀作品中的评论书籍，对每本书被推荐的次数进行统计，按入选次数排序后遴选出了"全国大学生经典阅读征文荐书榜（2016）"。

---

① 南京大学教务处.我校"悦读经典计划"入选2016年江苏高校语言文化教育优秀案例[EB/OL].（2017-05-05）[2017-06-12].http://news.nju.edu.cn/show_article_1_45496

② 武汉大学图书馆.全国大学生经典阅读征文荐书榜（2016）[EB/OL].（2016-11-30）[2019-01-03].http://www.lib-read.org/committee/newsdetail.jsp?cid=48&id=186

序号	书名	责任者	序号	书名	责任者
1	《平凡的世界》	路遥	19	《简·爱》	[英]夏洛蒂·勃朗特
2	《追风筝的人》	[美]卡勒德·胡赛尼	20	《老人与海》	[美]欧内斯特·米勒尔·海明威
3	《活着》	余华	21	《论语》	孔子弟子及再传弟子
4	《红楼梦》	曹雪芹等	22	《穆斯林的葬礼》	霍达
5	《小王子》	[法]安东尼·德·圣埃克苏佩里	23	《人生》	路遥
6	《围城》	钱锺书	24	《瓦尔登湖》	[美]亨利·梭罗
7	《百年孤独》	[哥伦比亚]加西亚·马尔克斯	25	《我们仨》	杨绛
8	《白鹿原》	陈忠实	26	《悲惨世界》	[法]维克多·雨果
9	《西游记》	吴承恩	27	《傅雷家书》	傅敏编
10	《三国演义》	罗贯中	28	《苦难辉煌》	金一南
11	《诗经》	传系尹吉甫采集，孔子删定	29	《人性的弱点》	[美]戴尔·卡耐基
12	《傲慢与偏见》	[英]简·奥斯汀	30	《乡土中国》	费孝通
13	《钢铁是怎样炼成的》	[苏联]尼古拉·奥斯特洛夫斯基	31	《许三观卖血记》	余华
14	《雷雨》	曹禺	32	《长征》	王树增
15	《挪威的森林》	[日]村上春树	33	《1944：腾冲之围》	余戈
16	《边城》	沈从文	34	《包法利夫人》	[法]福楼拜
17	《道德经》	老子	35	《从你的全世界路过》	张嘉佳
18	《家》	巴金	36	《大学》	曾子

（续表）

序号	书名	责任者	序号	书名	责任者
37	《假如给我三天光明》	[美]海伦·凯勒	55	《京华烟云》	林语堂
38	《解忧杂货店》	[日]东野圭吾	56	《骆驼祥子》	老舍
39	《飘》	[美]玛格丽特·米切尔	57	《倾城之恋》	张爱玲
40	《桃花井》	蒋晓云	58	《人间失格》	[日]太宰治
41	《我与地坛》	史铁生	59	《撒哈拉的故事》	三毛
42	《一个人的朝圣》	[英]蕾秋·乔伊斯	60	《少有人走的路》	[美]M.斯科特·派克
43	《月亮和六便士》	[英]毛姆	61	《沈从文的后半生》	张新颖
44	《摆渡人》	[英]克莱儿·麦克福尔	62	《史记》	司马迁
45	《查令十字街84号》	[美]海莲·汉芙	63	《孙子兵法》	孙武
46	《朝花夕拾》	鲁迅	64	《雾都孤儿》	[英]查尔斯·狄更斯
47	《城南旧事》	林海音	65	《嫌疑人X的献身》	[日]东野圭吾
48	《窗边的小豆豆》	[日]黑柳彻子著,岩崎千弘图	66	《白夜行》	[日]东野圭吾
49	《创客：新工业革命》	[美]克里斯·安德森	67	《安娜·卡列尼娜》	[俄]列夫·托尔斯泰
50	《黄帝内经》	姚春鹏译注	68	《病隙碎笔》	史铁生
51	《甲午殇思》	刘声东,张铁柱主编	69	《草房子》	曹文轩
52	《尘埃落定》	阿来	70	《茶花女》	[法]小仲马
53	《岛上书店》	[美]加·泽文	71	《青铜葵花》	曹文轩
54	《霍乱时期的爱情》	[哥伦比亚]加西亚·马尔克斯	72	《杀死一只知更鸟》	[美]哈珀·李

（续表）

序号	书名	责任者	序号	书名	责任者
73	《活出全新的自己》	张德芬	86	《生死场》	萧红
74	《九州·缥缈录》	江南	87	《天才在左疯子在右》	高铭
75	《看不见的森林：林中自然笔记》	[美]戴维·乔治·哈斯凯尔	88	《偷影子的人》	[法]马克·李维
76	《狼图腾》	姜戎	89	《蛙》	莫言
77	《理想国》	[古希腊]柏拉图	90	《先知》	[黎巴嫩]纪伯伦
78	《林徽因传：有你是最好的时光》	姜雯漪	91	《肖申克的救赎》	[美]斯蒂芬·金
79	《鲁滨孙漂流记》	[英]丹尼尔·笛福	92	《野草》	鲁迅
80	《陆犯焉识》	严歌苓	93	《娱乐至死》	[美]尼尔·波兹曼
81	《论持久战》	毛泽东	94	《追寻生命的意义》	[奥地利]维克多·弗兰克
82	《孟子》	孟子等	95	《子夜》	茅盾
83	《牧羊少年奇幻之旅》	[巴西]保罗·柯艾略	96	《谁的青春不迷茫》	刘同
84	《南明史》	顾诚	97	《那些回不去的年少时光》	桐华
85	《你是人间的四月天》	林徽因			

（蔡思明）

书到用时方恨少：阅读拯救中年危机

人到中年，一生最美好的时光渐渐远去，常会回望过去，审视自我。将当下的状态与年轻时候相比，常感觉事业上升空间变窄，成就感越来越少，精力体力变差，心有余而力不足，已经没有太多的时间和机遇去实现自己的期望。再者，孩子长大已不再跟随左右，长辈年暮需要更多照顾，自身的苦闷与疲惫与日俱增却无处宣泄，焦虑和迷惘积压在心里。

网络上有篇帖子将人到中年比作一部《西游记》：中年人兼有悟空的压力、八戒的身材、沙僧的发型和唐僧的絮絮叨叨，最关键的是离西天越来越近了……形象地描述了中年在生理与心理上承受的压力。国外有研究机构把中年的这段时期定义为"人生的U型谷"，认为这个时期人的生活满意度和自我预期处在U型的底部，幸福感最低。

中年，是人生不可避开的一段旅程，唯有寻求一条合适的路，去尽可能平稳地走出这个低谷。那么，路又在哪里？路在脚下，更在书中。这也是本文所要探讨的问题。

不识庐山真面目，只缘身在此山中：认识内心真实的需求

生活中人们往往会用"想开点""退一步海阔天空"之类的话来劝解和宽慰身陷痛苦中的他人，而当自身遇到问题时却百般纠结无法化解。中年危机的产生，其实就是力不从心而又心有不甘的矛盾与挣扎不得解脱，而演变为一种煎熬导致的不堪苦痛。人们也通常简单地将此归结为"更年期"或"抑郁症"而很少给予足够的关注。白岩松说，"中年是一个前不着村、后不着店的地

方"①。这个时候最容易迷失，不知道意义在哪里。此为当局者迷，人受到自身动机、偏见、愿望、情绪等影响，对自我的认识存在一定的局限性，眼中的自己往往不全真实。这种局限性会使人面对取舍时内心充满不确定性，从而纠结地不知所措，焦虑万分。

心明才能眼亮，只有正确地认识自己才能明白自己真正想要的是什么，适合去做什么或不做什么。一方面，重新认识、发现真正的自我，另一方面通过文化活动拓展自己的精神世界。其中就提到要阅读。弗朗西斯·培根说："读史使人明智，读诗使人聪慧，演算使人精密，哲理使人深刻，伦理学使人有修养，逻辑修辞使人善辩。"书，将古往今来的世事之变迁、个人之得失、生死之感悟铺就成文，阅读则可将它展开为镜，映照出掩藏在内心的功利、自私、贪欲、偏激等等，净化心灵，升华思想，可以更准确地认识自我，拨开蒙蔽心灵的迷雾，在豁然开朗中看清前行的路，走出困顿。

中国有句老话叫：人贵有自知之明。明的就是心智。如何明？汉代刘向曰："书犹药也，善读可以医愚。"善阅读的人可以将受到限制的思维从牛角尖里解放出来，从而打开内心通往外界的道路。

人的强大既在于身体的健壮，更在于心灵的强大，而强大的心灵离不开阅读的滋养。巴丹主编的《阅读改变人生——中国当代文化名人读书启示录》一书中，记录了费孝通、贾平凹、金庸等 33 位中国当代文化名人的人生阅读感悟，归结为一点就是，"一个人的阅读史，即是他心灵的发育史"。阅读，并不能直接改变人的现状，但通过阅读可以改变人对生活的态度，提升体验幸福的能力。缓解中年危机，平稳度过这个时期，阅读不失为一剂良药。

若有诗书藏于心，岁月从不败美人：那些曾经有过的阅读

如今的中年人，包括笔者在内，都出生在 20 世纪六七十年代。当时社会物

---

① 白岩松.白说［M］.武汉：长江文艺出版社，2015.

质还比较匮乏，市面上能看到的书很少，即便看到想读的书也因为经济能力限制而极少购买。阅读，在多数人的印象里，除课本外就是小学时蹲坐在街边低头租看一本本"小人书"。黑白线条勾勒的画面下是几行简短的文字，描述的大多是革命故事。《刘胡兰》《邱少云》《草原英雄小姐妹》……许多勇敢无畏、凛然正气的英雄形象从不谙世事时就根植于心了。

当年出于对阅读的渴望，一本文学书常会被多人争着传看，有的人把文中好句子抄写下来，以备写作文时参考，有的人甚至把全本书都抄下来，留着日后自己再细看，不少人因此养成了做读书笔记的习惯。作家林海音自年少开始做的阅读笔记保存了她的成长记忆，几十年后成就了一部影响了几代人的《城南旧事》。可见阅读是需要积累的，长成的果实成熟了，便会回馈曾经眷顾它的人。

20世纪80年代后，随着改革开放文化市场逐渐繁荣，但那时没有手机也没有网络，书刊仍是人们主要的精神食粮。经济条件好的会买些中外名著，条件有限的就常买"五角丛书"，薄薄的一本只要0.5元钱。在学校，书籍常被用来作为各种竞赛活动后颁发的奖品，也是同学之间用来相赠的纪念品。当时高等教育尚处在起步阶段，能进大学继续学习的人还是少数，而大学里得到的系统学习无疑对提高阅读能力帮助很大。仅一门"大学语文"所呈现的诗词歌赋、美文名篇就引导着阅读像溪流穿过管道涌入河川，足以让人感受到了文学对心灵产生的震撼。

20世纪90年代以后，书店里图书的品种越来越丰富，图书馆和书店都实行了开架模式，这一代人也进入事业发展的黄金时期，精力充沛，充满希望与活力。不仅阅读了如王安忆的《长恨歌》、路遥的《平凡的世界》、陈忠实的《白鹿原》、余华的《活着》等一批优秀图书，也阅读一些创业励志、人际关系、管理学之类的书，如《人性的弱点》（戴尔·卡耐基著）、《德鲁克管理思想精要》（彼得·德鲁克著）等，在生活经历上有了点积累与感悟，也不断地在阅读中修正自己的内心世界，对于社会变迁、人生万象的了解逐步加深。

都说岁月是把杀猪刀，人到中年最明显的就是外在形象的改变，不仅身材会走样，面容也浸染上了岁月的印痕，这也是中年焦虑的一个原因。但中年仍会有其独特的魅力，如成熟、稳重、知性、儒雅……魅力一方面源自几十年的生活历练，另一方面便源自曾有过的阅读。

所谓"相由心生"，人的仪容外表会受到心灵思想因素的影响，内心世界渗透出一个人的精气神，也就是精神面貌。如宽厚仁慈者通常慈眉善目；心存不轨者就会面露猥琐。阅读在丰富与充实人的内心世界的同时，最重要的还给予了人思想的能力，将人的理解判断从自我认知局限的禁锢中解放出来，在遇到问题时，能冷静客观地对待，不狭隘，不偏激，不钻牛角尖。若一个人能知进退、懂包容，就会有一个好的心态，处世为人才会优雅从容。从这个意义上说，阅读犹如美容刀，可以雕塑一个人的气质。

阅读不是一蹴而就的。从年少时开始，阅读在人的成长中一直在潜移默化地起着影响，历经岁月洗礼，积淀出人由内心散发出的光彩。

明代藏书家谢肇淛曾作诗云："无事常读书，一日是四日，若活七十年，便二百八十。"虽说夸张了点，但至少可以说明，阅读是件美好的事，可以让人保持对生活的热情，让人快乐而有精神。

岁月赠面容以皱纹，阅读馈内心以丰满。如三毛所说：读书多了，容颜自然改变，许多时候，自己可能以为许多读过的书籍都成了过眼烟云，不复记忆，其实它们仍是潜在的，在气质里，在谈吐上，在胸襟的无涯，当然也可能显露在生活和文字中。阅读沉淀在心中的美是从身上散发出来的，这种无形的魅力一生都不会褪却。

雄关漫道真如铁，而今迈步从头"阅"：换一种方式看待生活

林海音的一位老师曾对她说：你要记住，你是吃饭长大的，也是读书长大的。

人的成长是伴随着生命一同前行的，即便学业完成、事业成就，人到中年仍在成长中，只不过与年少时的蓬勃向上相比，中年是一个低潮与成长并存的时期。随着年龄增大，阅历渐深，中年人对事物的好奇心和新鲜感不再如年轻人那么强，看问题也更成熟与理性。清人张潮在《幽梦影》中说："少年读书，如隙中窥月；中年读书，如庭中望月。"在岁月的洗礼之下，阅读的口味也在悄然变化，阅读

更挑剔。张炜在《中年的阅读》一文中谈道："我们以前不太知道年龄与阅读的关系。比如不到中年，就不知道中年人读什么。让青少年兴奋的书，中老年不一定看……中年人更愿意看真实事件和场景的记录。"

活得真实，才能活得坦然。中年危机的化解之法，就是找回这种真实。周国平在《人生哲思录》中说："真实不在这个世界的某一个地方，而是我们对这个世界的一种态度，是我们终于为自己找到的一种生活信念和准则。"这种真实的生活包含健康的生命本能和严肃的精神追求。为此，建议中年人阅读一些与此相关的书籍：

论述人生及意义的书籍。不同于直白的心灵鸡汤，中年人有着数十年的生活阅历，需要的是感同感受的触动和油然滋生的共鸣。像《菜根谭》（洪应明著）中"日既暮而犹烟霞绚烂，岁将晚而更橙橘芳馨。故末路晚年，君子更宜精神百倍"，所述似语录，而有语录所没有的趣味；似随笔，而有随笔所不及的整饬；似训诫，而有训诫所缺乏的亲切醒豁；融处世哲学、生活艺术、审美情趣等特色于一体，让人看到人生各阶段都有与众不同的美。像《先知》（纪伯伦著），用饱经沧桑，历经人生坎坷的经验回答了人们提出的婚姻、工作、痛苦、善恶、生死等二十多个方面的问题。书中诗一般的优美语言，年轻时大多当作美文来读，及至中年来读，可以发现自身所有的遭遇实属平常，因为早已都有人经历过。

讲解生命与健康的书籍。年轻人也存在压力，但至少他们体力好，精力足。人到中年，病痛时不时就有，健康问题成困扰。读点医学方面的书籍，像《认识身体》（弗朗西斯著），有助于中年人了解年龄带来的生理变化，减缓内心的焦虑与恐慌，当自身健康出现问题时，及时就医，不恐慌，不迷信。人与大自然里所有生命一样，都会面临生老病死，时间对每个人都是公平的，与其在落寞中悲观神伤，不如到自然中放飞心情，去发现并享受生活中的美好。像《瓦尔登湖》（亨利·戴维·梭罗著），人在湖畔与大自然水乳交融，在田园生活中感知自然、重塑自我的奇异经历，将人带入一个澄明、恬美、素雅的世界。换一种适合的生活方式，将会有助于人的身心健康，依然可以享受生命的美好。

拓展兴趣与爱好的书籍。林语堂强调："读书必须出其自然。"梁实秋说："中年的妙趣，在于相当地认识人生，认识自己，从而做自己所能做的事，享受自己所能享受的生活。"①人到中年，不妨让时光慢下来，遂一下心之所愿，读一些自己感兴趣的内容。爱好烹饪美食的，不妨去读一下林海音的《中国豆腐》，可以体会一块普通的巴掌大豆腐，是怎样给生活带来如此美妙滋味。喜欢花草植物的，可以读韩育生的《西北草木记》，感受一下自然里那些不起眼的草木蕴藏的丰富的文化内涵和生命启示。阅读类似的书籍，既可了解相关领域的专业知识，也可欣赏到自然之美与人生诗意。爱好品茶的，读《茶与悟》（千鹤大师著）之类的书也会有"茶里乾坤大，壶中日月长"之感，人的境遇一如杯中之茶，被沸水冲泡后沉沉浮浮，也因此更有滋味。兴趣和爱好的点缀，是给生活添上的明快色彩，是前行的道路上休息充电的驿站，有助于调节身心，颐养心情。

讲述人物或游历的书籍。青年时从书中求知识，中年后从书中看人生。像《活着为了讲述》（加西亚·马尔克斯著）、《我的一个世纪》（董竹君著）、《带一本书去巴黎》（林达著）之类的人物传记、回忆录、游记等，都是真实的人生写照。"以人为镜，可以知得失"，读这些书籍可以多角度地观察与思考人生，知道他人在不同境遇里所持有的心态、所做的选择、所付出的努力，学习他人的优秀品质和生活经验，摆脱自我狭隘思维的限制，从而端正心态，放下负累，增强面对困难的勇气和信心。

描绘诙谐与幽默的书籍。幽默是一种生活态度，它用机敏和睿智给人们带来快乐，幽默可用来释放人拘束的内心，可增加人的活力，能调剂刻板的现实。不少漫画文集，如卜劳恩的《父与子全集》、方成的《方成漫画精选》、丰子恺的《丰子恺漫画全集》等等，图文并茂，阅读起来既轻松又愉快，让你感受到人间各种滋味里酿造出的幽默风趣与豁达乐观，学会用另一种心情去包容生活，善待生活的不容易。用当今时髦的话来说，就是懂得"用诙谐的方式，去过正经的人生"。

老子曰：适者有寿。遵从内心，不要以己之短比他人所长怨天尤人地与自己

---

① 梁实秋.梁实秋散文集［M］.西安：太白文艺出版社，2016.

较劲，也不要患得患失陷自身于进退两难的纠结和取舍不得的痛苦中。世间的路万千条，选择一条就必定错过其他的。人到中年要学会有所为而有所不为，将遗憾与美好一起接受下来。

衣带渐宽终不悔，为伊消得人憔悴：与书同行过优雅人生

中年是人生旅程的又一个开端，这段旅程承上启下，担子重责任大，因而也会走得比较辛苦，不仅事业会遇到瓶颈，阅读同样也会存在瓶颈。

中年人精力体力下降，生活、事业压力大的，会感到连觉都不够睡，提起阅读，有种"累觉不爱"的感觉；相对安逸的，孩子已长大成人，职业也无上升空间，人生似乎就没有追求了，对阅读也失去了兴趣。即便有时想阅读，心思又会受到这样或那样的外界干扰，影响阅读的效果。这些与其说是借口，不如说是源自内心的不坚持。

年轻时积攒的知识到中年后基本用完了，而新的知识与技术却在不断涌现。20 世纪 80 年代到图书馆借书，还在翻查卡片式目录索引，进入 90 年代，就要学会通过计算机进行信息检索，到了今天，一段时间不关注网络热点，就会有些新的词语出来。停止阅读意味着关上了思想通往外界的门，意味着自身与社会的交流有了脱离，这将会加深内心的失落。

王国维在《人间词话》谈到做学问有三大境界：一是"昨夜西风凋碧树，独上高楼，望尽天涯路"（此谓求），二是"衣带渐宽终不悔，为伊消得人憔悴"（此谓守），三是"众里寻他千百度，蓦然回首，那人却在灯火阑珊处"（此谓得）。中年正值第二境界，"守"就是内心的一种坚持，是一种坚毅执着积极向上的态度，而不是固守内心狭隘思维的偏执。

中年的阅读，犹如爬山行至半山腰，再向上体力渐渐不支。这时的坚持，并不意味要硬撑着继续，而是仍能保持向上的信心，调整好心态，调整好前行的节奏，去寻一条相对平缓迂回的路来继续。

人生种种，没有标准的答案，也不会只有一个答案。即便是同为中年人，因

个人经历、生活环境、兴趣偏好、文化素养等不同，选择应对危机的措施也不尽相同。因此，阅读并不能直接去拯救中年危机。但"书山有路"，阅读可以帮助人们突破自身的思维禁锢，在前行的路越走越窄、越走越难时，遵从真实的内心所愿，选择与寻找另一条适合的路。在这条路上，焦虑的心情得到缓解，内心的压力得到减轻，步履可以变得从容优雅。

坚持阅读，会使人的心灵像吸了水的海绵那样，变得饱满而柔软，可以清除思想的灰尘也可吸收健康的养分，易包容，不脆弱。

百度前研发经理陈睿在谈到中年危机时说："真正的危机，来源于在正确的时间做不正确的事。没有在正确的时间为下一步做出积累，这才是危机的根源"，"当你把你的眼泪流干了，你唯一剩下的就只有行动和努力了"。

今日的青年也是未来的中年。所有的"危机"都是从年轻时积攒下的，"中年危机"的平稳过渡，得益于年少时的未雨绸缪。所谓"开卷有益"，把阅读变成一种习惯，一种生活方式，坚持阅读终会有得。

✦ 附：中年阅读书目推荐

1. 《当呼吸化为空气》，[美] 保罗·卡拉尼什著，何雨珈译，浙江文艺出版社，2016 年 12 月版

保罗·卡拉尼什是美国一位神经外科医生，1977年生于亚利桑那州。2013年，即将抵达人生巅峰的保罗，被诊断出患有Ⅳ期肺癌。自此，他开始以医生和患者的双重身份，用一种豁达、理性的态度去面对病痛，并记录下自己对事业和理想的追求以及与病魔抗争的经历，以及对人性、生死、医疗事业的深沉思索。两年后，保罗离开人世。

2.《苏东坡传》，林语堂著，张振玉译，陕西师范大学出版社，2006年5月版

林语堂耗时10余年完成《苏东坡传》。该书成为中国现代长篇传记开标立范之作，讲述了北宋文学家、书法家、画家苏东坡与众不同的风雨人生。苏东坡一生融儒、释、道于一体，诗、文、词、书、画在才俊辈出的宋代均登峰造极。虽仕途历尽艰辛，但终不改其正直、进取，幽默、旷达的乐观天性。

3.《智慧书》，［西班牙］巴尔塔沙·葛拉西安著，张广森译，中央编译出版社，2016年1月版

《智慧书》是西班牙17世纪传奇哲学家、文学家葛拉西安于1647年出版的一本小册子，400年来畅销不衰。本书浓缩了作者一生的思想精髓，讲透识人观事、慎断是非、修炼自我的人生大智慧，对人生俗世的洞察极为深刻。尼采赞叹："《智慧书》中所展现的人生经验，直至今日仍能显示出无可匹敌的智慧。"叔本华称它是"一本随时都能用上的书，简言之，它是一位终身伴侣"。

4.《安然于行的幸福》，［美］梅丽莎·道尔顿·布拉德福德著，王怡康译，北京时代华文书局，2015年8月版

美国作家梅丽莎·道尔顿·布拉德福德跟随从事国际性事务的丈夫不断迁移，20余年间到过8个国家，有过16处住址。她克服陌生环境下的重重障碍，学习不同的语言、文化，接受不同的生活习惯。在陪护孩子成长的同时，她坚持自己的学习与写作。一家人在不断变动的生活中彼此关爱与信任，他们内心坚定，步履从容，收获了安然于行的幸福。

5. 《默克家庭医学手册》，[英]波特著，胡大一主译，人民卫生出版社，2014年3月版

　　由美国默克研究所组织全球300余位国际权威医学专家共同撰写，全书约300万字，其权威性和科学性为世人称道，被誉为"全世界最具普及性的家庭医学百科全书"。本书系统地阐述了人的一生从婴儿降生到衰老全过程各个时期疾病的可能成因以及疾病的症状、诊断、预防、治疗方案和康复过程。

6. 《栽种之乐：阿克曼的花园》，[美]戴安娜·阿克曼著，庄安祺译，中信出版集团，2017年4月版

　　戴安娜·阿克曼是《纽约时报》畅销书作家，康奈尔大学和哥伦比亚大学文学教授，集诗人、作家、记者、探险家和博物学家身份于一身，勇于冒险，敢于尝试，热爱自然，对生命充满激情。这本书描写作者在自家花园里发现的感官之乐。她细细纪录大自然的残酷，却也能细致入微地观察欣赏自然界里生灵的奇妙，并重新审视人类与自然的关系。

（童梅莉）

旧书不厌百回读：老年阅读的温情

关于"老年"的定义，不同国家、不同时期以及不同的文化圈，有着不一样的理解。我国古代对于"老年"有详细的界定。《说文解字》称，"老，考也。七十曰老……言须发变白也。"这里将七十岁称为"老"，并且指出其特征是须发开始变白。《礼记·曲礼上》记载："人生十年曰幼，学。二十曰弱，冠。三十曰壮，有室。四十曰强，而仕。五十曰艾，服官政。六十曰耆，指使。七十曰老，而传。八十、九十曰耄……百年曰期，颐。""艾"，有年老之意，这里指的是人到五十岁便开始步入老年，但五十岁时可入仕为官，六十岁时可以指使他人做一些事情，七十岁时可以开始将事情传给后人。

现代社会，对于"老年"也有不同的解读。1982 年，联合国在维也纳召开"老龄问题世界大会"，将老年人界定为"60 岁及以上人口"；1996 年 10 月 1 日起施行的《中华人民共和国老年人权益保障法》第二条规定："本法所称老年人是指六十周岁以上的公民。"《人口科学辞典》对"老年"的解释是："人生过程的最后阶段。老年除有生物学含义（即表示人的成长成熟程度。对老年人来说，即为衰老程度）外，划分老年的界限，一般以年代年龄划分。由于不同地区社会经济发展水平不同，人口平均寿命有所差异，因而老年的年龄起点不同。目前，发展中国家一般采用 60 岁作为老年起点，发达国家多采用 65 岁作为老年起点。"①

总而言之，"老年"一般指的是人生的最后阶段，可分别从"心理"和"生理"上进行诠释。当人生步入老年阶段，代表着要告别青壮年时期的繁忙与奔波，生活将逐渐归入平静。面对老年生活，人们如能调整好心态，进行合理的生活规

① 吴忠观.人口科学辞典［M］.成都：西南财经大学出版社，1997.

划和时间安排，同样能够活出不一样的精彩。

"终身学习"是国际社会所倡导的生活方式，它要求社会成员去不断充实和提升自己的知识视野，以满足社会发展的需要。面对老年生活的到来，人们更应该秉持着"终身学习"的热情，与时俱进地跟上社会进步的节奏，保持永远年轻的心态。阅读，在老年生活中可以发挥极大的作用，是保持"终身学习"的重要方式。

老年人结合自身的人生阅历和生活经验，从书籍中可以读出不一样的滋味，领悟出别样的感受。笔者自 2007 年退休后到现在 10 余年的时间里，一直保持着年轻时养成的阅读习惯。生活之余，还经常到邻近的几个区图书馆、书店等地去逛逛，阅读占据了生活的重要位置。人步入老年，能自立，能阅读，不用晚辈侍奉照顾，既是幸运，也是享受。以下几种书籍类型，在老年时进行品读，会给生活带来一些新的视野。

中国古典文学名著

中国古典文学名著是我国乃至世界文学宝库中的瑰宝，其文学形式和艺术表现手法多样，且蕴含着丰富的生活哲理。而名著之所以流传千百年依然为读者推崇，是因为其中蕴含的思想经受住了时间的洗礼和检验。

例如，被誉为"中国古典长篇小说四大名著"的《水浒传》《三国演义》《西游记》《红楼梦》，当近年再次阅读时，笔者从内心感叹四位作者不愧为文学巨匠。他们用如椽人笔，塑造了一个个栩栩如生、各有特色的艺术形象，描画了一幅幅波澜壮阔的历史画卷。

《西游记》成书于 16 世纪明朝中期，吴承恩笔下的孙悟空活泼乐观、机智勇敢，有无穷的本领和不屈的斗争精神。他探龙宫、闯地宫、闹天宫，威名赫赫，所向无敌。护卫唐僧去取经，历经磨难，降妖除怪，战无不胜，最后终成正果。在当时的封建社会，劳动人民处于社会底层，深受欺凌盘剥，看不到曙光，找不着出路，只好把美好的心愿寄托在神话故事里。年老时再读《西游记》，对于其中的磨难与艰辛似乎有了新的认识，年少时那些所谓的艰难困苦，其实回头细看，都是为了未来能够品尝到更加香甜的果实。

《红楼梦》是一部具有高度思想性和艺术性的作品，故事从一颗顽石贪恋红尘开始，写到贾宝玉厌弃尘世，离众出家为止。作品以贾宝玉在荣、宁二府的亲身经历和见闻为线索，有力地揭示了封建社会走向腐朽没落的必然命运，表现了作者初步的民主主义思想。作品塑造的艺术形象个性鲜明，它的诗词典赋与叙事融为一体，使得《红楼梦》的艺术成就在中国和世界文学史上永远放射着奇光异彩。步入老年，来读《红楼梦》时，对于其中的人情世故、爱恨情缘已不太关注，反而对于书中所描绘出的那个时代的衣食住行、市井百态等有了更多的兴趣，也读出了书中更多的烟火味。

施耐庵、罗贯中合著的《水浒传》是我国第一部以农民起义为内容的长篇小说。故事主要叙述北宋仁宗年间，昏君奸臣当道，贪官污吏横行，迫害忠臣义士，欺压善良百姓，阶级矛盾尖锐，迫使人民铤而走险，奋起反抗的故事。其中以晁盖、宋江为首的梁山英雄就是对抗朝廷的一支劲旅。他们杀贪官、惩恶霸，替天行道，大快人心。只可惜到后来受招安，遭排挤，最终被迫害，不得善终。在《水浒传》这部小说里，作者用生动传神的语言，叙述了许多引人入胜的故事，如"武松打虎""醉打蒋门神""野猪林""血溅鸳鸯楼"等，一直为百姓口耳相传，喜闻乐见。它的艺术成就在世界文学史上都有不可替代的地位。再读《水浒传》时，不再有年少的那种满腔热血，面对梁山好汉们的意气风发，能够更加理智客观地去分析和思考。

罗贯中的《三国演义》是一部长篇历史小说，叙述的是东汉末年群雄割据，纷争不休的历史故事。正所谓红脸杀进，白脸杀出，你方唱罢我登场，各地豪强为了争权夺利，要阴谋、施诡计，设计了一个个政治骗局，在设局与破局的争斗中，凸显了众多的人物形象，如刘备的假仁假义，曹操的阴险狡诈，孙权的见风使舵，诸葛亮的足智多谋、忠心事主，周瑜的气量狭窄、嫉贤妒能，鲁肃的谨慎，张飞的鲁莽，关羽的忠勇，魏延的反叛，蒋干的轻信，司马懿的多疑，作者都刻画得生动具体，活灵活现，充分体现出了《三国演义》不朽的艺术价值。随着时间的流逝，作品中描画的这些历史人物连同他们依附的霸业早就星流云散，灰飞烟灭了，正如《三国演义》开头诗词所写，"滚滚长江东逝水，浪花淘尽英雄"。

在网络还未普及的年代，年老一代通过戏曲、舞台、电视等多种方式接触过中国古典文学名著，内心对于这类著作有着更深的情感认同。通过阅读原著去再次加深认知，是一次很好的阅读体验。

侦探推理小说类

侦探推理小说以其引人入胜的情节，深受众多青年读者的喜爱。在老年阶段阅读这类小说，一来可以锻炼逻辑思维能力，二来可以保持年轻的心态。

例如，英国著名侦探推理小说家柯南·道尔创作的《福尔摩斯探案全集》，作者用他的生花妙笔，成功地塑造了足智多谋的大侦探福尔摩斯的形象。每当发生疑难案件，福尔摩斯就会亲临现场，认真调查，他推理严密，研究细致，不畏艰难，深入虎穴，分析案情合乎逻辑、入情入理，判断案情头头是道、有根有据，在助手华生和其他警员的配合下，破获了一个又一个的大案、要案、疑案、奇案，有力地伸张了正义，狠狠地打击了歹徒的嚣张气焰。小说结构严密，丝丝入扣，跌宕起伏，引人入胜，故事情节曲折离奇，扣人心弦，人物心理活动描写得细致入微，人物对话生动贴切，自然环境和社会环境描写得细腻，给人以美的享受。武打和智斗场景紧张激烈，酣畅淋漓，读后如饮甘泉，如喝琼浆，心旷神怡，欲罢不能。《福尔摩斯探案全集》一书所取得的艺术成就，在世界侦探小说中是首屈一指的。

笔者阅读这类侦探推理小说，源于子孙后辈们也在阅读这些书。起初，抱着了解的心态去阅读，但真正地阅读后，发现这些书籍不仅有利于锻炼人的思维，还拉近了笔者与小辈们的距离，缩小了与他们之间的代沟。因此，多和年轻人交流阅读心得，非常有助于充实老年生活。

人物传记类

人物传记是反映某一人物生平、人生经历等的书籍，按照写作方式，可以分为自传、回忆录和传记三种形式。西方的传记文学由来已久，苏雪林在《自传文学与四十自述》一文中曾谈道："自传文学在西洋实为一大宗派，远如圣奥古斯丁的《忏悔录》，弗朗克林的自传，卢梭的《忏悔录》，歌德的《我的诗与真理的生活》，托尔斯泰的《我的忏悔》，都是脍炙人口的自传。近如俄国克鲁泡金、高尔基的自传，也具有文学上很高的价值。无怪法国佛朗士说'世界上最佳的文学都是自传'了。"①

在老年时期阅读人物传记类书籍，能从自己生活经历的角度来看待别人的人生，从而反观自己的人生，能明得失，也能从中获取正能量。例如《曾国藩传》《钱学森传》《褚时健传》等，他们有的是清朝末期的朝廷重臣，有的是新中国初创时的国防功臣，有的是改革开放时期几起几落的风云人物，从他们身上，可以看到中国历史发展的艰难曲折，从中体会他们在面对人生重大抉择时的心情，学习他们面对生活的决心、毅力和勇气。

生活类（医药、烹饪、健身等）

步入老年阶段，身心健康是最重要的。年轻时，因为精力和时间有限，容易忽视对于健康生活的规划。在老年时期，可以多阅读跟生活紧密相关的专业书籍，如医药、烹饪、电子、维修等，利用专业知识来保障自己和家人的健康。

阅读与医药相关的书籍，如《医宗金鉴》《中国当代名医验方选编》《名方妙用》《人体使用手册》《求医不如求己》等，能从中获取不少专业的医学知识。其中最值得一提的是《医宗金鉴》，它是清朝乾隆年间由乾隆帝下旨，组织大量的人力、物力编写完成的医学全书，共有九十卷，十五部医学专著，几百个医学方

---

① 苏雪林.青鸟集［M］.长沙：商务印书馆，1938.

剂。笔者看完该书后不久，适逢侄女得了严重的口腔炎症，得知这一情况后，我从该书上选了一个方剂——"荆防败毒散"，她只服了两剂，肿痛便全消。这是阅读带来的喜悦和收获。然而，医学类书籍毕竟只能在生活所需时提供参考性建议，必要时还是须请医生进行准确检查。

再如，阅读有关烹饪的书籍，如《聪明宝贝怎么吃》《〈本草纲目〉饮食调养全书》等，可以参考书上的方法，从养生保健的角度不断地尝试，既可以钻研厨艺，又给家庭生活带来不少乐趣。

报刊、工具书类

虽然现在年轻一代都通过手机、电脑等方式来阅读新闻资讯，但是年老一代还是习惯阅读期刊报纸。报刊是了解国内外社会热点的最佳读物，大到国际大事，小到社区见闻，都能从中有所获。人到老年，应该保持对外界的好奇心，不与时代脱轨。还有诸如字典、词典等工具书，也是老年阅读所必备的。

其他类别

除此之外，还要根据自己的阅读兴趣来选择阅读的书目。如对军事感兴趣的，可以阅读《孙子兵法》《六韬》《三略》这类的古代名著。《六韬》的作者姜太公望，即姜子牙，西周著名的政治家、军事家，也是西周的开国功臣；《三略》的作者黄石公，是授与汉代功臣张良秘籍的一位老人，生平不详。"六韬三略"即文韬武略，指政治智谋和用兵的策略，书中有很多格言警句，给人以启迪和教益。如："天下非一人之天下，乃天下人之天下也。同天下之利者则得天下，擅天下之利者则失天下"，显示出古人朴素的民主思想；"为上唯临，为下唯沉；临而无远，沉而无隐"，主张重视上下沟通，朝政才会顺畅；"用之在于机，显之在于势，成之在于君"，指出了打仗取胜的三大要点，即掌握时机、显示威势、君主信任不牵制。"六韬三略"不仅为处理国家军政大事提供了指导思想，也是人们在日常工作生活中获得成功不可或缺的指南。

还有诸如路遥的《平凡的世界》、余华的《活着》《兄弟》、柏杨的《中国人史纲》、李泽厚的《美的历程》、周国平的精品集、南怀瑾的《老子他说》《南怀瑾选集》、核武老人魏世杰的《东方蘑菇云》《隐姓埋名的人》《禁地青春》等。各种不同流派、不同风格的作品，用不同的形式向人们传播着真善美的种子，均是老年阅读的良好读物。

家庭是社会的细胞，家庭的和谐顺畅关系到社会的安定。老年人从阅读中可以汲取维系家庭和谐的智慧，可以找到维系自我内心世界安宁的方法，可以找到与外界沟通的途径。苏东坡诗曰："旧书不厌百回读，熟读深思子自知。"从"旧书"中读出"新知"，亦能打开认知世界的新窗口。最美不过夕阳红，老年人找到自己感兴趣的阅读领域，可从书籍中领悟生活的温情。

✦ 附：老年人阅读书目推荐

老年人的阅读，更多追求的是自我身心的愉悦，在读物品种的选择上，有更大的自主性和自由度。因而，以下仅列出几种适合老年人阅读的传记类图书。

1.《往事》，毛彦文著，百花文艺出版社，2007 年 1 月版

毛彦文（1898—1999），浙江江山人，民国第一批知识女性，曾远赴重洋，主攻教育学。本书是毛彦文的自述，回忆自己一生的爱恨情仇。17 岁时，她为反抗父母做主的旧式婚姻，于订婚当日，公然逃婚而去。在书中她谈到，"我受了许多压力与冤屈，听了许多不堪入耳的谣言。我愤怒，我恨所有无端造谣的人，同时我也长大了不少。虽只 17 岁，我的思想、见解似乎已近成熟。"之后，在种种机缘之下，她在 37 岁时，嫁给了长其 28 岁的熊希龄（1870—1937，字秉三，北洋政府第四任国务总理，

民国时期著名的教育家、社会活动家、实业家和慈善家）。他们的结合当时也是轰动各界，《申报》做过专门的报道。然而，这段婚姻却极其短暂。三年之后，熊希龄驾鹤西去。

毛彦文之后接手了熊希龄所创办的香山慈幼院。但是她并没有用过多笔墨去谈自己在教育和慈善方面的贡献，全书似乎只是平淡记录其所走过的时代。我们很难从中夫评判她这一生幸或不幸，至少在她的笔下，从未透出对人生各种选择的后悔与不满。尽管遭遇诸多坎坷，毛彦文仍然有一颗追求独立自由的刚毅之心，同时还能直面挫折与坎坷，这种精神在当今社会，仍然十分可贵。

2.《漏船载酒忆当年》，杨宪益著，薛鸿时译，北京十月文艺出版社，2001 年 4 月版

杨宪益（1915—2009），中国现代著名的翻译家，他和妻子戴乃迭合作英译了《红楼梦》《离骚》《史记选》等中国文学经典。杨宪益的自传最初以英文写成，《漏船载酒忆当年》是其中文译本。

杨宪益前半生的漫游与学习经历，显露出一位浊世佳公子喜好浪漫与冒险的情怀，读起来像一部流浪汉小说或传奇；此后个人命运随时代洪流浮沉簸荡，又像一部时代变迁史。杨宪益经历过中华人民共和国建立前后国内社会环境的变化，经历过中西文化的交流与碰撞，他的一生既有辉煌也有沧桑。阅读他的一生，我们可以思考：当生活的歧路纷然变乱于前，当世间的苦难不待招邀而至，人又当如何选择，如何持守。

3.《周有光百岁口述》，周有光口述，李怀宇撰写，广西师范大学出版社，2008 年 5 月版

周有光（1906—2017），原名周耀平，出生于江苏常州，中国著名语言学家，被誉为"汉语拼音之父"。

本书分为上下两篇，上篇为周有光的百岁口述，从其出生地常州青果巷开始，到求学、恋爱、留学东洋、避战四川、游历欧美、归国任教、下放宁夏等，叙述了其百年的人生历程。下篇由李怀宇撰写，周有光的夫人张允和女士生前留下的文字，是对周有光百岁追忆的脚注。同时，百幅珍贵影像，也再现了张元和、张允和、张兆和、张充和"合肥四姊妹"的生活，记录下了这个大家庭的诸多生活点滴，也折射出中国社会的百态。

4.《梅子青时》，刘梅香口述，张哲著，北京联合出版公司，2015年9月版

本书的诞生，源于书中90多岁的外婆一次意外的摔跤，在家人的担忧和焦虑中，外婆坚强地闯过了这一关，并一点点慢慢地恢复着。细心的孙女（本书著者张哲）看着年事已高的外婆，翻着外婆珍藏着的小册子，有了为外婆找回她的青春记忆的想法。于是，在祖孙俩的一次次谈话中，这本书诞生了。书中的外婆只是一位普通的小学教师，她不是名人，她的经历也谈不上波澜壮阔，但是她的故事见证了时代的变迁，一个个鲜活的人物，喜怒哀乐，从历史中走来。

所以这本书其实有两根主线。一条是外婆的回忆，另一条则是从外婆摔跤住院开始，作者所记录的和外婆接触的生活点点滴滴。作者自己所书写的这条线也很有意思，她非常直白地写到，她其实以前和外婆没那么亲密，甚至还觉得外婆情商低，说话难听，也被外婆的犟脾气惹怒过。但是，就算这样，也没能掩盖她对外婆的爱。这种爱，一方面是亲情，另一方面是对逝去岁月的崇敬感。所以这本书里，既有老人对青春的追逝，也有年轻人亲近并理解老人的过程。

5.《多少往事烟雨中》，陈愉庆著，人民文学出版社，2015年2月版

这是一位女儿回忆父亲人生种种的一本书。这位父亲，是国人耳熟

能详的城市规划设计师陈占祥。陈占祥因和梁思成先生一起制定"梁陈方案"北京城建规划而获罪，人生最好的时光被卷入了政治旋涡中，再次走进城市规划，则已到晚年……

看完这本书后，对人生是漫长还是短暂的问题有了不少思考。陈占祥的人生最令人唏嘘的是，明明有大好的才华和能力，却无用武之地。偏偏那样的时代，不是一天两天、一年两年，而是长达十多年。于是，他从年富力强的黄金岁月走向了人生末端。但十分可贵的是，哪怕在人生最绝望的时刻，他也保持着学习的精神。

（陈位阶）

人生三次阅读童书的机会：亲子阅读与隔代阅读

日本儿童文学家柳田邦男说："人的一辈子有三次读童书的机会，第一次是自己是孩子的时候，第二次是自己抚养孩子的时候，第三次是生命即将落幕，面对衰老、疾苦、死亡的时候。我们都会出乎意料地从童书中读到许多可以称之为新发现的深刻意义。"[1]

确实是这样，在三年陪伴孩子阅读童书的过程中，笔者爱上了童书，不知不觉中笔者的父母——孩子的（外）祖父母也爱上了童书，并从中汲取生命的养分。这样的一种家庭阅读氛围，并不是从一开始就规划好的，而是随着孩子的长大自然而然形成的。

和孩子一起开启亲子阅读

近年来，人们越来越认识到儿童阅读绘本的重要性。其中0—3岁儿童的早期阅读教育，已成为国际阅读研究关注的一个新的教育热点问题。一系列的国际研究已经发现，0—3岁早期儿童阅读，可以从小培养儿童阅读兴趣和爱好，让儿童享受阅读的乐趣，为他们成长为一个良好的终身学习者打下坚实的基础。[2]

何谓绘本，国家图书馆少年儿童馆馆长王志庚的定义是"专门为儿童设计的一种文学和艺术形式，为儿童提供了一个全面的学习和发展的环境。那些绘画精美且符合儿童发展规律的图画书是非常好的儿童教养工具，书中那些令人难忘的可爱的角色引领着孩子们成长"。

---

[1] 陈赛.关于人生，我所知道的一切都来自童书[M].北京：中信出版集团，2017.
[2] 周兢.给0—3岁孩子的60本图画书[M].深圳：海天出版社，2016.

对于婴幼儿来说，0—3 岁的绘本阅读启蒙尤其重要，因为这个时期是培养婴幼儿的读书兴趣，形成早期阅读习惯的重要时期。"婴幼儿在阅读图画书的过程中，是听着成人的声音阅读图画的，他们能够通过声音和插图来完成对故事的探索、反馈和评判，亲子共读有助于儿童探索图像如何表达意义。"①

爸爸陪孩子一起阅读

由于 0—3 岁婴幼儿的认知能力有限，亲子互动阅读，是帮助 0—3 岁儿童成为自主阅读者的重要途径。由父母与孩子共同构建的亲子阅读过程，不仅可以开拓婴幼儿的视野，增长知识，培养丰富的想象力、创造力等，而且可以促进父母及其家人和孩子的亲子情感交流。

儿童文学作家周锐说："儿童文学是从高向低攀登的艺术。"的确，越是给年幼读者的图画书，其艺术创作的难度越大。同样的道理，为最年幼的孩子选择图画书也是挑战难度的工作。②因此，绘本的选择以及亲子互动的程度，直接决定了亲子阅读质量的高低。

笔者童年没有看过童书，成为妈妈前，对亲子阅读，或者说绘本阅读，没有什么概念，就只能"一胎照书养"。于是看了一些儿童阅读指导方面的图书，如被称为"台湾童书教母"的黄迺毓的《童书是童书》《童书非童书》，华东师范大学周兢教授主编的《给 0—3 岁孩子的 60 本图画书》，《三联生活周刊》主笔陈赛的《关于人生，我所知道的一切都来自童书》等，才对亲子阅读有所了解。因此，没有任何亲子阅读经验的新晋父母可以通过阅读儿童阅读指导类书籍，来建立亲子阅读的认知和信心。

---

①② 周兢 . 给 0—3 岁孩子的 60 本图画书 [M] . 深圳：海天出版社，2016.

亲子阅读重在实践，笔者的小孩现在三岁，亲子阅读的大致路径是：0—1岁，把书当作玩具给小孩玩耍，培养孩子与书的感情；1—2岁，开始亲子共读绘本，培养阅读习惯；2—3岁，多带孩子去绘本馆、图书馆，感受阅读的氛围，培养阅读兴趣。从目前来看，孩子有强烈的阅读欲望，能安静地听故事，不是那种勉强能听完一本故事书，而是讲了一本还要讲另一本，讲了一遍还要重复讲一遍。还有就是，孩子会将书中的很多词语恰如其分地运用到日常生活中来，也会将生活中的很多事情与她看过的书连接起来。

在亲子阅读过程中，笔者遇到了很多好绘本。可以说，一本好的绘本，所包含的智慧绝不亚于一本几十万字的书。比如《月亮，你好吗》，这本书讲一个小男孩有一天夜晚跟月亮打招呼，进而把它抱回家，陪它玩，呵护它；天亮后他重新出发并通过同样的方式把太阳也抱回家了，最后的画面是他们三个愉快地坐在餐桌前用餐。这个故事启发笔者，一个人或一个家庭，要想快乐，心里或者说家里应该让月亮和太阳住进来，月亮和太阳大概就是快乐的种子、相爱的恋人、可爱的孩子、知心的朋友，等等。所以，"在这个物欲横流的世界，成年人或许应该多读点童书，那里包含了人生最朴素而深刻的智慧"。①

另一方面，阅读童书，能更好地了解孩子，理解父母，并且重温自己的童年。就像朱德庸在《绝对小孩》结尾处所说的："被我们大人一点点遗忘掉的那个小孩的世界，等小孩们长大后也就一天天遗忘掉的那种感觉，其实都藏在真实世界的某些角落里，它会永远等着你来找它。"阅读童书就是不断去遇见

从小注重培养孩子对书籍的热爱

---

① 陈赛.关于人生，我所知道的一切都来自童书［M］.北京：中信出版集团，2017.

童年时代的自己，解开很多童年悬而未解的疑惑，了解孩子所思所想，面对孩子时充满爱心和耐心。

一个人再怎么长大、怎么成熟，他都有一部分永远长不大，我们称这个部分为"童心"，而童书可以滋养大人的童心。这是说童书有利于大人童心的回归。"而因为你的孩子，你可以享受小时候没能看到的好童书，理直气壮地再过一次童年，这是多么值得庆幸的事！"①

因此笔者以为，亲子阅读，最好的途径就是父母先喜欢上阅读，沉浸在童书天地，相信童书里也有大智慧，父母其实就是活生生的阅读环境，而不是苦口婆心说教，甚至强迫孩子阅读。在亲子阅读的过程中，父母收获来自童书的伟大智慧，同时也是在陪孩子养成良好的阅读习惯，可谓一举两得、事半功倍。

营造隔代亲子阅读的家庭氛围

江苏省淮安市市级机关幼儿园对全园 600 个家庭的隔代教育及隔代阅读情况进行的问卷调查显示，76% 的家庭，爷爷奶奶与孩子在一起的时间超过爸爸妈妈与孩子在一起的时间，38% 的祖辈家长不了解什么是绘本，43% 的爷爷奶奶们从未参与孩子的阅读，84% 的人认为祖孙共读活动很有意义；隔代家长在绘本选择、孩子的阅读兴趣、习惯培养方面存在困惑，需要亲子阅读方法的指导。②

在我国，隔代教育是一种客观存在的家庭教育方式。很多家庭在教育孩子方面，老人参与的时间是超过家长的。相对于忙碌的父母，爷爷奶奶们会有更多的时间和耐心陪伴孩子。所以亲子阅读，不应该仅仅限于父母和孩子之间，也可以请爷爷奶奶参与其中。老人本能的对孙辈的慈爱之心，是隔代阅读能获得成功的有利条件。而且让老人也体会到亲子共读的乐趣，有利于营造良好的家庭亲子阅读氛围。

① 黄迺毓，李坤珊，王碧华.童书非童书［M］.北京：社会科学文献出版社，2015.
② 杨定平.幼儿园隔代亲子绘本阅读的实践研究［J］.教育界，2018（3）.

隔代亲子阅读是指以阅读为纽带，让孩子和祖辈在爱的氛围中，享受阅读，享受亲情，更重要的是，用这种共读方式，在孩子的生命中，播下一颗热爱阅读的种子。但也有一些隔代家长因为知识水平、能力的限制，对幼儿阅读现状和兴趣缺乏了解，不能为亲子阅读提供支持。这就需要父母做出努力，给予一定的指导，并注意方式和方法。

要培育家庭良好的隔代阅读氛围，孩子的父母责无旁贷。一方面，父母要与祖辈家长统一教育理念；另一方面，还要引导他们接受新思想、新知识，鼓励他们去实践亲子阅读。比如，作为父母要以身作则演示亲子阅读的重点不是认字，也不是得到多少知识，而是听故事，引发孩子观察、思考，重视细节，还可以进行绘本延伸，引发幼儿创造、想象等。改变祖辈的童书阅读观念，帮助祖辈融入亲子阅读活动中，让他们了解：隔代亲子阅读，不仅可以帮助孩子养成良好的阅读习惯，还可以帮助祖辈家长了解幼儿的兴趣，理解儿童年龄特点。

虽然一些家长会对老人溺爱孩子有所怨言，但是隔代关系赋予了爱和生命更多的宽度与深度。因此，可以选择一些隔代亲情绘本作为隔代亲子阅读的突破口，选择一些老人乐意接受的绘本，有利于祖孙之间形成阅读默契，让祖孙都享受到阅读的美好。

其实，有很多优秀的绘本都非常适合祖孙共读，有的蕴含浓浓的情感，有的诠释生命的意义。如《爷爷一定有办法》《楼上的外婆和楼下的外婆》《先左脚再右脚》《奶奶的红披风》《爷爷的肉丸子汤》《蜗牛屋》《鞋匠和10个小精灵》等。共读关于亲情、关于老人的主题绘本，幼儿能读到感人至深的亲情故事，体会到爷爷奶奶的爱。因此，隔代亲情绘本不仅可以培养孩子的美好情感，也能引发老人的情感共鸣。

以笔者的家庭为例，隔代亲子阅读大概发生在孩子两岁左右，判断的一个依据是孩子两岁时，奶奶开始慢慢参与到亲子阅读中来。最开始，奶奶并不参与其中，但因为经常听孩子说起一些书，她便带着好奇心去看。后来笔者时常发现，拿起一本没有讲过的书，孩子会说奶奶讲过了，进一步问，也能简单复述内容。最初花钱办理绘本馆的阅读卡，老人不是很支持，但过一段时间，她也会带小孩常去光顾。

机缘巧合，笔者有一天遇到了《从此以后：童话故事与人的后半生》这本书，开始意识到，老年人也有阅读童书的需求。作者艾伦·B.知念是一位精神科医生，他运用卡尔·荣格的老年发展心理学理论，阐释了一些"老年童话故事"。

所谓老年童话故事，是指故事的主人公是老年人，"关于老年人的童话故事所描绘的是有关人的后

奶奶陪孩子一起阅读

半生的理想，因而老人童话故事基本上要呈现给读者的是对人的后半生的生活想象"。①而且，老年童话故事还满足了中老年人的需求，为完成人的后半生的精神任务而抗争。因而，老人童话故事适应了现代童话故事情景的需要——父母亲或（外）祖父母给孩子们讲述故事。"魔力和天真又回归到人的后半生，使人生的开始和人生终结结合在一起。"②

自从有了这个发现，再借书时笔者会特意借一两本故事主人公是老年人的图书，如菲利普·斯蒂德《阿莫的生病日》、马特·德拉培尼亚《市场街最后一站》等。以《市场街最后一站》为例，讲一个老人带着孙子坐公交去市场街，为了安抚有些情绪的孙子，祖母发挥自己的想象力引发孙子的好奇心，并教他用心去发掘路上遇到的一切。

此外，也会借一些跟节日有关的绘本，因为老年人可能不大了解现在孩子们过的那些洋节日到底是怎么回事，有哪些规则。比如，在万圣节、圣诞节等节日前笔者会提前借相关的绘本放到家里，老人也很乐意去了解。有时也会借一些跟

①② 艾伦·B.知念.从此以后：童话故事与人的后半生 [M]. 刘幼怡，译 . 桂林：广西师范大学出版社，2016.

玩具有关的主题绘本，比如孩子有很多恐龙玩具，于是会借一些恐龙绘本，老人看了就不会对孩子口中各种恐龙的名字感到陌生，能参与到小孩的恐龙游戏中来。再比如乐高的绘本，也能促进老人参与到孩子搭乐高的游戏中来。

笔者家中照看孩子的主力是孩子的奶奶，但孩子奶奶由于性格原因，羞于讲绘本，所以一开始她并不欢迎家里的亲子阅读。在培养奶奶的隔代亲子阅读方面，笔者做了一些努力和尝试才收获了现在的良好状态，主要是利用绘本内容吸引她对绘本产生好奇和兴趣，她从心里接受绘本后，才可能参与到隔代亲子阅读中来。

笔者还发现，家里书柜里也有很多非童书，都是珍藏的文学类经典名著，但老人家从未去翻看过。所以，对一般老年人来说，有趣而深刻的绘本确实有很大吸引力，因为文字少图画多，看起来不费劲，用很少的时间就能看完一本书，学到一些道理，并且能促进与孙辈的互动，很容易产生阅读的成就感。而关于老年人的童话故事，则锦上添花，可以进一步促进老年人的童书阅读兴趣，不仅仅是为了讲给自己的孙辈听，而是他们确实喜欢也需要这些来自童书的生命养分。

人生三次阅读童书的机会

笔者这一辈的很多人，小时候都没有专门去阅读一些童书，主要原因是那个时候童书确实少之又少，再加上父母的阅读意识也没有现在这么强烈。所以，在成年后，才会特别珍视和孩子一起开启童书阅读之旅。

好的童书本身就是给所有人看的，是不分年龄的。正如诗人蓝蓝所说，"童话就像诗歌一样，其迷人之处就在于有许许多多阐释的可能"，"都是一些可以有多重解释，能随着一个人的成长而继续生长的故事"，"想要真正读懂一篇童话，你得拥有99岁的智慧"。[①]

笔者家里三代人的童书阅读经验证明了"人的一辈子有三次阅读童书的机会"是合理也合情的。所以当一个人童年时代错过了阅读童书，还可以和孩子一起开

---

① 陈赛.关于人生，我所知道的一切都来自童书 [M] . 北京：中信出版集团，2017.

始阅读那些温情的绘本。而如果孩子的祖辈不懂童书，不知如何讲给孩子听，不要放弃，找到他们喜欢的童书品种和阅读方式，慢慢地他们也会亲近童书，接受甚至是实践隔代亲子阅读。

（陈欣）

分时阅读精选案例

日本"晨读"运动

"晨间"为头脑最清晰之际，"10 分钟至 30 分钟"为孩童专注力之极限。利用 10 分钟至 30 分钟的"晨读"时间来激发学生阅读兴趣，养成阅读习惯，可谓是事半功倍。日本"晨读"运动自发起至今已逾 30 年，培养了一批又一批热爱阅读的青少年。

活动缘起

日本"晨读"运动系由日本千叶县船桥学园女子高中（现东叶高中）林公及大塚笑子两位教师于 1988 年 4 月提倡并发起的。之所以发起此项运动，是因为两位教师目睹日本学生逃学、霸凌，青少年犯罪等现象，想要直面并打破该现状。受到吉姆·崔利斯《朗读手册》（*The Read-Aloud Handbook*）中描述美国小学 10 分钟无声阅读活动（Sustainable Silent Reading）的启发，两位教师认识到无声阅读对学生阅读习惯和日常态度产生的积极影响，于是在早晨正式上课前，实验性地倡导全校师生共同静心阅读 10 分钟。

活动甫一推出，便遭到众人质疑："阅读不应该强制完成""学生和老师因此失去了自主权""你能在 10 分钟的时间中阅读多少内容""方式过于统一""训练和小测验的时间减少了"……但是这些质疑的声音并未打消两位教师积极推动晨读的决心。大塚笑子创造性地提出了"晨读"运动四原则："大家一起来""每日不间断""读自己喜爱的书""只要阅读便好"。

- "大家一起来"原则：强调全校一齐参与"晨读"运动，教谕的行为会对学生产生无言的影响，班主任一定要在班级里和全班学生一起读书。

- "每日不间断"原则：强调每日清晨10分钟阅读时间不可断，这是让不爱阅读的孩子逐渐掌握阅读能力的最佳方式，因为对于儿童来说，10分钟是可以忍受的阅读时长。

- "读自己喜爱的书"原则：强调学生选择自己喜爱的图书来阅读，并逐步培养自身的阅读兴趣，增强阅读的主观性。

- "只要阅读便好"原则：强调阅读这一过程，不要求有印象或者记录。众多学生不喜欢阅读的原因之一便是被强制要求写读后感。写读后感与阅读须具备的能力完全不同，会阅读的学生未必会写读后感，所以不能要求学生带着需要写读后感的负担去阅读。

上述四原则仅为基本原则，除此之外，全年学校阅读计划和教学计划，以及系统的阅读指导工作也与"晨读"运动成功与否息息相关。

大塚笑子认为，"晨读"运动的目的在于感受阅读带来的原始享受和愉悦感，享受自由和解放的感觉，舒缓精神，治愈心灵。学生和老师一起将阅读变为生活中不可代替的一部分，一同学习，共同成长。"晨读"运动的精彩之处在于一天的学校生活从宁静的阅读开始，师生们都沉稳地自育成长，课堂的初衷也从此时苏醒。

活动导入

学校引入"晨读"运动需要老师的理解与支持。因此，有兴趣参与"晨读"运动的学校，要做好导入工作：首先，要与关心阅读教育的同事一起研究"晨读"运动，逐步增加投入"晨读"运动的教师人员数量；其次，各执行"晨读"运动的教师，不仅要在课堂上积极实践，还要听取学生的声音，并详细总结；最后，关注其他学校"晨读"运动的实施，积极搜集优秀案例和信息，总结写入教学案例中，有效改进自身工作。

活动实施

儿童最初都是热爱阅读的，他们愿意选择富含创意、能自由发挥想象的图书。然而，由于家庭或者学校没有阅读环境，很多儿童几乎没机会见到书，更不要提阅读。

阅读在培养儿童敏感度、思考能力等方面必不可少，经过研究证明，亦颇具教育效果，有助于基础教育和学业成就的提高。1988 年发端于千叶县的"晨读"运动逐渐传播到全日本各地的学校。1996 年，100 所学校加入。1997 年，200 所学校加入，同年日本"晨读推进协会"成立。1998 年，300 所学校加入，1999 年，900 所学校加入，到了 2002 年，数量增长惊人，10000 余所学校加入。此后，数量持续增加，2005 年即有 20000 余所学校参加"晨读"运动，最高峰时参与学校数量达到 27829 所。详见下表晨读推进协会的统计数据：

表 4-1　2003—2017 年"晨读"运动覆盖学校数量简表

年份	小学数量（所）	中学数量（所）	大学数量（所）	合计数量（所）
2003年	9910	4276	970	15156
2004年	11864	5157	1159	18180
2005年	13451	6026	1420	20897
2006年	15078	7009	1672	23759
2007年	15861	7621	1835	25317
2008年	16207	7885	1905	25997
2009年	16279	8065	1997	26341
2010年	16600	8207	2030	26837
2011年	16643	8274	2067	26984
2012年	16927	8486	2130	27543
2013年	17050	8586	2193	27829
2014年	16943	8647	2206	27796

（续表）

年份	小学数量（所）	中学数量（所）	大学数量（所）	合计数量（所）
2015年	16753	8663	2217	27633
2016年	16595	8538	2224	27357
2017年	16420	8542	2208	27170

在实施"晨读"运动的过程中，不同的学校会根据实际情况来调整晨读时长和实施范围。就阅读类型而言，最常见的是图书、杂志和漫画，就阅读时长而言，基本保持在10分钟左右，最长的达20分钟，也有缩短为5分钟的。就实施范围而言，既有全校一齐晨读的，也有按学年、学级和授课范围实施的，其中按照全校一齐实施的有23798所学校，占比约88.7%。具体情况见下表：

表4-2 "晨读"运动实施时间

时长	数量（所）	占比（%）
5分钟	318	1.2
10分钟	14464	53.9
15分钟	9053	33.8
20分钟	2304	8.6
其他	683	2.5

表4-3 "晨读"运动实施频率

实施频率	数量（所）	占比（%）
每日	9318	34.7
1周4天	1756	6.5
1周3天	2221	8.3
1周2天	3585	13.4
1周1天	5889	22.0
期间限定	2518	9.4
不确定	1535	5.7

表 4-4 阅读对象

阅读对象	占比（%）
图书	45.9
图书+杂志	1.5
图书+漫画	3.2
图书+杂志+漫画	1.0
其他	0.1
不确定	48.3

表 4-5 老师是否参与"晨读"运动

老师参与程度	占比（%）
师生一起参与	30.6
老师不参与	8.8
其他	8.5
不确定	52.1

表 4-6 学校图书馆的藏书情况

藏书情况	占比 (%)
充足	7.1
不确定	9.0
不足	11.2
无法回答	72.7

"晨读"主要取决于学生的自主性，但是很多学生不会选书，不愿意读书，阅读以外的时间对其进行鼓励也必不可少。对于教师来说，谈论童年的阅读经历也能起到积极的促进作用。但是需要注意的是，要为学生"晨读"创造一个较为

安静的环境，例如，引导迟到的学生快速落座进入阅读状态，提醒班级内学生晨读期间保持安静。

一般而言，"晨读"运动中阅读的图书由学生们自己准备，但是"晨读"运动发展势头良好的学校，无一例外设置了"学级文库"，从学校图书馆、公共图书馆借出图书补充入文库中，并定期更新。学级文库除了提供图书供学生阅读外，还起到宣传的作用。在学校入口、大厅、走廊、楼梯等处设置学级文库，可以充分吸引学生的注意力，让孩子有意无意间拿起书本，在触摸的过程中引发阅读兴趣。

在实施"晨读"运动后，不少学校希望能将"晨读"纳入"综合学习时间"，但"晨读"和"综合学习"本质上是有很大区别的，因为"晨读"不对学生有任何要求，而"综合学习"纳入教学课程，需要"指导"和"评价"。不纳入评价体系是基础阅读的基本，如果对"晨读"效果进行评价，势必会给学生带来负担，从而导致"晨读"空有架构，无法落到实处。

自引进"晨读"运动后，众多学校纷纷表示，学生自身和学习氛围都有很大变化。综合而言，"晨读"运动的效果大致有：注意力更加集中，更爱阅读，国语水平上升，阅读能力加强，迟到现象减少，逃学现象减少，霸凌现象减少，逛书店的次数增加，与友人、家人谈话的次数增多了……

✦ 附：延伸阅读

- 《"晨读"运动第一步》（朝の読書はじめの一步，大塚笑子，东贩集团，1999年11月版）

  该书为"晨读"运动首倡者大塚笑子所著，主要介绍"晨读"运动是什么，如何迈出第一步，具体运营方式以及师生关于该运动的态度记录。
- 《"晨读"运动希望的一步》（朝の読書希望への一步，大塚笑子，东贩集团，2000年11月版）

　　该书为"晨读"运动首倡者、晨读推进协会理事长大塚笑子所著，记录了学生在"晨读"运动中的成长和教学现场的体验感想，对于为指导学生晨读烦恼的教职人员或相关教育人来说，是一本不可多得的参考用书。

　　● 《大家一起读一起成长系列丛书》（みんな本を読んで大きくなった，晨读推进协会编，东贩集团，2005年6月版）

　　该套丛书包括《大家一起读一起成长》（みんな本を読んで大きくなった）、《不论何时，书就在身边》（いつでも本はそばにいる）、《书是心的朋友》（本はこころのともだち）三册，作者均为"晨读"运动中广受好评的作家，收录河合隼雄等作家谈论儿童阅读体验的文章。阅读对象主要为小学高年级学生、中学生至大学生。

（聂凌睿）

金陵图书馆："阅美四季"特色阅读品牌

阅读的方式和阅读的空间有很多，图书馆是阅读的首选地之一。因为图书馆书籍众多，空间宽阔。但如果仅靠这些，还远不够。图书馆要吸引各类型读者"全年候"爱上图书馆，善用图书馆，就需要不断创意创新，并逐步形成自身的特色和品牌。

近年来，金陵图书馆（南京市市级公共图书馆）在此方面做了有益的探索和实践，将原本碎片化的阅读推广活动汇集到统一平台上。通过立体化、系列化、品牌化运作，经过数年整合，形成了以主题内容和时间轴为序的"阅美四季"系列，即：冬季"阅美·迎新"、春季"阅美·书馨"、夏季"阅美·欢欣"、秋季"阅美·悦心"。特色分明的活动主题，精准定位的服务对象，按时而作的运作规律，不仅体现了中华传统文化春耕秋收、春华秋实的文化精髓，也彰显了当下图书馆转型发展的创意创新。

冬季篇："阅美·迎新"营造书香年味

岁末年初，金陵图书馆以"迎新年"为主题开展"阅美·迎新"阅读推广跨年活动季，围绕元旦、春节两大节庆开展各类迎春祝福活动，让广大市民读者在阖家团聚、团圆喜气的氛围中感受传统文化，度过一个充满文化气息的新年。系列活动不仅包括已经成功举办十余届的"金陵雅韵"新春古琴音乐会等文艺活动，更有如"金鸡报春晓　楹联传书香"写春联、送春联等文化体验类活动。除此之外，每年举办的数字图书馆推广工程春节活动也很抢眼，读者通过手机等线上平台可以直接参与有声贺卡制作、年俗趣味答题、摄影展览等多项特色新年活动。

新春古琴音乐会

这些主题鲜明、形式新颖的活动兼具传统文化底蕴和参与互动特点，贯穿"阅美·迎新"系列活动始终，让广大读者怀着喜悦的心情在图书馆里度过一个书香四溢的"文化年"。

值得一提的是，每年大年三十和新年初一，金陵图书馆的馆领导们都会等候在图书馆门口，为过去一年里的最后一批读者送上"福"贴，给新年里的第一批读者献上新年礼物和祝语。这个小小的举动，得到了广大读者由衷的感谢。

春季篇："阅美·书馨"播种全民阅读

春季万物复苏，是播下阅读种子的最佳时节。每年春天，金陵图书馆"阅美·书馨"共享金图阅读推广活动季，在读者心中播下了阅读书香的种子。在此阶段，金陵图书馆以"4·23世界读书日"和5月"图书馆服务宣传周"为主要时间节点，开展各类以文献推荐和阅读指导为重点的活动，激发读者的阅读热情。

"阅美·书馨"主题系列活动一般分为阅读创新、名家讲座、精选展览、美阅生活、数字听读等多个板块，并冠以"全民阅读　共享金图"广告语，针对不同年龄不同需求的读者群体，举办讲座、展览、培训等百余场活动。通过参与这些类型多样、立意新颖的文献导读和推荐活动，更多的读者由此走进图书馆，了解图书馆，爱上图书馆。

全年的一些读者征文、摄影、朗诵等赛事，也由此拉开序幕。金陵图书馆老牌助盲公益品牌"朗读者"活动，每年也都是于"4·23世界读书日"开启新一季，至今已走过六个春秋。除此之外，各种创意、创新的新项目也不断涌现。下面试举几例：

"阅经典　悦青春" 该项目是金陵图书馆与南京团市委、市妇联等联合打造的以"弘扬传承传统文化"为主题的系列活动。主要面向广大青少年读者，通过阅读赏析经典名著名篇，以参与性沙龙等方式展示传统文化的魅力。按照金图"阅美"系列部署，开年制订四季活动计划，全年实施。

"赏珍　鉴宝" 近年来，金陵图书馆主动联合文物鉴定等机构，共同为广大市民、读者带来集公益性、科普性、互动性于一体的"赏珍　鉴宝"系列活动。其中，专家公益鉴宝、南京传世名著书影展、印尼华侨捐赠海外古籍展等多个活动在古籍爱好者和收藏界引发了不小的影响，也因此吸引了不少铁杆"古籍粉"融于金图"阅美四季"活动中。

"心惦图" "心惦图"公益心理咨询广场是金陵图书馆2016年春推出的创新服务项目，是由金陵图书馆和南京心理咨询行业协会共同发起的大型公益心理咨询活动。项目结合图书馆丰富的馆藏图书资源和行业协会的专业心理咨询师队伍，旨在通过阅读等方式，帮助市民读者纾解情绪困扰，达到身心平衡和健康。每月18日都有阅读推广人和国家级心理咨询师在金陵图书馆为市民读者提供公益服务，全年开展讲座、沙龙等相关活动。

夏季篇："阅美·欢欣"打造七彩童年

夏天的精彩阅读活动是属于孩子们的。金陵图书馆在每年夏季推出"阅美·欢欣"七彩少儿阅读推广活动季。其中"七彩夏日"暑期少儿阅读夏令营是针对少儿读者的专属系列活动平台。该项目2015年起每年推出，活动灵感源自"赤橙黄绿青蓝紫"，打造"红蜻蜓国学堂""小橘灯童萌绘""柠檬草电影院""绿巨人口语SHOW""青苹果朗读者""蓝精灵手工坊""紫藤萝大舞台"七大色系活动，涵盖国学知识、绘本阅读、电影放映、英语互动、故事讲演、手工制作、才艺表演等众多内容。每届活动70余场，参与服务的文化志愿者近200名，参与活动的小读者则达到数千人次。

此外，近年来为了丰富"阅美四季"系列，金陵图书馆还专门成立了"小水滴"英文读书会和"LIB"英文原著阅读沙龙。"小水滴"活动借助10岁以下的幼儿绘本资源，通过定期举办活动，带动小读者从话题出发学习英语和文化，在听英语、说英语与读英语的过程中爱上英语；而"LIB"活动的服务对象则更侧

七彩少儿阅读推广活动

重于小学高年级至中学生群体，营造青少年读者及其家庭英文原著阅读的良好氛围。这两项创新服务项目以金陵图书馆馆藏青少年英文原版文献为主要资源，一方面有效提升了特藏文献的利用率，另一方面也满足了部分读者提升英文阅读能力的需求。

秋季篇："阅美·悦心"拉近馆读距离

时至金秋，春天里播下的阅读种子也到了收获的时节。每年秋季，金陵图书馆以"读者节"为重要平台开展"阅美·悦心"书香南京阅读推广活动季，是全年读者"阅美"系列阅读推广活动的高潮和总结。

为了充分体现"以读者为本"的服务理念，首届"书香南京"——金陵图书馆读者节于 2015 年秋季正式拉开大幕，并成为南京文化艺术节的一大亮点。该活动已举办三届，每届都有一个主题。读者节历时一个月，其间精心汇总定制了"特别策划""读者互动""阵地服务""讲座纵横""展览荟萃""数字推广""共建行动"等十大篇章，每届平均 70 余场活动。

金陵图书馆读者节

"读者节"增强了读者与图书馆之间的情感交流，充分调动和发挥了读者的积极性和参与性，也引发了社会的关注和业界的肯定，在"全民阅读"的大环境下，发出了公共图书馆和广大读者强有力联合的好声音。

每年春天启动的读者征文、摄影、朗诵等赛事也在"读者节"期间，收获了丰硕成果。同时，金陵图书馆年度优秀读者和志愿者等评选揭晓都在此期间公布并颁奖。在每年"读者节"里都活跃着一支重要队伍，他们是"金图书友会"。

"金图书友会"成立于 2015 年，经过几年的发展，现有注册会员数百人，在南京市阅读组织中影响也日益扩大。近年来，重点围绕南京 24 部传世名著，金图书友会承担了《桃花扇》《金陵物语》《随园诗话》等名著的阅读推广活动。书友会"自己阅读名著、微信专家导读、线下实地寻访、专家集中讲析、媒体宣传报道"五位一体的全新领读模式，取得了良好的效果，为"读者节"增添了一道亮丽的风景。

创意"阅美"成效显现

"阅美"四季，四季"阅美"。通过冬、春、夏、秋四个时间节点的阅读推广季，金陵图书馆的阅读推广活动无论是在活动主题、目标人群和时间节点上都有了较为明确的定位，既有差别，又有关联，还互为补充和支撑，进一步凸显了金图阅读推广活动目标化、特色化、体系化的特点。对读者来说，"阅美四季"的参与就像是一场长达一年的心田耕读体验，从开始播下一颗颗阅读的种子，通过润物无声的书香涵养，使之逐渐生根发芽，开花结果，直至长成栋梁之小。

（一）激发内在动能

贯穿全年的"阅美四季"系列活动除了提升金陵图书馆的社会影响力和公众认知度以外，还对图书馆内部的发展和管理起到了明显的提升作用。"阅美四季"系列活动改变了原来由一两个部门负责开展读者活动的局面，而是全馆各个部门都要承办相应的读者活动。金陵图书馆的读者活动从 2014 年的 145 场到 2018

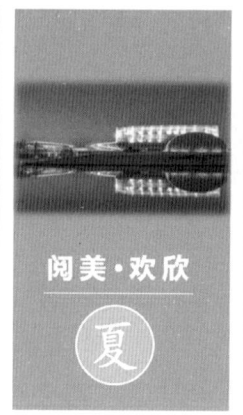

阅美四季

年的 1056 场，每年都有大幅度的增长。当然数量只是个表象，但量变到质变，没有数量的积累，就很难有质量的提升。更为关键的是，该系列活动让图书馆从被动服务到主动服务，激发了图书馆的内在动能。"阅美四季"系列活动的开展，调动了图书馆员的工作积极性和创造力，实现图书馆的传统服务场地转变成公众日益增长的对美好生活需求的综合服务文化阵地。

（二）催生品牌项目

"阅美四季"系列活动是通过项目融合创新而形成的一个活动平台，自身具备了较强的包容性、多样性和创造性，在这个框架体系中，不同类型的活动跨界融合激荡，人力、资金等必备资源集约共享使用，因此也更容易催生和孵化出更多更好的品牌活动项目。短短数年来，"阅经典　悦青春""赏珍　鉴宝""心惦图""七彩夏日""阅汇点""金图科普联盟""书服到家"等众多读者服务项目如同雨后春笋般脱颖而出，并努力创树新品牌。而"金图讲坛""金图展览""朗读者""南京法律咨询广场""金图自媒体平台"等老品牌也老树发新枝，萌发勃勃生机。

（三）贴合时代发展

随着现代科技的迅速发展，公众的阅读习惯也正发生着翻天覆地的变化。数字化阅读、碎片化阅读、社交式阅读等新型阅读方式和理念纷至沓来，因此，我们的阅读推广方式也应随之同步调整。在"阅美四季"中，有些创意创新数字化项目，格外引人注意。

如"阅汇点"活动，是 2016 年图书馆于第二届读者节期间推出的创新移动综合阅读平台。其有机整合在线办证、金图微信、"I金图"App、金图官网、金图微博等模块。任何人只要扫一扫"阅汇点"二维码，即可在线免费办理公益"数字资源阅览证"，或关注或下载或浏览，自由选择喜爱的阅读内容，及时获取图书馆最新活动、服务和书刊等信息。

值得一提的是，"阅汇点"现已和"我的南京""支付宝""交汇点""紫金山"等第三方移动平台合作，大大提高了市民生活的便利性。尤其是"我的南京"作为南京市官方数字应用平台，其现有的数百万实名注册用户轻轻点击，即可自动成为金图读者，随时随地免费享受"阅汇点"提供的数字阅读资源。而"阅美四季"系列活动的信息和内容也会专题推送至用户和读者手边，真正实现了数字化手段在阅读推广工作上的良性互动，贴合了时代发展。未来，"阅美四季"将继续利用"阅汇点"平台整合优质资源，联合更多社会机构，探索新型服务模式，持续拓展服务渠道，以"互联网+"思维推广"全民阅读+"理念，与社会各界共同打造更为广阔的"阅读生态圈"。

创新"阅美" 全市共享

"一花独放不是春，百花齐放春满园"，习近平总书记在博鳌亚洲论坛 2013 年年会上的期许也是"阅美四季"所一直努力的目标。"阅美四季"是金陵图书馆近几年所重点打造的项目，在设计之初，即考虑要将部分内容与区一级馆共享。2018 年金陵图书馆提出了"新时代阅读共享，新征程市区同行"的新理念，集中力量打造一批共建共享的阅读项目，使全市公共图书馆的年度阅读推广活动项目逐步实现一体化、规律化和品牌化，打造一支全市公共图书馆阅读推广活动的"联合舰队"。

2018 年 10 月 13 日，在举办了三届金图读者节的基础上，"书香金陵"——首届南京市公共图书馆读者节在金陵图书馆拉开大幕。此次读者节首次实现市区联动，以金陵图书馆及各区图书馆为主阵地，通过 14 家公共图书馆的资源整合、平台共享及品牌升级，不断突破传统阅读格局，迎合读者现代阅读习惯，精心打造百余场活动。读者节是全市公共图书馆读者服务成果的一次集中展示，许多读者活动从春季就开始播种孕育，到秋天的"读者节"结果收获，体现了春耕秋收、春华秋实"阅美·悦心"的韵律，诠释了"书本芬芳，节庆添香"的美好愿景。

（焦翔）

宁波市图书馆：天一音乐馆四季音乐会

夏之绚烂，秋之静美，一年四季，有音乐，有爱，有期待。

作为城市全民阅读和文化传播的引领者和实施者，宁波市图书馆一直践行着公共图书馆的文化推广使命，在社会公共文化服务体系建设中发挥着重要作用。2015 年元月，宁波市图书馆天一音乐馆（下称"天一音乐馆"）落成，标志着一个全新的为大众提供音乐鉴赏、音乐解读以及音乐研究的综合性城市公共音乐空间应运而生。2016 年，宁波提出致力于打造"音乐港城"。作为城市的文化引领窗口单位，天一音乐馆继续提升各类主题音乐文化推广活动，致力于引领音乐文化新风尚。

自 2015 年 3 月起，天一音乐馆以四时为节点推出"四季音乐会"专题音乐会品牌，每年分春、夏、秋、冬四场，每场根据不同的季节特色贯穿不同的音乐表现形式。有别于纯粹的演出，包括"四季音乐会"在内的天一音乐馆十余项音乐推广品牌活动均通过"讲演"结合的方式来呈现音乐文化，将阅读巧妙融合于音乐之中，可谓市民心中一所"看得见，听得见"的音乐图书馆。

新型的音乐文化阅读推广模式，使音乐获得了更加大众化的厚实土壤，亦令大众收获了更为层次化的音乐内容。每一位听众都能在天一音乐馆日益呈现的多重音乐文化之中，寻觅到属于自己的高山流水。

从"春暖花开"（春季音乐会）、"生如夏花"（夏季音乐会）、"乐·读·汇"（秋季音乐会）到"冬之旅"（冬季音乐会），每一个季节的相遇宛若与读者们的一次心灵之约，这其中，一年一度的"乐·读·汇"——秋季音乐会堪称四时之中的最大亮点。

春日之歌：在交响乐中迎接春之希望

春分时节，雨霁风光，莺飞草长，岸柳青青。在万物复苏的美好季节，天一音乐馆于 2016 年 3 月 19 日带来"春暖花开"春季音乐会，此次音乐会与宁波市海曙区爱乐艺术学校合作，以交响乐为主题。春季音乐会在耳熟能详的《欢乐颂》中拉开序幕，展现春回大地时人们的喜悦之情。

本场音乐会的演奏嘉宾，是来自宁波本土的弦乐四重奏组合"宁波四重奏"，作为宁波第一支弦乐四重奏组合，乐队志在宁波普及室内乐，推广高雅艺术。为了更好地让观众了解各个乐器在弦乐四重奏中的定位和角色，第一小提琴、第二小提琴、中提琴以及大提琴分别演奏了一小段音乐作品，展示了各个乐器在主题表现、情绪表达、环境烘托方面不同的特色和作用。

整场音乐会共演奏了 13 个古今中外的著名曲目，包括《马赛曲》《相思河畔》《多瑙河之波圆舞曲》《花好月圆》等 12 个音乐小品，以及末尾曲——莫扎特最著名的弦乐四重奏作品《G 大调弦乐小夜曲》。充满乐观主义色彩的曲调，传达了人们对美好生活的追求和向往，宛如春日的到来般充满希望。

春季音乐会

夏日之歌：在诗与乐中点燃夏之光芒

天一音乐馆在 2015 年盛夏举办了"生如夏花"夏季音乐会，随之还有宁波市作家协会诗歌创作委员会主任刘建民朗诵泰戈尔的诗歌《生如夏花》。

夏季音乐会

《生如夏花》是泰戈尔最著名的作品之一。这首哲理小诗，优美而含蓄地表达出了作者的人生观和世界观，短小的语句道出了深刻的人生哲理。说"生如夏花"，是因为夏花具有绚丽繁荣的生命。而此次夏季音乐会正是以灿烂夏日为基调，邀请了"中国好歌曲"学员祁紫檀，民谣乐队云乐队、明玉雅乐民乐组合联袂演出。通过流行、民谣、民乐的多种音乐形态，诠释夏日的丰富饱满，热烈辉煌。

秋日之歌：在民谣声中重拾秋之文艺

自 2015 年 10 月 31 日，第一届"书香宁波——宁波读书周"开办以来，天一音乐馆每年都会于读书周期间推出"乐·读·汇"秋季音乐会，将阅读融入音乐的同时，将场地拓展至图书馆以外，致力于通过音乐的语言，展示阅读的另一种魅力。2015 年秋季音乐会于宁波文化广场小剧院举行，集中呈现了新国风的演

秋季音乐会

变传承与民谣的质朴纯粹。"秘密后院"组合将中国传统的诗词文字之美、绘画之美、音乐之美融为一体，古朴、清雅、内敛。阵阵楚风，将听众带入悠远的年代，仿佛置身于历史长河之中，在音乐语言中阅读和感悟博大精深的中国文化。

此外，有文艺女青年、北大才女、民谣歌手邵夷贝的讲座与演出，展现了年轻人文艺、清新、诙谐和对现实社会的认知与理解。传统文化与现代音乐的有机结合，给人耳目一新之感，深受市民喜爱。

在 2015 年首次成功举办秋季音乐会的经验基础之上，2016 年秋季音乐会邀请嘉宾再度升级，著名民谣歌手、诗人、作家周云蓬领衔"中国好歌曲"学员树子和宁波第一支专业化的人声乐团匹诺曹，在音乐中与听众一起鉴赏文学之美，体会阅读的快乐。

演出嘉宾周云蓬，他的标签不是"盲人歌手"，而是"诗人""民谣歌手"，除了获得过第八届华语传媒音乐大奖"最佳民谣艺人""最佳作词人"之外，亦获得过 2011 年度人民文学奖诗歌奖、"最佳作词人"等奖项。其创作的歌曲多改编自古诗词及相关文学作品，如根据海子的同名诗歌改编的《九月》，根据张枣同名诗歌改编的《镜中》，根据李白与杜甫诗歌创作的歌曲《关山月》与《杜甫三章》等。音乐在明，文学在暗，将文学与音乐这两种艺术表达方式相结合，是周云蓬的独特创作根基，亦是四季音乐会的独有推广模式，可为听众带去由耳入心的永久记忆。

万类霜天竞自由，秋天是静待收获的季节，也是轮回离别的季节，犹如民谣与诗，让你感受微笑的自己，也让你触摸幽暗的生活。在音乐会之前，周云蓬在 1844 当代艺术馆带来《寻找诗意情怀 唱游天南地北——听周云蓬"乐读"人生》音乐专题讲座，分享他的诗歌生活，让读者感受命运与个体之间若即若离的扑朔之美。

冬日之歌：在爵士乐中沐浴冬之暖阳

2017 年天一音乐馆冬季音乐会，嘉宾 Uncle Ball 乐队为读者带来融合爵士（fusion jazz）四重奏作品。听众在腔调十足的融合爵士乐中度过了一个热腾腾的元宵佳节，感受了一把爵士浪潮。作家村上春树说："我同爵士乐一起度过了

冬季音乐会

人生大部分时间。"什么是爵士？一切都是爵士。爵士就是生活本身。

现场，Uncle Ball 乐队为大家带来十余首爵士作品，主题曲 *Uncle Ball* 深入人心，特别为元宵创作的作品《将进酒》，将传统诗歌融入西洋乐曲，碰撞出别样火花。

一年四季，在这无穷无尽的音乐之声里轮回变幻；四时之歌，又在这周而复始的四季里延绵缭绕。在"时"与"歌"的互相映衬下，天一音乐馆长长的乐谱，谱出了生命的光辉曲调，更谱出了大众的心灵感受、灵魂的真实宿愿。

（章笑笑）

南京邮电大学图书馆：
"四时读书" 阅读推广系列活动

南京邮电大学图书馆在 2016 年以"四时读书"为主题，开展了系列阅读推广活动，宣扬"四时读书乐"的阅读理念。该系列活动贯穿全年，将季节和阅读相结合，进行了四场主题阅读活动。

"春日书语" 阅读征文大赛

2016 年 3 月，南京邮电大学图书馆启动"春日书语"主题征文大赛，截至 4 月 6 日，共收到 128 篇征文作品。活动要求参赛者围绕征文主题进行创作，鼓励大学生分享自己的阅读经历、阅读感受和对阅读的态度。活动中产生的优秀作品陆续刊载至南京邮电大学图书馆馆刊《书林驿》和校报中，以资对学生成果的肯定和鼓励。围绕"春日书语"的主题，该馆还进行了"世界读书日"的阅读调查和访谈，在温情的春季，邀请大学生讲述自己关于阅读的故事。

春季，是新的一年的开端。于大学生而言，还是新学期的开端。阅读征文活动，实则是引导大学生在新的一年里勤思考、勤阅读、勤写作，重点锻炼的是大学生的写作能力。"春日书语"的活动宣传语选取自民国儒医熊伯伊的《四季读书歌》：春读书，兴味长，磨其砚，笔花香。读书求学不宜懒，天地日月比人忙。燕语莺歌希领悟，桃红李白写文章。寸阳分阴须爱惜，休负春色与时光。

"夏日书声" 图书推荐微视频 / 音频大赛

2016 年 5 月，南京邮电大学图书馆开展"夏日书声"图书推荐微视频 / 音频大赛，让大学生通过视频和音频等创意方式推荐图书，分享自己对好书的感悟。活动最终根据微视频 / 音频作品的内容深度、原创性、图书选择、创意度和演绎度等方面进行综合评价。活动优秀作品，最终在南京邮电大学图书馆微信公众号"南邮书林驿"以及南京邮电大学广播台进行展示和播出。

夏季，气温不断升高，炎热的气候为人们的生产活动带来各种不适。该阶段选取的是微视频 / 音频作品的征集，重点锻炼大学生的表达能力，轻松、自在的形式，让大学生更易接受。"夏日书声"的活动宣传语也源自熊伯伊的《四季读书歌》：夏读书，日正长，打开书，喜洋洋。田野勤耕桑麻秀，灯下苦读声朗朗。荷花池畔风光好，芭蕉树下气候凉。农村四月闲人少，勤学苦耕把名扬。

"秋日书影"阅读创意海报征集活动

2016 年 10 月，南京邮电大学图书馆联合《南邮青年》杂志社、校听风文学社、校读书协会主办"秋日书影"阅读创意海报征集活动。活动征集到了一批极

"秋日书影"阅读创意海报征集活动获奖作品（作者：南京邮电大学管理学院杨媛媛）

"秋日书影"阅读创意海报征集活动获奖作品（作者：南京邮电大学人文与社会科学学院俞晶晶）

具理念性、观赏性和设计感的海报作品。学生巧妙地通过设计来表达自己对于阅读的理解，并且相互推荐了一批好书，传递出阅读育人心智、导人向上的人文理念。之后，该馆还据此举办了"秋日书影"阅读创意海报展，利用图书馆实体空间以及 LED 显示屏等多种方式对获奖作品进行充分展示。

秋季，是收获的季节，也意味着这一年度要逐渐走向尾声了。秋季也是大学生新学年的开始，要开始新的计划、设定新的目标。阅读创意海报征集活动对于大学生的创新能力、审美和品味、设计能力等有一定的要求，实则是将自己一段时期以来对于阅读的理解平面化。"秋日书影"的活动宣传语选取的是元代翁森《四时读书乐》：昨夜庭前叶有声，篱豆花开蟋蟀鸣。不觉商意满林薄，萧然万籁涵虚清。近床赖有短檠在，及此读书功更倍。读书之乐乐陶陶，起弄明月霜天高。

"冬日书画"读书漫画设计大赛

2016 年 11 月，南京邮电大学图书馆和传媒与艺术学院联合主办"冬日书画"读书漫画设计大赛，要求参赛者以系列漫画的形式，展现与图书馆、阅读、书籍

"冬日书画"读书漫画设计大赛获奖作品（作者：南京邮电大学传媒与艺术学院周梦颖 俞洁）

等相关的故事。活动最终也产生了一系列多彩的漫画作品。之后，南京邮电大学图书馆也对活动中的优秀作品进行了展示。

冬季，代表着该年度已近尾声，大学生们也要进行年度总结，并开始迎接新年的到来。该阶段的活动选取的是"漫画"这种比较专业的形式，因而图书馆和传媒与艺术学院合作，重点面向有设计专长的同学。系列漫画的形式，虽然创作难度较大，但亦是一种比较好的方式，能够充分展现学生对于阅读的想法。"冬日书画"的活动宣传语也源自元代翁森《四时读书乐》：木落水尽千崖枯，迥然吾亦见真吾。坐对韦编灯动壁，高歌夜半雪压庐。地炉茶鼎烹活火，四壁图书中有我。读书之乐何处寻，数点梅花天地心。

（蔡思明）

需配书院："朗一刻"集体朗读活动①

　　需配书院位于江苏南京，创始人为金家永先生。据说金家永先生受大卫·李嘉图的古典政治经济学理论启发，在马克思主义哲学指导下，自己琢磨了一套"需配经济学"理论，"需配书院"之名即源于此。

　　需配书院以图书为基本构成，以文化教育活动为内容，通过开设实体书馆、书吧、书屋的形式，将文化服务渗透进普通民众生活的方方面面。书院目前集实体连锁、网络平台、文化服务为一体，线上线下互融互补，同时配套多种文化产品（需配免费"旧书换新书"、需配"朗一刻"集体朗读活动、需配少儿义卖活动等），以服务惠及全民，提升全民休闲文化生活指数和全民阅读指数。

　　需配书院首次启动于 2010 年初，后因多种原因暂停，又于 2017 年重阳节重新开业。目前有需配总店南京店（南京江宁淳化街道七里岗吴墅路）、需配天宫书店（南京市秦淮区张公桥 2 号）、需配同曦书馆（南京江宁双龙大道 1351 号同曦万尚城 4 楼）和需配老山书院（南京浦口区象山湖公园入口 200 米处）四家分店。四家分店在营业时间内提供"旧书换新书"服务。其中，需配"朗一刻"集体朗读活动目前仅在需配同曦书馆和需配老山书院两店定期举办。

　　"朗一刻"集体朗读活动，自 2017 年 11 月 18 日举办第一期，截至 2018 年7 月 15 日，已经成功持续举办 48 期。活动采取个人分享、情感体验与名家美文相结合的方式，严格筛选适合朗读的文章，鼓励大众张开嘴巴大声读出声音，体会、品赏文字背后的价值，最终打造一个面向社会大众的免费的民间阅读分享平台。该活动最初于每周六在需配同曦书馆举办，2018 年 4 月 22 日需配老山书院正式对外开放后，活动固定在两家分店开展，后为突出"一刻"的概念，在

---

① 本文据需配书院王慧所提供的相关资料整理而成。

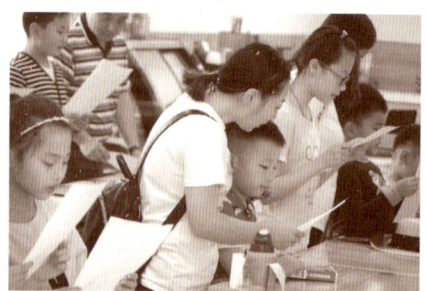

"朗一刻"集体朗读活动

需配同曦书馆活动时间固定为每周日下午 15:15，在需配老山书院为每周日下午16:15。

活动意在通过每周一刻钟的时间，在集体朗读的氛围中相互促进，让阅读融入生活。活动的目标宗旨为：助力"全民阅读"，引导大众文化消费，带动社会阅读风气；实现书文化价值的普及，推进书香家庭、书香城市建设；培育青少年阅读兴趣，帮助大众提高自我修养，提升生活品质。

需配"朗一刻"活动的具体流程为：主持人开场→嘉宾分享→集体朗读→书友朗读比拼、颁奖→现场互动→集体合影。每场活动事先会确定一位嘉宾和领读人，嘉宾分享相关阅读经验，领读人则承担主持和领读的工作。在朗读比拼环节，不仅可"个人比拼"，鼓励个人展示自己，也可"亲子比拼"，鼓励亲子共读。活动完全免费，面向社会大众。

嘉宾的遴选规则为：

- 拥有正能量，并获得社会一定认可的人可以担任活动嘉宾。

- 有某个行业从业经验5年及以上，并有一定心得的人可以担任活动嘉宾。
- 热爱阅读，有自己独特见解的人可以担任活动嘉宾。
- 对某一本书、某一篇文章有特别感情或者见解的人可以担任活动嘉宾。
- 具有某项才能，能给其他人带来正能量的人可以担任活动嘉宾。
- 有特殊经历，通过书籍获得正能量的人可以担任活动嘉宾。
- 民间机构（文艺、阅读、传统技艺等）组织者、参与者可以担任活动嘉宾。
- 学生群体中表现优异的，能对青少年群体起到示范作用的，可以担任活动嘉宾。
- 其他可能成为活动嘉宾的人。

　　领读人则几乎没有门槛，口齿清晰、大方、不怯场即可。从其目前所开展的各期活动来看，领读人有10岁左右的小朋友，也有大学生、职场新人。对活动感兴趣的人，均可至需配同曦书馆和需配老山书院两店报名，活动现场报名亦可，也可在需配书院各书友群＠工作人员报名。

　　需配"朗一刻"集体朗读活动自开展以来，得到了南京本地众多专家、学者的支持和关注。如第一期"朗一刻"活动于2017年11月18日在同曦书馆举办，朗读的篇目为朱自清先生的《背影》，著名出版人蔡玉洗博士担任嘉宾，中国传媒大学南广学院优秀学生王欣茹同学主持领读；第七期"朗一刻"集体朗读活动邀请到了南京大学教授、中国阅读研究会会长徐雁老师，朗读徐雁老师的作品《童年的沙溪水镇》。徐雁老师与读者们分享了选篇的写作心路及感悟，他认为任何一个孩子、学生都应当在成人的过程中成长，在成长的过程中成才，通过阅读传记学会感恩，通过阅读游记开阔视野提升自我。

　　需配"朗一刻"集体朗读活动由"需配书院读书会阅读专家团"支持开展。"需配书院读书会阅读专家团"集聚知名学者、作家、文人等，他们不仅积极担任"朗一刻"活动嘉宾，为活动推荐朗读文章，还多次召开座谈会以建立"需配书院'朗一刻'活动朗读文章库"，促使"朗一刻"活动流程化、常态化。

　　正如徐雁教授所言，"朗一刻"活动既为学生提供了一个课外朗读的场地，也将对广大市民的阅读习惯产生"润物细无声"的影响。"朗一刻"集体朗读活

"朗一刻"集体朗读活动

动不设门槛，真正鼓励全民参与，为热爱阅读的人们提供了一个分享和交流的平台。对于嘉宾和领读人而言，这是分享阅读、展示自我的一刻；对于参与者而言，这是走近经典、与名家对话的一刻。

（蔡思明）

后　记

自 2018 年上半年接到本书的编写任务，到现在收到书稿清样，短短一年多的时间，我经历了告别金陵、南下羊城的生活变迁。也正因为本书，脑海中时常浮现出"分时阅读"的概念，在日常生活中也颇为留心时节的变化。

随着现代交通的发达，生活节奏的不断加快，"时"似已成为人们日常口中的常用字。在不同的语境中，它蕴含着多种意思。"时"首先是一个计时单位。古人将一昼夜分为十二个时辰，《韵会》说："时，时辰也。十二时也。"北宋诗人黄庭坚（1045—1105）在《思亲汝州作》诗中云"一日思亲十二时"，亦是此意。现代科学则把一天分为二十四小时。"时"还可以指代季节，《管子》云："时者，所以记岁也。"民间有所谓"四时八节"之说。此外，"时"还可以表示某个时刻或某段较长的经历，如明代学者宋濂（1310—1381）在《送东阳马生序》中语"少时用心于学甚劳"，便是指年少的时候。

那么，"分时"的意义何在呢？我国古代最早的医学典籍《黄帝内经》从人体生长的角度对"分时"有着细致的描写，《灵枢·顺气一日分为四时》篇云"春生、夏长、秋收、冬藏，是气之常也，人亦应之。以一日分为四时，朝则为春，日中为夏，日入为秋，夜半为冬"，实则是提醒人们应该顺从大自然的季节变化来休养身心、从事人类生产活动。古人还创建了记录季节、物候和气候变化的体系——二十四节气，主要用于指导农事活动。如标志仲春到来的"惊蛰"，春雷声声惊醒蛰居的动物，此时天气将要回暖，春耕要开始了；再如预示秋季来临的"白露"，只需晨起观察植物上的露水，便知秋之将至。同此理，阅读也可以顺应时节的特点，在合适的时节选择最佳读物，能达到怡情养性之效。

在这方面，古人也留下了许多宝贵智慧。古人讲究在不同季节采取不同的学习方式，《礼记·文王世子》曰"春诵夏弦，大师诏之"，即在春季的时候口诵诗文，夏天则可以琴瑟伴奏来配合吟诵。"春诵夏弦"后来作为一个成语流传至今。与此类似的，还有"朝经暮史"，字面意思似乎为早起读经书，晚上读史书，后被用作为惜时学习的形容词。徐雁教授在为本书所作的序文中所分析的"刚日读经""柔日读史"的理念，亦说明了古人在面对经、史两大类不同性质的读物时，讲究要安排不同的时日来阅读。除了择选季节和时刻，古人还尤其注重利用碎片时间来进行阅读。三国时期董遇留下了"三余读书"的典故，北宋文学家欧阳修则有"三上"读书的逸事。

正是基于以上对"分时"的理解，本书在篇章上拟为"晨昏诵读勤""四时读书乐"及"人生大阅读"三篇。上篇"晨昏诵读勤"，主要着眼于具体时刻的阅读，如碎片时间的阅读、节假日的阅读、旅行中的阅读等；中篇"四时读书乐"，重点着眼于不同季节和时节的阅读，如四时读书的趣味、四季饮茶与阅读之雅等；下篇"人生大阅读"，则着眼于人生不同阶段的阅读，分论儿童时期、学生时期及中老年时期如何阅读等。

全书由蔡思明、江少莉、陈欣、章笑笑四人共同商议确定撰写思路和全书的编校工作，并由蔡思明负责各项撰写工作的统筹协调。

感谢本套丛书的主编徐雁教授。笔者自 2010 年 9 月进入南京大学信息管理学院攻读硕士学位，徐师言传身教"读万卷书，行万里路"及"天地阅览室，万物皆书卷"等知行合一的大阅读观，对弟子们有着深长的影响。耳濡目染中，建立起了对纸本书籍和"大阅读观"的温情与敬意。

全书由蔡思明（中山大学资讯管理学院 2018 级博士研究生）、江少莉、陈欣（南方科技大学图书馆馆员）、章笑笑（宁波市图书馆馆员）四人共同商议确定撰写思路和全书的编校工作，并由蔡思明负责各 项撰写工作的统筹协调。本书的供稿者还包括以下各位师友：张思瑶（南京大学信息管理学院 2019 级博士研究生）、张家鸿（福建省惠安高级中学教师）、张婷（南京大学信息管理学院 2016 级博士研究生）、墨洋 Emily（墨洋书虫馆馆长）、童梅莉（南京邮电大学图书馆副研究馆员）、聂凌睿（杭州图书馆馆员）、焦翔（金陵图书馆党总支书记）、陈位阶、三耳秀才、午歌、张海华。感谢各位的大力支持！

感谢海天出版社，正是他们怀抱促进全民阅读的深厚情怀，用极其专业而独立的编辑眼光，提出了诸多宝贵的意见，让书稿的内容质量得到一定的提升。

总之，本书的出版，承载了众多人士的关怀和期待，真是非常感谢！不过，从选题策划、谋篇布局，到即将印行问世，作为编写者自我评估，还是留下了不少遗憾。因为在最初讨论书稿的体例和大纲时，我们四位编者激情慷慨，曾经议论出了不少颇有人文特色的篇目。但终因种种限制，有部分篇目未能成稿。这种遗憾，似乎也在激发我们去更加深入地思考"分时阅读"这一理念，激励我们去搜集、储备和消化更多的知识学问，以期在未来能够做出更深化的诠释和阐述。为此，我们也衷心期待广大读者，能够及时给予批评指正和思想启迪。

蔡思明

2019年7月22日于广州中山大学南校园